JN188913

東松山市大谷

比丘尼山

串引沼

扇谷山宗悟寺参道

比企一族顕彰碑（宗悟寺）

東松山市岩殿

雪の岩殿観音堂

雪の岩殿観音参道

岩殿観音大イチョウ

鎌倉市

妙本寺比企一族墓

伊豆市修善寺

頼家祭り

鹿児島県探訪

花尾神社

丹後局腰掛石

丹後局御荼毘所

丹後局墓所

福岡県探訪

小椎尾神社

小椎尾神社参道

岩屋観音堂に安置されていた
阿弥陀如来坐像
（現・浮羽歴史民俗資料館所蔵）

鎌倉幕府設立の立役者
比企一族・真実探しの旅

探訪 比企一族

増補新版

編・著
西村裕　木村誠
比企一族歴史研究会

まつやま書房

はじめに

私たち比企一族歴史研究会は埼玉県東松山市が運営する「きらめき市民大学」九期郷土学部を卒業した人達により設立され、二〇一一年より活動を開始しました。

現在は、新たにメンバーを増やして約三〇名で活動している会です。メンバーは前述のきらめき市民大学の卒業生や一般市民の皆さんなどです。

比企一族歴史研究会の目的は次の三つです。

①比企一族の研究

北条氏との政争に敗れ、歴史の流れに埋もれた比企一族の研究・探求・再発見です。

②比企一族をできるだけ多くの皆様に知って頂くための比企一族認知活動。

市内外各地で講座の開催や地元の小学生にも易しく比企氏を紹介・説明しています。

③比企氏による町おこし事業

市内外のお客様に東松山市周辺の比企一族の史跡・伝承をガイドしながら紹介しています。

さて比企一族ですが、源頼朝が伊豆へ流された時、地元比企の地を請所として頼朝を助け、鎌倉幕府の成立に大きな貢献をしました。しかし鎌倉幕府が成立し、二代将軍頼家の代になると北条氏との権力抗争が激しくなり、ついに北条氏に滅ぼされてしまいました。そのため比企氏は日本の歴史に大きな足跡を残した一族ですが、実際に活躍した期間は非常に短く、後世まで日本の隅々にその名を知られる有名な一族とはなりませんでした。

「歴史とは勝者の記録であり、敗者の記録が伝承である。」、この名言のように、敗者である比企一族について正式な記録はほとんど残されていません。いや残されていないどころか、故意に抹消されてしまったのでしょうか？

しかし東松山市を中心とする比企地方や頼朝の流された伊豆田方地方、さらには遠く離れた九州にも比企氏にまつわる多くの伝承が残っています。

また比企一族に関して発刊された書物としましては、平成八年、比企一族顕彰会により刊行された『甦る比企一族』清水清編著があるばかりでした。しかしこの労作も既に絶版となり、比企氏を知ろう、研究しようとする人たちにとって研究の手段がありませんでした。

そのため比企一族歴史研究会として『甦る比企一族』を引き継ぎながら、かつ私たちの新しい視点で、比企氏を総括的に把握し、もう一度見直してみようとの思いから、二〇一五年一〇月『探訪比企一族』初版本を発刊しました。

そして、この増補改訂版では、比企氏の乱や伊豆に流人中の頼朝と比企氏の関わりを詳述し、さらに前作で触れられなかった比企一族の重要な女性である丹後内侍について九州に残る伝承も調査し、さらに幅広く追求し、比企一族の真実に近づくべく試みました。

前作でも記しましたが、この本の視点は、比企一族を純粋、学術的に史的事実のみを調査し、記録しようとした点ではありません。文中では各地に残る伝承なども紹介し、それら伝承から出来るだけ比企一族の真実に迫ってみたいと考えた比企氏を愛する地元民の熱意が生んだ著作と考えて頂けたら光栄です。

従って内容は、若干、比企一族贔屓の内容になっている面が多々あります。この点、読者の皆様にお許しを頂ければ幸いです。

平成三十年五月吉日

比企一族歴史研究会会長　西村　裕

比企一族歴史研究会副会長　木村　誠

比企氏関係図

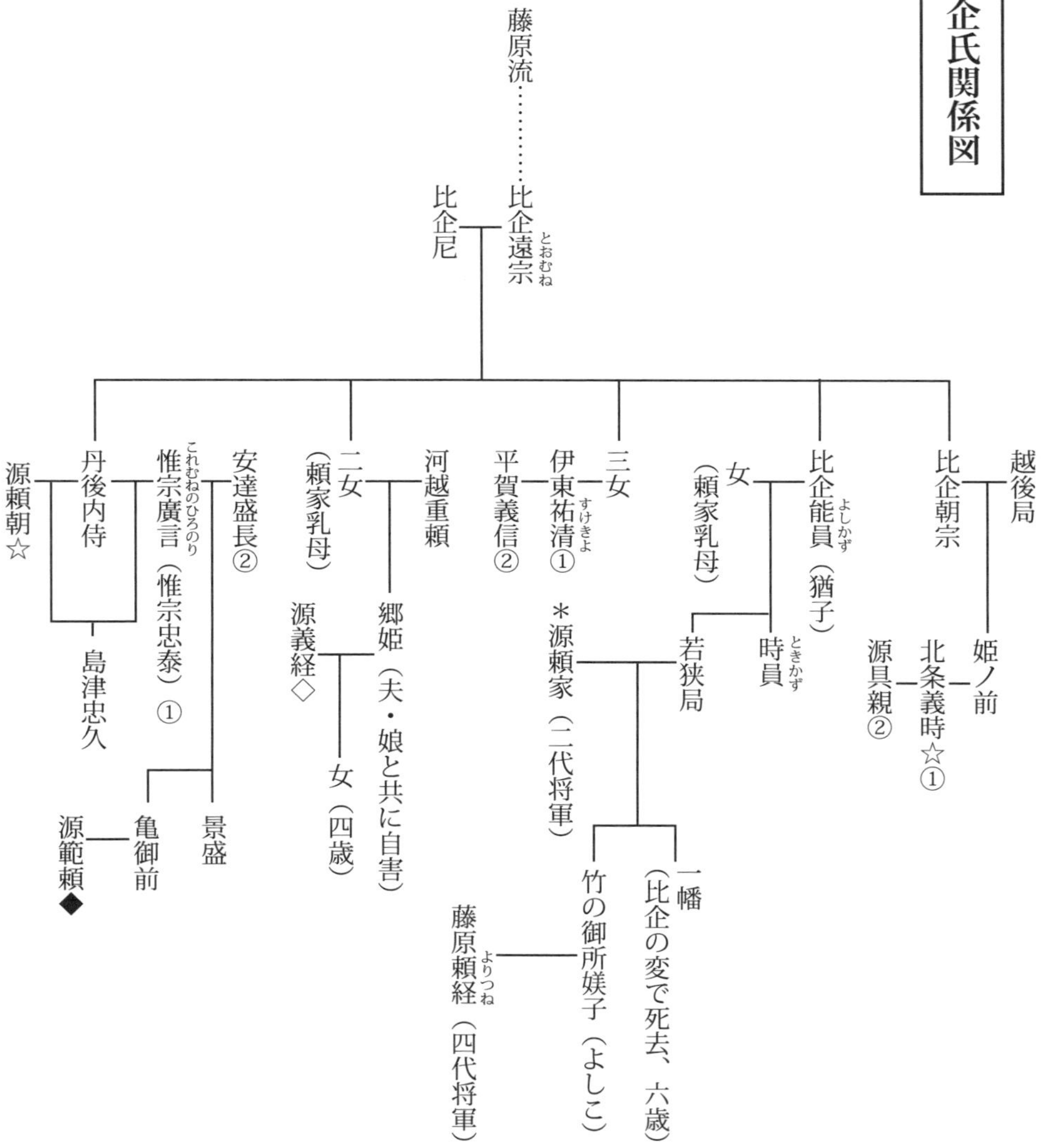

藤原流
比企遠宗《とおむね》
比企尼
越後局
比企朝宗
姫ノ前
北条義時☆①
源具親②
比企能員《よしかず》（猶子）
女（頼家乳母）
時員《ときかず》
若狭局
＊源頼家（二代将軍）
一幡（比企の変で死去、六歳）
竹の御所媄子（よしこ）
藤原頼経《よりつね》（四代将軍）
三女
伊東祐清《すけきよ》①
平賀義信②
河越重頼
二女（頼家乳母）
郷姫（夫・娘と共に自害）
源義経◇
女（四歳）
安達盛長②
惟宗廣言《これむねのひろのり》（惟宗忠泰）①
丹後内侍
源頼朝☆
島津忠久
景盛
亀御前
源範頼◆

注、源満仲………源義朝

源義朝
- 義経◇
- 範頼◆
- 頼朝☆

頼朝☆ ― 政子
- ＊源頼家（二代将軍）
- 源実朝（三代将軍）

平直方？………北条時政
- 政子
- 義時☆
- 阿波局（実朝乳母）

注、源氏系図

源満仲―頼信―頼義―義家―義忠―為義―義朝

表中の①②は婚姻した順を表している

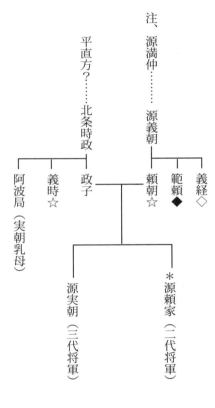

目次

1、比企一族について

比企氏は、歴史教科書の中では源頼朝亡き後、二代将軍源頼家を担いで北条家を討とうと「比企氏の乱」を起こして失敗し、一族が滅亡した武士として描かれている。いや場合によって比企氏に一行も触れていない教科書の方が多いかもしれない。歴史の常識であるが、一般に知られている歴史は、勝者が作った歴史である。比企氏が活躍した鎌倉時代初期を知るための文献は、北条氏の幕府のもとで編纂された「吾妻鏡」が主要な資料とされている。そのため比企一族について正確に記述されているとは言えない。それでは比企一族とはどのような一族だったのだろうか。まずその概要に触れてみたい。

平安時代末期、比企遠宗《とうむね》は、清和源氏の頭領源義朝の部下として働き、義朝の子頼朝が生まれた久安三年（一一四七年）に比企遠宗とその妻は頼朝の乳母父となり頼朝を育てるのである。しかし平治元年（一一五九年）頼朝十三歳の時に不幸が襲う。それは母である由良御前の死去、さらに平治の乱が起こり、父義朝や兄は、平清盛との戦に敗れて死んでしまう。この戦で初陣の頼朝も平氏に捕縛されてしまい死罪になるところを、清盛の継母池禅尼の計らいで死を免れ、伊豆の国に流刑になるのである。

頼朝が伊豆に流刑になると、比企氏も頼朝を助けるために請所とされた武蔵国比企郡に移る。しかし比企遠宗は平治の乱で受けた傷がもとで比企の地で死去してしまった。残された妻は比企の尼として、この後、長年にわたり伊豆の頼朝を物心両面で支援してゆく。それは伊豆への流罪から治承四年（一一八〇年）頼朝が以仁王の令旨に応えて旗揚げする迄二〇年の長きに及ぶのである。このことから見て、もし比企一族が居なければ鎌倉幕府の成立は無かったと言っても過言ではない。頼朝旗上げ後、比企氏は一族をあげて頼朝の武士政権「鎌倉幕府」の成立に貢献する。

比企の尼の長女は、最初、都で二条院に仕え、丹後内侍と呼ばれる。また吉見系図の記述によると絶世の歌人であったと云う。丹後内侍は島津家初代島津忠久の母として知られているが、その父親は惟宗廣言《これむねのひろのり》（一説に惟宗忠康）説と源頼朝説がある。彼女は頼朝の部下安達盛長に嫁すのである。

養和二年七月（一一八二年）、政子は、長男頼家を出産するため産所と決められた比企が谷の比企氏の屋敷に移り、八月十二日に長男頼家を生む。この頼家に最初に乳を与える「御乳付け」の儀式は、河越重頼《しげより》に嫁いでいた比企の尼の二女が乳母として行い、比企能員《よしかず》の妻や比企の尼の三女も頼家の乳母になる。比企の尼の三女は、最初、伊豆の豪族伊東祐親《すけちか》の子、伊東祐清《すけきよ》に嫁いだ。頼朝は、伊東祐親が大番役で京にいる間に、その娘八重姫と愛し合うようになり二人の間に千鶴丸が生まれてしまう。京から戻った祐親は二人を許さず、頼朝を殺そうとするが、三女の夫祐清の知らせで頼朝は伊豆山神社（北条時政の館説もあり）に逃げて一命を救われる。しかし頼朝旗上げ後、夫の伊東祐清は平氏に味方したため、彼女は源氏の平賀義信に再嫁し、姉と共に頼家の乳母となるのである。

養和二年一〇月、政子と頼家は比企氏の館から幕府の御所にもどった。ここで祝賀が行われ、比企能員が乳母父として贈り物を進上する栄誉を担う。これは、頼朝が伊豆で流人生活を送っていた二〇年間、比企氏が支援したため、頼朝が、その恩に報いて乳母父にしたのである。

その後、比企の尼の子達は、頼朝の命により、木曽義仲の残党を追い、また西海に平氏一門を追い活躍をする。

一方、河越重頼に嫁いだ比企の尼の二女の娘は、元暦元年（一一八四年）九月、源義経に嫁ぐため十六歳で京に向かう。この姫は、最後まで義経と共に生き、二十二歳の時に奥州衣川の館で夫義経と四歳になる姫と共に自害する。

義経亡きあと文治五年（一一八九年）奥州藤原氏征伐を決意した頼朝は、軍を三軍に分け、太平洋岸の軍を千葉常胤と八田和家に、北陸から奥州への軍を比企能員と宇佐美實政に任せ、頼朝は中の道を奥州に向かい藤原氏を滅ぼす。こうして鎌倉幕府は安定してゆくのである。

頼朝夫婦と比企一族は親しく交わっており、頼朝夫婦は、たびたび比企氏の館を訪問し、白菊を愛でたり、瓜を食したりし楽しい時を過ごしている。

建久三年（一一九二年）七月、政子は次男実朝を生むために産所と決められた北条時政の名越の屋敷に移り、翌八月、この屋敷で実朝を出産する。実朝の乳母には政子の妹、阿波の局がなる。ここに後年の悲劇の種がまかれるのである。

また比企能員の娘、若狭の局は、源頼家に嫁ぎ、建久九年（一一九八年）頼家の長男「一幡《いちまん》」を生む。しかし建久一〇年（一一九九年）一月、頼朝が亡くなると比企家の繁栄に影がさしはじめ、頼朝の後を継いで十八歳で将軍となった源頼家も北条家の策謀にはめられてゆく。即位三ヶ月後の四月、北条氏ら有力御家人十三人による合議制が敷かれ、頼家が直接に訴訟を裁断することが停止されてしまう。

さらに頼朝以来の重臣、侍所長官梶原景時も誅殺され、頼家の周りには比企氏を中心とする御家人のみが残されるようになってしまった。そして建仁三年（一二〇三年）頼家が病にかかると、北条氏は、将軍職を実朝に譲るべく露骨な画策をはじめる。まだ頼家が生きているにもかかわらず北条氏に支配された幕府より京都の朝廷に、「頼家が亡くなったので、千幡《せんまん》（実朝）が跡を継いだ。」と、うその報告まで出されるのである。

そしてついに建仁三年（一二〇三年）九月二日、北条時政は、じゃまな比企氏を倒すため、北条邸で薬師如来の法要があると偽り、比企能員を自邸に招くのであった。

比企家では、「家子、郎従らに甲冑を着け弓矢を所持させてお連れ下さい」と諌めたが、能員は、「そのような出で立ちは、まったく警護の備えではなく、間違って人の疑いを引き起こす元である。いま能員が甲冑を着けた兵士を引き連れたならば、鎌倉中の諸人は皆うろたえて騒ぐだろう。それは良くない。一方では仏事結縁のため、一方ではご譲与などのことについて、相談されたいことがあるのだろう。急いでまいろう。」と言い、平服のまま時政邸に向かうが、門を入ったとたん屋敷で待ち構えていた時政の手勢に討たれてしまった。さらに北条義時の軍が、比企邸を襲う。

比企一族は一幡君を守って奮戦したが、ついに敗れ、比企氏は滅亡してしまった。

比企氏は、このように一族をあげて頼朝を支援したのであるが、その繁栄は非常に短かった。しかし比企氏の中には、この混乱を生き延びた人たちもおり、後世に活躍してゆく人たちもいるが、それについては後章で述べてゆくことにする。

注、丹後内侍については丹後の局と記している文献も数多く出版されている。しかし一般的に丹後の局とは、平安時代末期から鎌倉時代にかけて後白河法皇の寵愛を受け、宮中において政治的にも権勢を持っていた高階栄子《たかしなのえいし》のことを言う。そこで誤解を避けるために本書の中では比企の尼の子は、二条院に仕えていたこともあり「丹後内侍」で統一した。

2、伊豆の頼朝と比企一族

伊豆に流された頼朝、それを支援する比企一族、伊豆の田方地方には多くの伝承が残されている。この章ではそれらを紹介しながら、流人となった頼朝と比企一族の関わりを述べてみたい。

●蛭ヶ島

頼朝が流されたのは蛭ヶ島と言われる場所である。「豆州志稿」に、「蛭が児島と称す。昔は草蛭特に多きに因りて、名付けし証あり。水の抱ける地なるを持って島と名づく。」と記している。

このように蛭が多くいた所であった。そして島と名がつくのは狩野川に関係する。当時、狩野川は、田方盆地を自由に流れており、いわゆる島のような小高い丘が、所々に散在していたのである。しかし現在の田方盆地の地形から小島のような様子は見られない。それは狩野川の川筋変更の時に、古い川筋を埋めるために莫大な土砂を必要として削られてしまったのである。しかしそれでも土砂は不足し、北条のあたりには古い川が堀となり残っている。そのために後年、鎌倉に派遣される公方が、ここに留まった時、「堀越公方」と呼ばれるようになるのである。また八重姫伝説の残る「真珠ヶ淵」は、この古い川筋の名残である。

●比企一族の世話

蛭が島にたどり着いた頼朝はどうしたのであろうか？　伊豆の伝承、柏原須藤家の古記録によると「頼朝は伊豆韮山の湿地帯に囲まれた竹茅と茨の小丘で、人呼んで『蛭ヶ島』という古小屋ただ一戸もなきところに置き去りにされた。比企一家はあまりの哀れさに、とりあえず雨露をしのぐため竹茅と葦の小草庵を建て、頼朝を住まわせたが、比企一家は近隣に住むことを許されなかった。比企一家と安達藤九郎等は、函南の大竹郷日陰山の台上に住して、毎日『蛭ヶ島』に通い頼朝の世話面倒一切を見ていた。」

このように須藤家古記録には比企家の活躍が事細かに記されている。

注、須藤家古記録（田文協編集委員編「伊豆の郷土研究第7集、須藤家古文書覚書」佐藤信義氏の寄稿より）

須藤家古記録とは、静岡県函南町柏谷の旧家にあった古文書である。しかし昭和三〇年に誤って焼却されてしまい、今は存在しない。この古文書は平安時代に始まり、須藤家代々の一代記ごとに記されており、国家的動静や事変、伊豆の国の動静や事変、柏谷を中心とした近隣の動静事変、あるいは庶民の生業等が記されていた。

このように既に存在しない古文書であるが、内容の一部が、函南町の佐藤信義氏と佐藤氏の兄、忠永氏が子供の頃見た記憶、さらにそれに基づく現地調査により、内容をまとめられ、昭和五四年発行田方地区文化財保護審議委員等連絡協議会のまとめられた「伊豆の頼朝　史蹟と伝説」に寄稿されたことにより残されたものである。

また函南町誌の記載によると「増訂豆州志稿」の古墓の項に、法国山光明院蓮華寺縁起（廃寺）（大竹・杉山文書）の中にも比企の尼に関する記載がみられる。

すなわち『時に人皇七十八代二条院平治元年巳卯に佐馬頭源の義朝右衛門右藤原の信頼の謀反にくみし都をかたぶけんと計りしに、王寺も略□なふして義朝の軍敗れ、永暦元年庚辰尾張の国野間の内海に於て討れし時、三男右兵衛佐頼朝十三歳なりしに池の尼公の宥めに依って、當国蛭が小島に流されし時、掃部亮遠宗情有る者にて第一番に膳を奉りしかば、頼朝甚悦び給ひ、肌の守りに所持し給ふ観世音一躯をあたへ給ひ、「汝が領地に安置せよ霊應無比の尊像なり」とありければ、遠宗随喜の涙を流し大竹の邑に小室をしつらひ、彼の観音を納め佐殿の開運を祈りし（後略）』

すなわち頼朝が蛭ヶ島に着いたその晩のお膳を比企遠宗がさしあげた。頼朝は喜んで守り本尊の観音像を遠宗に渡し、「領地に安置せよ。」と言ったというのである。

このように蛭ヶ島に住み始めた頼朝であるが、平家の監視の目は厳しく、監視の役目は伊東の豪族伊東祐親と北条の豪族北条時政に負わされていた。そのため村人たちも平家の目を恐れ、流人頼朝のそばには近づかなかったという。

伊豆が流人の地と決められたのは奈良時代である。しかし伊豆に流された者は、氏素性を隠して、その地に住みつき新たな土豪となった者が多かった。

しかし頼朝の乳母比企の尼は、そのような前例を破り、「蛭が島の流人は源氏の若殿頼朝であり、生涯を蛭ヶ島の小草庵で、父祖の冥福を祈り読経三昧にふけり世を送る。」と言ってことさらに伊豆一円の土豪たちに伝え歩いた。

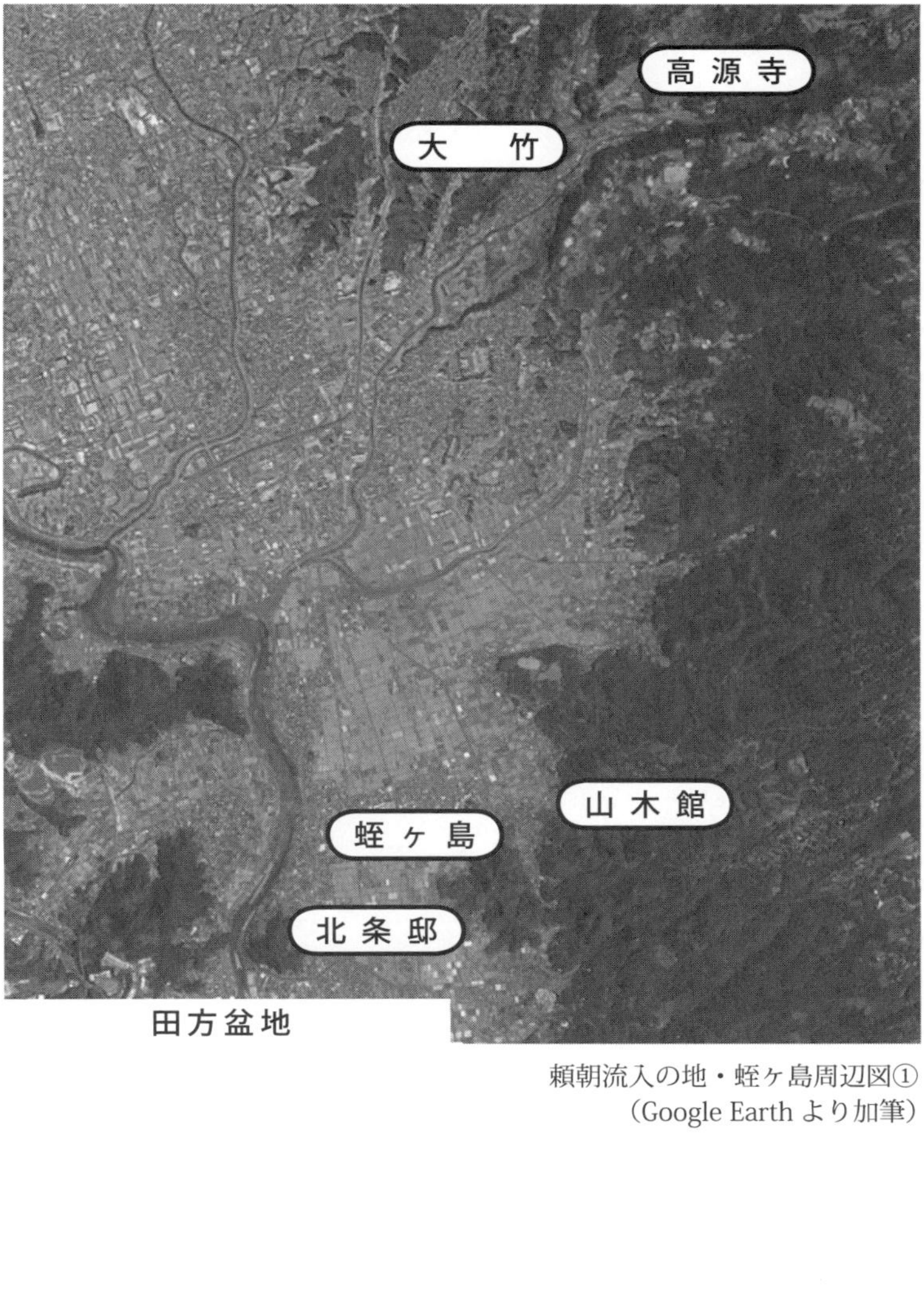

頼朝流入の地・蛭ヶ島周辺図①
(Google Earth より加筆)

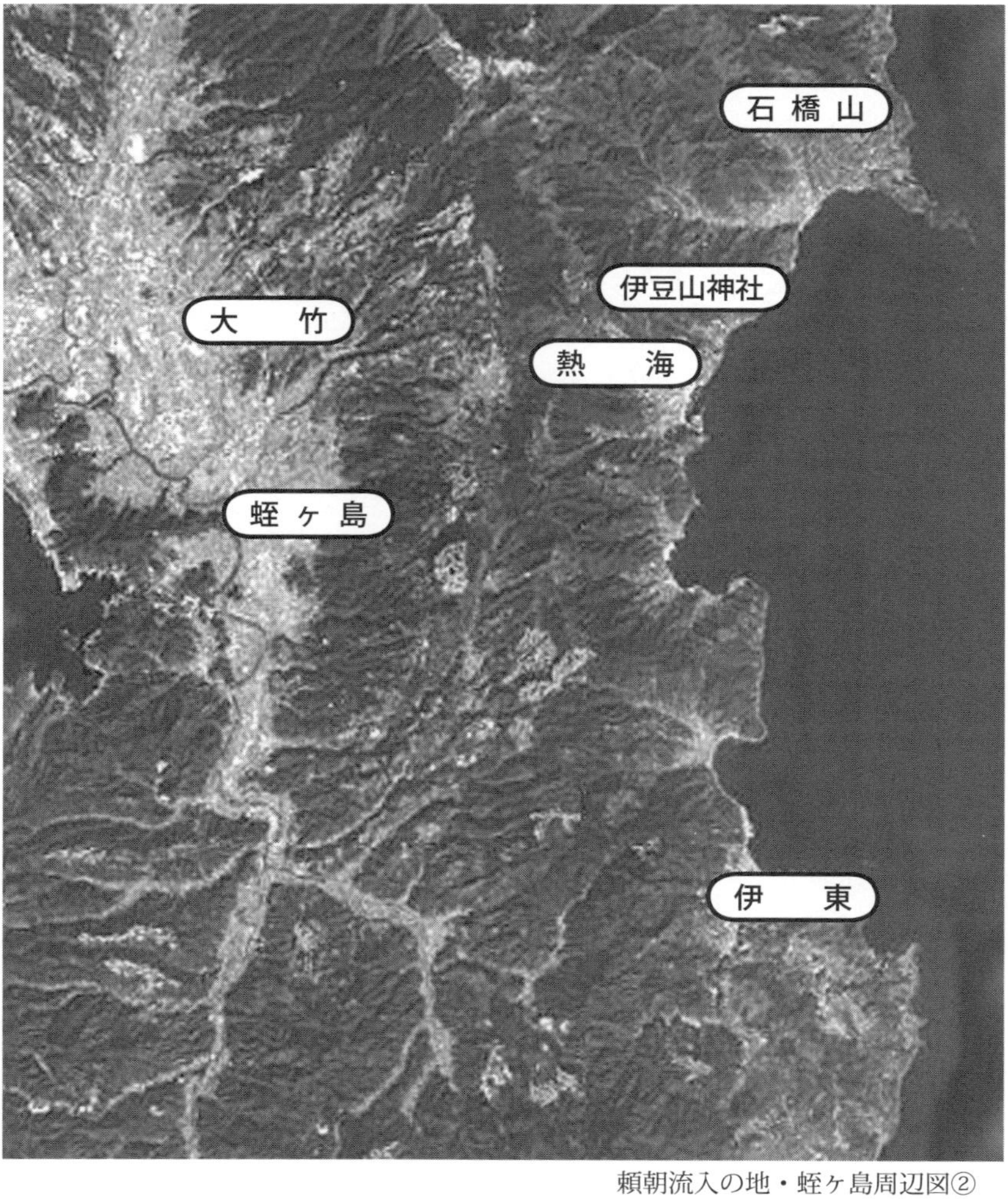

頼朝流入の地・蛭ヶ島周辺図②
（Google Earth より加筆）

しかし土豪たちは平氏の威力を恐れて、流人頼朝を憐れむ気持ちはあっても誰一人寄りつく者も、衣食を与えてくれる者もなく、比企一家と安達藤九郎の力で頼朝の世話面倒を見ること七年間続いた。（これは頼朝の年令でいうと十四歳から二十一歳ぐらいまでである。）

その後の比企の尼の渾身の世話ぶりに、伊豆の民衆から次第に蛭ヶ島に同情する気運がみなぎり、民衆の代表土豪達はいつとはなく蛭ヶ島を見舞って、頼朝を慰めるために密かに新鮮な収穫物や珍しい物や珍しい話等を持ち、蛭ヶ島を訪れるようになった。しかしいつ訪れても頼朝は読経三昧にふけり土豪たちには見向きもしない状態で、これが一層土豪たちの憐みを受けていた。

年が経つにつれて全国的に平家のおごり、悪政の不評が高まり、源氏を慕う声が起こってきた。そのため各地から伊豆の土豪を通じ、源氏の再興を願う声が頼朝の耳に入ってきた。比企の尼は、頼朝にこの風評が入るたびに、「世評に耳を貸さず、時の熟するのを待つように。」と頼朝を諭し、一層読経三昧にふけることを薦めた。

そして頼朝二十五歳の頃より蛭ヶ島を出歩く自由を許される身となると、比企の尼は頼朝に女遊びを薦めた。特に伊豆の土豪の娘に次々と手をつけることを薦めるのである。伊豆の伝承によると有力な豪族の娘十三人を愛し、豪族たちも源氏の若殿と娘の愛について、むしろ内心喜び、自由に許していたという。

しかし二十六歳の頃、頼朝は伊東祐親の三女八重姫と通じ、間に千鶴丸が生まれる。二年後、京の大番役を終えて伊東へ帰ってきた伊東祐親はこの事を聞き、「平家に一方ならない恩顧を蒙っている、その家の娘が源氏の頼朝との間に子をなすのは何事か。」と怒り、千鶴丸は殺され、八重姫とは別れさせられてしまう。さらに祐親は、頼朝まで殺そうとするが、比企の尼の三女と結婚している祐親の息子祐清の計らいで伊東を脱出し命拾いするのである。頼朝伊豆逃亡の時期については、伊東市史には安元元年（一一七五年）九月となっている。頼朝二十九歳である。

この事からすると祐親が大番役で京へ行くとすぐに伊東の屋敷に入り、祐親の大番役が終わる三年間の間が二人の恋の期間であったようだ。

いずれにしても比企の尼は伊東祐親の臆病、かつ頑固の性格を見間違ったのであろうか？　伊豆の土豪の娘に手を付けるのはよいが、危険な目に遭ったものである。

しかし比企の尼が頼朝に女遊びを教える二十五歳まで、すなわち十四歳から二十五歳ぐらいまで頼朝の周りに恋人はいなかったのだろうか？　十四歳から二十五歳と言えば一番若さがみなぎる時である。後年の女好きとも言われる頼朝からして恋人がいなかったとは到底信じられない。では誰が恋人だったのか？　一番有力なのは比企の尼の娘たちである。しかし比企の尼の二女は河越重頼に嫁いでいる。さらに三女は伊豆の豪族伊東祐親の息子祐清に嫁いでいる。そこで頼朝からするとお姉さんであるが長女の丹後内侍が浮上してくるのである。

吉見系図によると、丹後内侍は京都で二条院に仕えている時に惟宗廣言と付き合い、子供が出来、この子が島津忠久であると記しているが、平治の乱で源氏が破れたため、丹後内侍も比企遠宗夫妻と共に一家で京都を離れ、頼朝の面倒を見ていたと考えてよいであろう。そして頼朝の面倒を見ている間に、二人の間に子が出来ても不思議ではない。その子が島津家初代の島津忠久であると考える。しかし流人の身の頼朝には子供を育てることはできないので、京に居る「惟宗廣言」に息子忠久を預けたのではないだろうか？　そのために吉見系図のように丹後内侍と惟宗廣言の子供が島津忠久であると記されたのであろう。

なお丹後内侍は、このあと安達盛長に嫁すわけであるが、安達盛長の長男景盛は、頼朝の子であるとの噂があるが、この噂は、このような背景から生まれた可能性もある。

●頼朝の部下・家人

次に頼朝流人中に、比企一家の他に頼朝の面倒を見ていた男性に触れてみたい。

まず頼朝が伊豆に流される時、頼朝に同行し、伊豆まで来たものとして次の二人がいる。

①藤七資家

吾妻鏡、寿永三年（一一八四年）三月一〇日の条

（頼朝は）因幡国の住人長田兵衛尉実経を召され、二品（頼朝）の御書を与えられた。それは「右の人（実経）は平家に同心していたので、罪科に処すべきところ、実経の父資経（高庭の介である。）が藤七資家に命じて、（頼朝を）伊豆まで送ったことは、子々孫々に到るまで忘れがたい。そこで実経の本知行の地は安堵するものとする。」というものであった。（頼朝の）去る永暦元年の（伊豆への）配流の旅では、代々に渡り主従の契約をした者たちが、ある者は討死し、ある者は変

心してしまった上に、左遷の身となっては、従おうという人は全くいなかった。ところが実経は親族の資家を（頼朝に）添え奉った。これをお忘れにならなかったからである。

この内容から、藤七資家は、因幡国の高庭介資経の命により、頼朝に従ったことがわかるが、そのまま伊豆に居続けたのか？　戻ったのかは不明である。

②藤原祐範の郎従

吾妻鏡文治四年十一月九日の条

二品（頼朝）の外甥で僧の任憲が（鎌倉に）参上してきた。まだご面識はなかったので、お尋ねになろうと思われたところ、故（藤原）祐範の子息であると称したので（御所の）北面の客殿に召し入れ、親しくお話になった。かの祐範は（藤原）季範の子息で、頼朝の御母堂の弟である。御母堂が若くして亡くなった時には、七日ごとの忌を迎えるたびに澄憲法印を招いて唱導とし、仏経を讃嘆した。それだけでなく永暦元年に頼朝が伊豆国へ（流罪で）下向された際には、郎従一人を遣わしてお送り申し上げ、また毎月（頼朝のもとに）使者を進めていた。その功績も今もお忘れになっていなかったところ、その子息がたまたま参上してきたので、その思い出として非常に喜ばれたという。

このように祐範がつけた郎従がいるわけであるが、これが藤九郎であろうとする説もある。比企一族の他に居た男性として一番多く登場するのが付き人の藤九郎（安達盛長）である。この名前からして藤原氏の出であろうと推測される。

さらに源平盛衰記によると、頼朝が成人してからであるが、伊東祐親に命を狙われた頼朝は、伊東を逃げ出すに際し、伊東祐親に抜け出したことがばれないように藤九郎盛長と刑部盛綱（注1）のふたりをわざと留め置き、自分は夜半に脱出し、盛長、盛綱の二人も夜明けを待って脱出したという。さらにこの時頼朝の馬の轡を取った舎人がおり、名を鬼武と記している。このようにこの頃の頼朝には部下や家人もいたのである。

注1　刑部盛綱：曽我物語や源平盛衰記、さらには源平闘諍録などに記されているが、佐々木定綱説、横山党の小野成綱説などあり判然としない。

注2　曽我物語は南北朝から室町時代にかけてまとめられ、平家物語・源平盛衰記などは十三世紀中葉以降にまとめられたようだ。そのため口承物として発展し、途中で変化しながら現在伝えられている物語にまとめ上げられるまでに、人名や内容が変わってきている可能性がある。

この時頼朝が逃げ出した先は「伊豆山神社」説と北条邸の二説ある。しかしまだ政子と付き合っていない頼朝にとって、伊東と同じく平家方で、頼朝監視人の北条邸を訪れるよりは、僧兵などを抱える伊豆山神社に難を逃れたと考えた方が妥当であろう。

●流人時代の頼朝

ここで伊豆流人時の頼朝の二〇年を見ると、大きく５つの時期に区分できる。

第1期　第1期蛭ヶ島時代……永暦元年（一一六〇年）～仁安二年（一一六七年）頼朝十四歳から二十一歳

この時期、平家の目を恐れる村人は一切頼朝に近づかず、頼朝は蛭ヶ島の小庵で読経や写経に明け暮れ、父母先祖の菩提を弔う生活を続けていた。頼朝の面倒は比企一族と藤九郎などが少人数で見ていたのだろう。この頃の生活物資は比企から送られる物資のみで生活していたと考えられる。

第2期　第2期蛭ヶ島時代…仁安二年（一一六七年）～承安元年（一一七一年）頼朝二十一歳から二十五歳

ようやく村人たちも頼朝を恐れなくなってきたが、あいかわらず生活は質素で、第1期と同じような生活を送っていた。

第3期　蛭ヶ島・伊東の時代…承安元年（一一七一年）～安元元年（一一七五年）頼朝二十五歳から二十九歳

蛭ヶ島を出歩く自由を許される身となり、比企の尼の女遊びの奨めで、昼は写経や読経で先祖の供養を、夜は伊豆の土豪の娘たちと関係をもった。

二十六歳ぐらいからは祐親のいない伊東で八重姫と共に過ごしていたのではないだろうか？　そのため八重姫を最初の妻としている記述もある。しかし伊東祐親の怒りを買い、二十九歳の時に伊東を脱出する。

第4期　伊豆山、蛭ヶ島時代…安元元年（一一七五年）～治承元年（一一七七年）頼朝二十九歳から三十一歳

伊東を脱出した頼朝が政子と結ばれるまでの二年間である。蛭ヶ島周辺または伊豆山神社を拠点としていたと考える。

第5期　北条邸時代…治承元年（一一七七年）～治承四年（一一八〇年）頼朝三十一歳から三十四歳

時政の許しを得て政子と結婚し、時政の協力を得て、源氏の頭領としての準備をする時代、治承二年（一一七八年）には政子との間に最初の子、大姫が生まれている。

北条邸時代の頼朝の行動として源平盛衰記に次のような記事がある。

頼朝が読経の布施として伊豆山の僧聞性坊阿闍梨に贈ったものとして、能米八石、美絹八匹、臥具、筵枕、薬八裏、砂金八両、擅紙八両、白布八端、絹八個、このような物が記されている。この事は吾妻鏡にも治承四年七月五日の事として、品物の名前は書いていないが文陽坊覚淵に贈ったと記されている。

また吾妻鏡文治五年六月二十九日の条の中に

「去る治承三年三月二日に、（いまだ配流中の頼朝が）伊豆国から御使（安達）盛長を武蔵国の慈光寺に遣わされて梵鐘を鋳造させ、御署名をその鐘の表面に刻まれたという。」

すなわち頼朝は、北条邸に居るこの時期は、豪族北条氏の資産を得て、多額の布施を施したり、鐘を鋳造し、寄進できるような裕福な暮らしをしていたと考えられる。

●比企一族の頼朝支援

このように見てくると比企一族が、主役として物質的に頼朝を支援したのは、前述の第1期と第2期、永暦元年（一一六〇年）から伊東に行くまで、承安元年（一一七一年）までの十一年間と考えて良いのではないだろうか。

しかし伊豆の伝承によると、比企家の頼朝支援は、物質的な面だけにとどまらず、精神的、さらには平家打倒の計画にまで及んで行くのである。すなわち伊豆の伝承（須藤家古記録）によると、

比企の尼は、伊豆に流されていた文覚と謀り、北条や山木とは程遠い、方角違いの函南の高源寺で旗揚げの軍議を行ったという。比企の尼は、そのために前もって高源寺に隠れ天井を作り、また本堂の裏から縁の下に窓を作り、不審なものが近づくと、隠れ天井窓や縁の下窓より、裏山伝いに田代冠者佐々木信綱館に逃れる獣道まで作って安全を記したという。高源寺はその後2回の火災にあったが、当時の寺図面同様の建築で、往時を偲ぶ隠れ天井窓、縁の下窓があるという。

また頼朝が山木館を攻めた時、通説には北条の館で軍議をして出発したと言われているが、山木館と北条邸ではあまりにも近く、平家打倒に同意する土豪たちが、頻繁に北条邸に出入りするのは危険すぎる。そのため高源寺に源氏の兵を集めて旗揚げしたという。

地元の古文書ではこのように文覚と頼朝の伝承が伝わっているが、文覚が伊豆に流されるのは、文覚が神護寺の再興を思いたち、後白河法皇の屋敷へ赴き、一〇〇〇石の荘園の寄進を強訴する。この強引さが法皇の逆鱗に触れたからである。

文覚が住んでいたのは奈古谷（伊豆の国市）に庵を建てて住んだという。この場所は、蛭ヶ島から三、四㎞のところで、北条邸にも近い。従って頼朝と文覚が接する機会はあったであろう。しかし平家打倒の旗上げの軍議となると微妙な点がある。それは文覚が伊豆に流された期間は、承安三年（一一七三年）から治承二年（一一七八年）までの五、六年間である。頼朝旗揚げの二年前に赦免されている。具体的に山木館を攻める相談は行っていないだろう。しかし文覚の性格からして平家の横暴に怒り、平家打倒の話を頼朝にしたかもしれない。

ここまで伊豆田方地方に伝わる伝承を基に記述してきたが、伝承では比企一族は比企郡には移らず、伊豆に住まいしていたと言う。この点は埼玉県東松山市周辺に伝わる伝承、すなわち比企一族は武蔵の比企に移り、この地から頼朝を支援したという伝承と異なっている。

しかし、いずれにしても頼朝の二〇年間、比企一族の支援は多岐にわたって続き、頼朝の鎌倉幕府成立に寄与してゆくのである。

3、鎌倉幕府成立と比企氏の繁栄

この章では源頼朝による鎌倉幕府の樹立と比企一族の活躍を見てゆく。

1．鎌倉幕府成立と比企氏の繁栄

平安時代も末になると多くの武士群が日本各地に生まれてくる。関東には広大な原野がひろがっている。その原野に開拓された牧を管理する武士、また自ら原野を開拓して領主となった武士など、実力のある武蔵武士が育ってくる。なかでも大きな力を持っていたのが源氏の武士群である。関東における源氏の足跡は、長元元年（一〇二八年）平忠常の乱が起きた時に、清和源氏の流れ、河内源氏源満仲の三男頼信が乱の制圧のため、武蔵の国を転戦したことから始まった。その後、前九年・後三年の役で源頼義、義家の親子が活躍し関東に根を張るのである。特に八幡太郎義家の存在は重要であった。彼は、後三年の役で、源氏平氏に限らず多くの武蔵武士を引き連れて戦い勝利したが、朝廷は、この戦いを「義家の私闘である。」として認めず、恩賞も出さなかった。そのため義家は私財をなげうって武士たちに恩賞を与えたと言われる。それを恩に感じた多くの武士が源氏に土地を寄進し、その配下になったのである。これにより源氏は関東の地に深く根を張ることになった。頼義・義家は、鎌倉を地盤とし、京の石清水八幡宮を勧進し、浜辺に社を建立して崇敬し、関東に地盤を築いてゆく。

平安時代末期、関東の武士団は大きく分けると、次の三グループになる。

①源氏系武士、清和源氏の流れを汲む上野の新田氏・下野の足利氏・常陸の佐竹氏・甲斐の武田氏など、また前九年・後三年の役で活躍した清和源氏の源頼義や源義家と共に戦い、自分の土地を寄進し、その家来になった武士達。

②坂東八平氏、桓武平氏の流れを汲み、「坂東八平氏」と言われる。武蔵の秩父氏・村山氏・上総氏・千葉氏・相模の三浦氏・土肥氏・梶原氏・大庭氏・伊豆の北条氏などがある。

③武蔵7党、横山・猪俣・野与・村山・児玉・丹・私市などの武士団、これは土着した国司の子孫と言われている。

平安時代後半、十二世紀中葉になると武士の力が強くなる。また朝廷も武士の力を侮れなくなり、武士の力を借りて己の権力争いを進めるようになった。武士も自分の武力が有効なことを知り、武力を利用して自分の地位をあげようと考えるようになっていった。このような時代、久安三年（一一四七年）頼朝は、源義朝の三男として生を受けるのである。

この時代背景のもとに保元・平治の乱が起こされる。保元の乱は、保元元年（一一五六年）、皇位継承や摂関家の内紛によって後白河天皇と崇徳上皇の間で発生した争いである。この乱では源氏平氏とも肉親が相争う様相になるが、源義朝は平清盛と共に後白河天皇側につき戦いに勝利する。しかしその後、後白河上皇の庇護をうけた信西入道の強権政治に対して反発が広がり、義朝もついに信西反対派として決起する。

●鎌倉幕府の成立

①平治の乱

平治元年（一一五九年）十二月、平清盛が熊野詣で京を留守にした隙に、後白河上皇のもとで強権を発動し政治を動かしていた信西入道に反対するグループ、すなわち二条天皇親政派の藤原信頼がクーデターを決行する。このクーデターグループに頼朝の父義朝も加わっていた。すなわち三年前の保元の乱で義朝は、平清盛と共に後白河天皇に味方して勝利した。しかしその後の政局では後白河上皇と信西・平氏のグループと二条天皇と藤原信頼・源氏のグループの対立が起きていた。平治の乱は、クーデター派が院御所・三条殿に火をかけて襲撃することから始まった。信西は、危険を察知して三条殿は脱出していたが、宇治田原まで逃げた所で、もはや逃げられないと見て自ら地中に体を埋めて自決した。

一方、クーデターの話を熊野で聞いた清盛は急ぎ帰京し六波羅の屋敷に入り、敵を六波羅に呼びよせて決戦となる。実質的には清盛と義朝の戦いであった。結果、清盛側の勝利となりクーデター派は鎮圧されるのである。信頼は降伏するが、貴族であるのに六条河原で斬首されてしまう。

遠流でなく斬首されたのは首謀者だからであろう。源氏の義朝は再起を期すため東国へと敗走するが、尾張の国で、家人により殺されてしまう。また戦に加わった義朝の長男悪源太義平は京にて捕えられ六条河原で首を切られる。次男朝長も逃げる途中落ち武者狩りに会い敗死する。三男の十三歳頼朝も捕えられてしまうが、清盛の継母池禅尼の嘆願で助命され、翌年十四歳で伊豆に配流される。頼朝の助命は池禅尼の子で亡くなった家盛が、頼朝によく似ていたからだと言われている。

また、義朝の六男範頼は父義朝が敗死した平治の乱では、その存在は不明であるが、おそらく遠江国蒲御厨で養父の藤原範季に養われていたと思われる。そして乱の後、その身を案じた比企の尼により、武蔵国横見郡吉見にある岩殿山安楽寺に稚児僧として預けられ、比企一族の援助により無事成人するまで庇護されたと言われている。弟の義経（牛若丸）は父義朝が敗死したことにより鞍馬寺にて僧として生きる事になるが、やがて鞍馬寺を出奔し、奥州の藤原秀衡を頼って平泉へ下っていった。一方、平治の乱後、比企遠宗一家は頼朝の面倒を見るため比企郡に移ったが、遠宗は戦で負った傷がもとで、しばらくして比企の地で亡くなったと言われている。

【参考】源義朝一家

源　義朝

生誕　保安四年（一一二三年）

死没　平治二年一月三日　尾張国長田忠致父子に入浴中襲撃され死去。三十八歳

父母　父　源為義　母　白河院近臣・藤原忠清の娘
正室　熱田神宮の大宮司藤原季範の娘　由良御前（平治元年三月一日死去）
側室　常盤御前（九条院の雑仕女）

子供たち
長男　源　義平（悪源太）　母は京都郊外橋本の遊女、または三浦義明の娘という。平治の乱で活躍したが敗戦後、単独京都に潜入し平清盛暗殺を企てるが失敗、六条河原で斬首。
次男　源　朝長　母は波多野義通の妹。平治の乱で敗走中に、戦傷が元で亡くなる。
三男　源　頼朝　母は熱田神宮大宮司藤原季範の娘由良御前。鎌倉幕府を開き武家政治を創始。
生誕　久安三年四月八日（一一四七年五月九日）　死没　建久一〇年一月十三日　享年五十三歳
四男　源　義門　早世。
五男　源　希義　母は由良御前　平治の乱で土佐国に配流、頼朝の挙兵後平家の家人に殺される。
六男　源範頼（蒲冠者）母は遠江国池田宿の遊女　養父は藤原範季。治承・寿永の乱では頼朝の代官として、大軍を率いて源義仲・平氏追討に赴き、義経と共にこれらを討ち滅ぼす大任を果たしたが、曽我兄弟の事件を契機に謀反の疑いで伊豆修善寺にて殺されたという。
七男　阿野全成（幼名今若）　母は常盤御前、仏門に入り、挙兵後の頼朝に仕えるが、源頼家に殺される。
八男　源　義円（幼名乙若）　母は常盤御前。仏門に入り、挙兵後の頼朝に仕えるが、墨俣川の戦いで平家軍に討たれる。
九男　源　義経（幼名牛若）　父は源義朝　母は常盤御前。養父は一条（藤原）長成。挙兵後の頼朝に仕えるが、対立し奥州に逃げ、藤原泰衡に殺される。
坊門姫　頼朝の妹　一条能保室。

②平氏の全盛と打倒の動き

永暦元年（一一六〇年）六月、平治の乱の恩賞として、清盛に正三位が下された。正四位下から正四位上と従三位を飛び越えての三階級特進である。これにより清盛は公卿となった。

仁安二年（一一六七年）二月、清盛は、太政大臣に就任する。永暦元年、正三位参議となり公卿の地位を得てから、わずか六年で、公卿の頂点に君臨することになったのである。まさに清盛は、「位人臣を極めた」のだ。また平氏一門も、栄達を遂げ「平氏にあらざれば、人にあらず」とまで言われる平氏全盛時代をむかえたのである。

平氏は「一門の公卿十六人、殿上人三十余人その他諸国の受領・衛府・諸司・都合六十余人」「日本秋津嶋はわずかに六十六箇国、平氏知行の国三十余箇国、すでに半国を越えたり。」と言われるようになる（平家物語）。

しかし平氏の全盛は長くは続かず、後白河法皇との間に、きしみが出始めてくるのである。後白河法皇に仕えていた建春門院平滋子が亡くなると、後白河法皇と平氏との絆は一気に弱くなってきた。建春門院は清盛の妻時子の妹であるが、後白河法皇・公卿近臣と平氏との間の衝突を抑制し調整役となっていたのである。

建春門院の死後、清盛打倒の鹿ケ谷の陰謀が露見し、これには後白河法皇も参画していたという。さらに清盛の嫡男重盛が病にて四十二歳で亡くなると、後白河法皇は、重盛の知行国越前を取り上げて側近に与えてしまうなど反平氏の立場を鮮明にしだした。そのため清盛は治承三年、後白河法皇を幽閉し、法皇の院政を停止させる。さらに平氏に敵対する公卿・白河院の近臣など三十九人の貴族を解任、流罪にする。いわゆる治承三年の政変を起こすのである。

治承四年（一一八〇年）四月九日、平氏一門が横暴な政治を始めると、平氏に不満を持つ者たちが多く出てくる。清盛が高倉天皇を譲位させ、自分の娘徳子の子を安徳天皇として即位させると、後白河法皇の子、以仁王は、自分の皇位継承が難しくなったため、平氏に強い不満を持つようになった。また源頼政も、平氏打倒を計画するようになるのであるが、頼政は清盛によって従三位に昇進しており、平氏には恩があるはずである。頼政の決起の背景は幾つか言われているが判然としない。しかし源頼政は、四月九日の夜、嫡子の仲綱と共に、以仁王の三条高倉御所に参上し、各地の源氏に令旨を出し平氏を討伐するよう懇願する。それにより以仁王は、平氏打倒の令旨を出した。令旨は、源為義の十男源行家により各地の源氏に届けられるのである。

③頼朝の旗揚げ

「吾妻鏡」は、以仁王令旨が頼朝の元に届いた日を四月二十七日と伝える。この時代、京都・鎌倉間の移動は、歩いて十三日ぐらいである。行家が四月九日か一〇日にすぐ出発しているとすれば、彼は京都を出発して伊豆の頼朝の所へ到着するまでに、十七〜十八日を要したことになる。おそらく頼朝の所へ真っ直ぐ届けたのではなく、頼朝以外の諸国の源氏にも以仁王令旨を伝えながら歩んできたのであろう。

「平家物語」は行家が四月二十八日に京都を出発し、美濃・尾張の源氏に令旨を伝えながら、頼朝のもとには五月一〇日に到着したと伝える。

しかし以仁王と源頼政の企ては平氏側に漏れ、やむなく以仁王と頼政は挙兵するが敗れてしまう。「吾妻鏡」は、五月一〇日、頼政挙兵のことを伝える下河辺行平の使者が頼朝のもとへ到着したと伝える。五月一〇日に何らかの伝達があったことは、事実なのであろう。

以仁王挙兵失敗の報せが伊豆国に届くと、源頼政の孫有綱はいちはやく藤原秀衡を頼って奥州に落ちていった。また、京に居る三善康信は、頼朝に以仁王挙兵の顛末を知らせるため、弟の康清を伊豆国に派遣した。康清が伊豆国に入ったのは六月十九日、彼は、頼朝に「以仁王の令旨を受けた源氏の人々の追討（殺害）の命令がだされました。ですから早く逃げて下さい。」と言い、奥州に逃げたほうがよいと逃亡先まで指定している。頼朝は三善康信の厚情に感謝し、その言葉を信じた。しかし奥州に逃げるか、伊豆国に留まって挙兵するかを迷ったすえ、挙兵の策を選び、安達藤九郎盛長を各地に居る源氏重代の家人のもとに派遣し、皆に共に挙兵するよう督促をした。安達盛長が伊豆国北条館を出発したのは、六月二十四日と言う。

・治承四年（一一八〇年）六月二十七日

三浦義澄《よしずみ》と千葉胤頼《たねより》が伊豆国の北条館に立寄り、頼朝と密談した。二人は、内裏大番役（平安・鎌倉時代、武士が国毎に組織されて輪番で宮廷の警護を務める軍役）を終えて帰国するところを、以仁王挙兵のため足止めされていた。胤頼は以仁王とともに討死した日胤の兄弟、謀反人与党として追捕されたとしても文句の言えない身であるが、帰国を許されたらしい。

七月に入ると、安達盛長から波多野氏や山内首藤氏に対する挙兵交渉が不調であった旨が報告された。頼朝の軍勢調達は必ずしも順調なものでなかったのである。

・八月二日

平氏に味方する大庭景親が坂東に住む平氏家人を率いて相模国に到着した。伊豆国に残る頼政の孫有綱を追捕するための下向であった。平清盛は、有綱や工藤介一族との合戦は避けられないものと判断し、坂東諸国の平氏家人に軍勢催促する権限を大庭景親に与えていた。しかし、前述のように有綱はすでに奥州の藤原秀衡を頼って逃げていたため、清盛の危惧は杞憂に終わった。

・八月十七日

頼朝の挙兵は、伊豆国の一ノ宮三嶋大社例祭で人の出入りが激しくても怪しまれない日を狙ったものであった。

「源平盛衰記」は、頼朝の軍勢を八十五騎と伝えている。頼朝はこの軍勢を二手に分け、平氏の一族山木兼隆とその舅堤権守信遠の館を襲って討ち取ったと伝える。

頼朝挙兵を聞いた大庭景親は、坂東の平氏家人に軍勢催促を行って三〇〇〇騎を集めた。国衙(国司の役所)からみても頼朝挙兵は叛乱であり、景親の頼朝追討には相模・武蔵の軍勢も加わる姿勢を示した。

・八月二十三日

石橋山の合戦は、相模国に入ろうとする頼朝の軍勢を、景親の軍勢が進路を遮り、この夜、浴びるような大雨が降る暗闇の中で開戦した。しかし兵力の差はいかんともし難く、三〇〇対三〇〇〇の戦いでは頼朝に勝利は無く、たちまち壊乱状態となり、伊東祐親の軍勢に追撃される形となった。頼朝は三浦義澄の軍勢と合流出来ず、数の上で劣勢に立たされていたのである。結局、大庭景親や伊東祐親ら平氏方の大軍に敗れて逃亡。真鶴岬から海路安房国を目指し、やがて安房国平北郡猟島に辿り着いた。一説には熱海から安房へ向かったとの説もあるが、それは後の章で触れる。

一方、頼朝の援軍として三浦半島から陸路で伊豆国へ向かっていた三浦別当義澄率いる三浦一族三〇〇余騎は、途中、大雨による丸子川(酒匂川)の増水で行く手を阻まれ、頼朝の旗揚げには間に合わなかった。そして八月二十四日、頼朝の敗戦を聞いたために、やむを得ず三浦への帰途についた。このとき、金江川に陣を取っていた畠山重忠勢五〇〇余騎を発見。互いの行き違いから合戦に及ぶという事態になった。この合戦から二日後、重忠は同じ秩父氏の豪族河越太郎重頼へ援軍を求め三浦義明の籠る衣笠城に攻め寄せた。攻城は難攻を極めたが、結局、城は落ち、ひとり籠城して討死せんとした三浦義明は捕縛され、義明は自分の孫にあたる畠山重忠の手で斬られることを望んだが、その願いも空しく江戸太郎重長によって討たれたという　三浦義明を討った後、畠山重忠らは武蔵国に戻った。

・九月四日

安房へ上陸した頼朝は、上総広常のもとへ和田義盛を、また下総千葉常胤のもとへは安達盛長を遣わし、頼朝の軍に参上するよう申し伝えた。

・九月六日

和田義盛が帰参して「上総広常は千葉常胤と相談してから参上する」と返事があったと報告した。

・九月九日

安達盛長が帰参して「千葉常胤は参向を確約した」と報告した。

・九月十七日

下総国国府に入った頼朝は、千葉常胤率いる軍勢三〇〇余騎に迎えられる。千葉氏の軍団を迎えた頼朝は、さらに西進し、下総・武蔵国境に近い大井川（現・江戸川）東岸に至り、軍を止めた。

・九月十九日

ついに上総広常は、上総全土の軍勢二万騎を率いて頼朝の陣に着到した。広常は大軍を率いての着到に対して頼朝が、ねぎらいの言葉をかけてくれると予想していた。しかし頼朝は広常の遅参を叱責する。その頼朝の態度に、広常は彼の器量の大きさを感じ信服したと伝わる。

・十月二日

頼朝は千葉常胤・上総広常と同じ舟に乗って隅田川を渡り武蔵国に入った。その後、畠山重忠が「平氏は一旦の恩、左殿（源氏の頼朝）は重代相伝の君なり」と言って着到したのは、十月四日のことである。ここで畠山重忠が着到し言ったことに、重要な意味がある。三浦氏を攻めたことは平氏に加担する行為であるが、朝廷が認めた謀反人を追討した官軍である。「平氏から受けた恩を果たすために一度は合戦しましたが、義理は果たしたのでこちらに参りました」と言って参陣の手続きをとった畠山重忠を、頼朝は受け入れ、鎌倉進軍の先鋒を命じた。重忠の言葉は誰もが主張することのできる論理だったため、坂東の平氏家人は頼朝のもとに続々と加わっていった。頼朝が重忠を討った場合、数千騎の軍勢を集めることの出来る秩父一族は、坂東の平氏家人に

秩父氏系図

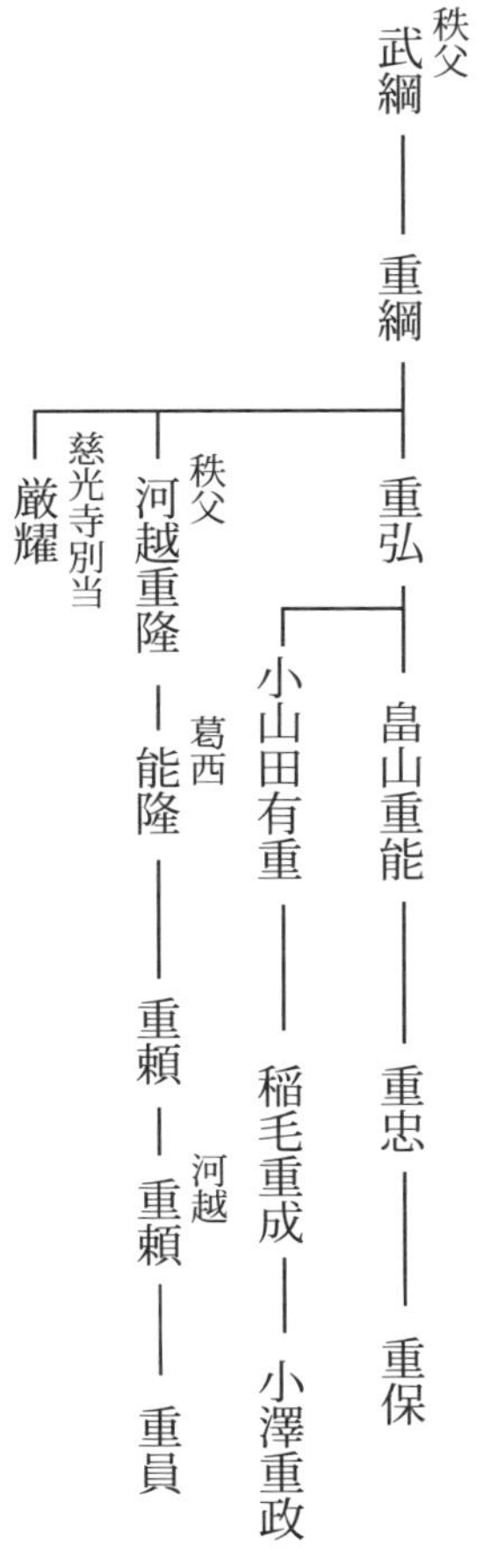

軍勢催促のできる大庭景親と武蔵野で合流し、存亡をかけた戦いを頼朝軍に挑むことになろう。頼朝は重忠を許すことによって坂東の平氏家人が安心して参陣出来る事を示したようだ。この一か月間の頼朝の対応は、武士と言うよりも、非常に貴族的、政治的な動きをしている。

・十月六日

頼朝は相模国に軍勢を進めた。若干十七歳の畠山次郎重忠を先陣とし、後陣は老練な六十三歳の千葉介常胤に勤めさせ、四〇〇〇〇騎とも言われる軍勢を従えて相模国へ入った。石橋山での大敗から、わずか四〇余日後のことであった。これはこの大軍を率いた頼朝自身にとっても、奇跡と思えたに違いない。これは源頼義、義家から伝わる関東の武士たちの源氏への信頼が大きく寄与したと考える。

ここまで吾妻鏡をベースに頼朝の行動を鎌倉入りまで追ってきたが、旗揚げから鎌倉へ落ち着くまで、比企一族の名は何処にも出てこない。唯一出てくるのは丹後内侍の夫安達藤九郎盛長だけである。頼朝旗揚げまで二〇年にわたり彼を助けた比企一族として不可解なことである。これは何故なのだろうか？　それは後の章で取り上げるので、ここでは謎のままにしておきたい。

④鎌倉幕府の成立

治承四年（一一八〇年）十月七日

鎌倉に入った頼朝は、まず材木座の浜の近くにあった八幡宮（一〇六三年に頼義が石清水八幡宮を勧進して造営）を遥拝し、次いで館の場所を調査する。

・十月九日

大庭平太景義を奉行として、大蔵郷の地に新館の作事がはじまる。

・十月十日

頼朝は挙兵以来、別れ別れになっていた妻政子を伊豆から迎えた。

・十月十二日

八幡宮を大蔵の西方に位置する小林郷の鶴ケ岡に遷し、鎌倉の中心に据え、源氏の守護神とした。また武士たちも各々の屋敷を建築、道路の修造、寺院の建立など町作りが進められた。

一方、平氏の大軍を富士川で破り、転じて常陸の源氏佐竹氏を滅ぼし、いよいよ源氏の主としての立場を鮮明にした。

・十二月十二日

完成した新邸への頼朝の引っ越しの儀式「御移徙之儀」が十二日に挙行された。ここが「大倉御所」・「大倉幕府」と呼ばれる最初の幕府である。出仕した者は三百十一人。十八間の侍所で、別当和田義盛を中央に二行に対座した。この儀式について「吾妻鏡」は次のように記している。「それより以降、東国皆その道理のあるさまを見て、推して鎌倉主となす。」この時から、東国の武士たちは、頼朝の器量を知り、皆で担いで「鎌倉主＝鎌倉殿」とした。

頼朝が鎌倉の地を根拠地に選んだ理由とは何だろうか。頼朝が鎌倉を本拠と定めるきっかけになったのは、石橋山の合戦で敗れた頼朝が安房で再起をはかり、側近の藤九郎盛長を下総に遣わして千葉介常胤に参向を求めた時、常胤が「今、頼朝の居所は、とりたてて要害の地でありません。また、源氏にゆかりの地でもありません。早く相模国鎌倉にお向かい下さい。」（「吾妻鏡」治承四年九月九日条）と言った事に依ると言われている。つまり鎌倉は、

1、要害の地であること。

2、源氏ゆかりの地であること。

以上の二点が頼朝の本拠とすべき土地に必要な条件で、鎌倉はこれを満たしているというのである。

1の「要害の地」という点では、確かに鎌倉は三方を山に囲まれて、一方は海。京都の貴族九条兼実の日記「玉葉」にも「鎌倉之城」（寿永二年閏十月二十五日条）とみえるように、守るに都合のよい地形である。

交通路についても、京都から武蔵方面に東海道を下る場合、足柄峠をこえて酒匂川の沖積平野に出てから、大磯付近を通過して海岸線沿いにすすむルートが古くから一般的であったらしく、鎌倉はこのルートにほとんど近い。なるほど、鎌倉は要衝の地といえる。しかし、坂東にはほかにいくつも要害の地は見出せるであろうし、逆に鎌倉が要害の地であったからこそ、源氏ゆかりの地ということにもなったのであろう。だとすれば、源氏にとって由緒ある土地であったことが、大きな意味をもってくることになる。源氏が鎌倉と縁故を生じたのは前述のように頼義、義家の

時からである。

・寿永元年（一一八二年）三月十五日

鶴岡八幡宮から由比ケ浜に至る道を修復し、参詣のための真っ直ぐな道路にする工事が始まった。現在のメインストリート「若宮大路」である。この大工事は政子の懐妊を喜び、出産と子供の無事を祈っての工事であった。

頼朝の陣頭指揮の下、御家人たちは自らの手で土や石を運び、若宮大路を作ったという。勿論、これは儀式であり、本格的な工事は人夫たちがやったのであろう。しかし、この儀式は極めて重要な意味を持つ。「御家人たちは、頼朝の部下として、共に鎌倉の町づくりを行った。」こと、言いかえれば武士の町の誕生を象徴するからである。

・八月十二日

この日頼朝の長男頼家が生まれ、頼家の乳母に、比企尼の娘が召されて参入し御乳付を行っている。尼の娘はこの時すでに河越太郎重頼の妻になっていた。なお御乳付は、実際におっぱいを飲ませるのではなく、乳母としての儀式的な行事であったと推定される。

鎌倉に居を置いた頼朝であるが、対平氏に対する戦況は北陸から動きはじめる。信濃国で挙兵した木曾義仲は、すでに越後・越中・加賀・能登に進出し、北陸地方を勢力下に収めつつあった。倶梨伽羅峠に平氏の軍を破った義仲軍は都に向かって進撃し都から平氏を追い払った。こうして、秋から冬にかけて、天下は三分の形成となった。平氏は山陽道・西海道・南海道を、義仲は北陸道・山陽道を、頼朝は東海道・東山道をその勢力下に置いた。そして、都には後白河法皇を中心とする貴族・寺社勢力が存在したのである。

しかし義仲は朝廷とうまくいかず、御所襲撃、平氏との講和交渉の失敗などによって、彼は孤立してゆき、頼朝の出番が廻ってくるのである。

・寿永二年（一一八三年）

頼朝は、木曾義仲の追討に弟の範頼と義経とを上洛させるが、これに先だって、比企朝宗に命じて熱田神宮の社家（神職を世襲する家柄）に面会させている。これは鎌倉勢の上洛に備えて、京都及び東海地方の情報収集が目的で、朝宗を派遣したものといわれている。なお頼朝の母は熱田神宮宮司の娘であるので情報収集が可能であったのであろう。

・十一月一日

この日征夷大将軍木曽佐馬頭義仲の追討軍を派遣した。

大手の大将軍には、蒲冠者範頼・相従輩は、武田信義・加々美遠光・一条忠頼・小笠原長清・伊沢信光・板垣兼信・逸見義清。大手侍は、稲毛重成・榛谷重朝・森行重・千葉介常胤・千葉胤正・相模成胤・国府胤家・金子家忠・金子近範・源広綱・多々良義春・多々良光義・別府義行・長井義兼・筒井義行・葦名清高・野与・山口・山名・里見・太田・高山・仁科・広瀬等。

搦め手の大将軍は、九郎冠者義経・相従輩は、安田義定・大内惟義・田代冠者信綱。相従侍は、

佐々木高綱・畠山重忠・河越重頼・河越重房・師岡重経・梶原景時・梶原景季・梶原景高・曽我祐信・土屋宗遠・土肥実平・土肥遠平・佐原義連・和田義盛・勝大八行平・猪俣範綱・岡部忠澄・後藤真基・後藤基清・鹿島惟明・片岡経春・片岡為春等。

頼朝は、出征に当たり御所の侍所に御家人を集めて評定を行った。京都に至るまでには越えなければならない近江国の瀬田橋、宇治の宇治橋の二つの難所があり、この橋の橋板は木曽勢によってすでに外されていると見なければならず、だからといって川は激流、底も深くすべての馬が渡り切れる保障はない上に、川の中には逆茂木や綱が張られているはずである。各人良い馬を用意して、宇治・勢多の難所を乗り切って高名を揚げるべしと議された。さっそく大名、小名、党、高家それぞれ名馬を用意して戦陣に臨んだ。

・寿永三年（一一八四年）正月二十日

範頼、義経の鎌倉勢大将軍の兄弟が勢多と宇治の二手に別れて京都に攻め寄せた。重忠は搦め手の義経に従って宇治方面から攻撃をしかけた。宇治川の急流にかかる宇治橋の橋板は既に外され、その流れの中には逆茂木が置かれ、綱が張られていた。その逆茂木や綱は常陸国の鹿島与一という水練の達者によって除かれていたが、いまだにその急流を渡る者はいなかった。この時、梶原源太景季と佐々木四郎高綱の若武者二騎が進み出て、宇治川先陣の駆け引きが行われる。やがて京都に入った義経は、先ず六条殿に馳せ参じて後白河法皇を警衛した。このとき義経を含めて参内したのは六騎あり、御所の門前で下馬し、後白河法皇の御叡により御所の中門の外、御車宿前に立ち並んだ。このとき法皇は中門の羅門から叡覧、陪従の出羽守貞長に、かの六名について年齢、名前、住国を聞こし召された。この時参内した六騎とは、源九郎義経、二十五歳。畠山次郎重忠、武蔵国住人、二十一歳。渋谷右馬允重助、相模国住人、四十一歳。河越小太郎重房、武蔵国住人、十六歳。梶原源太景季、相模国住人、二十三歳。佐々木四郎高綱、近江国住人、二十五歳であったと言う。

義仲は京都を落ちると、叔父志田義広らが守る近江へ向かったが、その途中、粟津浜（大津市馬場）で、ついに相模国三浦党の石田小太郎為久の手によって討たれた。義仲三十一歳の若さであった。

鎌倉に居を置く頼朝は、さらに平氏を追討するよう範頼・義経に指示をだし、源平の最後の戦乱が始まるのである。ここではその詳細は省略するが、順を追って記すと以下のようである。

・寿永三年（一一八四年）二月七日

木曽義仲を破った範頼、義経の軍は、一の谷に城郭を構え防備を固めている平氏軍に襲い掛かり、平氏に勝利する。戦いに敗れた平氏は西海へ向かい、讃岐の屋島を本拠地にして周辺の国を制圧して力を蓄えて行く。

・元暦元年（一一八四年）八月八日

参河守源範頼が平氏追討使として鎌倉を出発し西海に赴く。この軍勢の中には比企能員、比企朝宗が加わっていた。

しかし、この中に義経は含まれていない。一の谷合戦の後、頼朝に無断で朝廷より左衛門少尉に任じられたことや検非違使の宣旨を受けたりしたこと、またその前にも頼朝の意向に背いてきたことがあったからである。このような状況下、九月十四日、河越重頼と比企の尼の次女の子が義経に嫁ぐため、前々から決まっていたこととはいえ、上洛してゆく。

範頼率いる頼朝軍は、安芸から筑紫へ攻め入るが、長い戦線のため兵糧の調達にも事欠き、苦労する。

一方、京に居た義経は讃岐の国屋島へ向い、元暦二年二月十九日屋島を攻め落とすのである。四国の拠点を失い、さらに安芸、九州を源氏に抑えられた平氏は次の拠点長門彦島へと逃げて行くが、義経軍は、それを追い、ついに元暦二年三月二十四日、最後の戦、壇ノ浦の戦いで平氏が滅び、長い治承・寿永の乱は終了する。

平氏の滅亡後、文治元年（一一八五年）十一月二十九日北条時政の申し込んだ守護・地頭の設置が後白河院より認められる。これにより実質的に鎌倉政権の成立となり、さらに建久三年（一一九二年）頼朝は征夷大将軍に任ぜられ鎌倉幕府が正式に樹立されるのである。

●比企氏の活躍

①比企能員の活躍と繁栄

比企能員は比企遠宗夫妻の実の子ではなく猶子である。頼朝は比企尼の長年の恩義に報いるために、その猶子である比企能員をとくに重視してきた。寿永元年（一一八二年）北条政子に頼朝の長男頼家が生まれると、比企能員の妻は、乳母に選ばれた。能員は乳母夫として贈物を贈呈している。

・元暦元年（一一八四年）

比企能員は、木曾義仲の子、志水義高の残党が、甲斐・信濃で謀反を企てているといううわさが立つと、その征伐におもむく。また同年、範頼に従って鎌倉を発し、平氏追討のため、山陽道を西に進み、豊後（大分県）に渡っている。平氏滅亡までの能員の働きの記述は、この程度である。武士としての勇ましい活躍は見られない。にもかかわらず、範頼の軍が兵糧難から士気低下し、頼朝が諸将に親書を送って激励した時、また豊後にわたり大功があったという感状を送った際にも、能員は頼朝から感状を寄せられた数少ない御家人の一人となっている。

・文治五年（一一八九年）七月十七日

奥州合戦で比企藤四郎能員は、宇佐美平次実政と共に、三軍に別れた征討軍の内、北陸道大将軍として下っ道を経て、上野の御家人らを率いて、越後から出羽・陸奥に出兵し敵を撃破し、敵将田河行文・秋田致文を斬り殊勲をあげている。また翌年その残党大河兼任の乱にも、東山道の将として従軍した。そして同年十月、頼朝の初の上洛にも随行している。

・建久六年（一一九五年）

頼朝二度目の上洛には、千葉常秀とともに先発し、当時噂の有った源行家や源義経の残党の襲撃にそなえている。

頼朝が初上洛した時、朝廷より、治承・寿永の乱等における勲功の賞として、御家人二〇名に官位を授けるので推薦するようにとの仰せがあった。しかし頼朝はそれを辞退したが、院からの強い要請で、千葉常秀など十人の功ある御家人を推挙した。その中に比企能員もおり、建久元年（一一九〇年）十二月十一日に右衛門尉に任官している（「吾妻鏡」建久元年十二月十一日）。このように頼朝は能員を重用し、能員も応分に働いているが、戦における武士としての活躍は、とりたてて見るべき点はなく、まずは平凡な武将だったのではないだろうか？

また、比企一族は戦功により多くの恩賞を得ているが、有力御家人であっただけに諸国の守護に補任されている。

比企能員の所領であるが、信濃国の目代に任じられている。比企能員の信濃目代の任については、『東松山市の歴史 上巻』のなかで詳細に述べられている。そこで少し長くなるが要旨を記すと、

信濃国は源頼朝が文治元年に与えられた知行国（関東御分国）のひとつで、信濃守には甲斐の御家人であった加々美遠光が任ぜられた。しかし、知行国の国司は名国司といわれて、実際の国務に携わらなかったので、給主（頼朝）の派遣する目代が実務を担当するしきたりであった。この信濃国の目代は、信濃の守護の職務をも兼任するものであったという。

ところで、比企能員が信濃国の目代に任ぜられたのは、いつごろだったろうか。文永八年(一二七一年)五月信濃の御家人笠原信親が、所領の訴訟のために幕府へ提出した証文目録中に、次ぎの様な記事がある。

証文目録

木曽殿御下文　治承五年四月十五日

次郎行連これを給う、

右大将家御教書　十二月二十四日付

元信濃国御目代比企判官（能員）これを下さる、

証文目録件の如し、

文永八年五月　左衛門尉神信親上

この文書によると、文治元年（一一八五年）十二月二十四日付の源頼朝御教書を、信濃国目代の比企能員が笠原氏へ伝達したことがわかる。したがって、比企能員は、源頼朝が信濃国を知行国として関東御分国に組み入れた文治元年、すなわち当初から目代に任ぜられていたことは明らかである。

源頼朝は、火災のために焼失した信濃国善光寺の復興を志して、文治三年（一一八七年）七月二十七日に、信濃国中の荘園・公領の沙汰人らに命じて、勧進上人に協力し人夫をあつめている。この時頼朝の意を受けた僧某は、信濃国目代宛てに奉書(「吾妻鏡」文治三年七月二十八日)を発給している。

この奉書の宛所となっている信濃御目代とは、比企能員のことである。そこで能員は、この頼朝の意をくんで信濃国内の荘園・公領の沙汰人＝御家人らに命じて人夫役の徴収を行ったものと考えられる。

比企能員が信濃の守護であったことは、市河文書にある「信濃守護所代左衛門少尉兼隆書状」(『信濃史料』四の二六、市河文書)でわかる。この書状を見ると、寛喜元年(一二二九年)のころ、同国の中野馬允と木島兵衛尉との間で鷹の栖場所が計見領か、志久見領かについて争われており、守護所代が「比企判官の時、猟師別当二郎進ず書状一通これを進上す」と追記している。ここで比企能員が登場してくるのは、やはり能員が、かつて信濃の守護であったためである。なお能員が守護をしていたことを示すものとして、源頼朝が死去した正治元年(一一九九年)正月十三日直後に、比企能員が信濃の御家人らを引率して京都大番役に上っている。

国中の御家人らを連れて大番役を勤めるのは、守護の最も重要な職務とされた「大番役催促」である。したがって、比企能員が当時、信濃の守護職にあったことは疑う余地がない。いったい能員がいつごろから信濃の守護の任にあったかは不明であるが、先述したように奥州合戦の際に、東山道の将軍になっているので、この頃からすでに守護であったと考えられよう。そして、能員が建仁三年(一二〇三年)に比企氏の乱で倒れるまで、守護の職にあったと見られる。

それでは能員はどこで信濃の国務を執行していたのだろうか？　小林計一郎氏は『信濃中世史考』の中で長野市の善光寺付近とされている。能員はここで目代と守護の両者の任に当たっていたわけであろう。しかし彼は幕府の重職でもあったので、もちろん信濃に常駐していたわけではない。」

『東松山市の歴史　上巻』ではこのように記している。

またさらに『東松山市の歴史』では、比企能員の上野の守護についても、佐藤進一氏の『鎌倉幕府守護制度の研究』を引用して、「比企能員が奥州合戦の際に東山道の将として、上野・信濃等の御家人を引率したことを根拠に、上野の守護でもあった。」と記している。

日本史年表・地図（吉川弘文館）より作成

次に伊東祐清と別れた三女が再嫁した平賀義信であるが、彼は武蔵国の国司と守護を兼ねていた。後述するが比企の尼の息子比企朝宗は北陸道の勧農使となっており、さらに丹後内侍が再嫁した安達盛長は三河を抑えている。このように見てくると武蔵・上野・信濃そして三河と比企の関係者が配置されている。すなわち図でも判るように鎌倉を取り囲むように広大な土地を比企氏一族が管理しているのである。

②比企朝宗の活躍と繁栄

比企朝宗は比企遠宗の長男であるが、母は比企の尼ではないという。寿永二年（一一八三年）頼朝は、後白河法皇に働きかけ、東海道・東山道諸国の国衙在庁に対する指揮権を得る代わりに、戦乱によって途絶した年貢の納入を朝廷に約束している。そのため生産基盤の安定化と輸送ルートの安全確保は重要課題であった。その中で加賀・越前・若狭・信濃など多くの国で木曾義仲が兵糧米として大量の米を徴発したため、年貢が徴収できないような荒れた状況にあった。

そこで元暦元年（一一八四年）、頼朝は、木曽義仲が支配した北陸道一〇国を安定化するため、比企朝宗を北陸道勧農使（若狭・越前・越中・加賀・能登・越後・佐渡）として北陸道に派遣した。勧農使の職務は、年貢収取を実現するために農業生産の奨励を行うことである。この勧農使の職務内容は概ね守護職と同様で、その前身と見てよいだろう。

北陸道に入部した朝宗は、北陸道諸国に対する「勧農」の権限と、国衙在庁の指揮権を掌握して、二月には、さっそく国中の武士や、官兵の荘園や公領に対する乱暴狼藉を停止させる処置を行い、さらに四月には遠敷郡西津荘を神護寺に安堵している。その他多くの荘園を神社・寺院さらには貴族に安堵している。このように朝宗は、北陸道において、東国に居る頼朝の意思を受けて権限を行使し、北陸道の安定に努めたのである。

福井県史通史編2によると、一仕事終えた朝宗は、その年七月には越後から東山道を経て鎌倉に帰ったものと考えられている。

鎌倉に戻った比企朝宗は、平家追討の戦いに臨み源範頼に従い西国に遠征する。さらに義経の追討に関しては文治二年（一一八六年）頼朝の命で京都に上り、一条能保を補佐し、南都などで義経を捜索する。結果九月二十日には源義経の家人堀景光と佐藤忠信の二人を逮捕する（玉葉）。

その後、文治五年（一一八九年）「奥州征伐」にも従軍しているが、比企朝宗は北陸道大将軍として北陸道方面の軍勢を引き連れていない。北陸軍大将軍には比企の尼の甥、後に猶子比企能員がなっているのである。

福井県史では、その理由を「建久二年（一一九一年）六月二十二日、前摂政藤原基通家領の丹生郡鮎川荘に対する藤原三郎についての訴えに対し、頼朝がかつては朝宗に「北陸道方の事」を申し付けておいたが、いまは「守護人を差しおかず候なり」と請文の中で述べており（同、同年六月二十三日条）、おそらく朝宗は文治二年（一一九一年）からさほど遠からぬ時期に北陸道諸国の国惣追捕使―守護の地位を止められていたのではなかろうか、それゆえに信濃・上野の守護比企能員に率いられることになったのであろう。」と記している。

しかし、北陸道に於いて比企朝宗の実権・勢力はまだ続いていたようだ。即ち吾妻鏡建久五年（一一九四年）十二月一〇日の条によると

「越前国志比荘が比企藤内朝宗によって押領されていると、領家から訴えがあった。……中略…（頼朝）はたいそう驚かれて朝宗に尋ねられたところ、押領はしていませんと陳謝した。そこで朝宗に請文を提出させて本所へ請文を遣わされた。」と記す。

吾妻鏡では、この建久五年（一一九四年）の出来事を最後に、比企朝宗の名は見られなくなる。おそらく朝宗は、この事件の後に亡くなったと考えられる。

朝宗の妻は政子の女房「越後の局」である。越後の局が、文治四年（一一八八年）男子を出産したことが「吾妻鏡」に見える。このように比企朝宗は吾妻鏡にその子供の誕生が記されるような、

重要人物であったのである。

また、朝宗には姫の前という姫がおり、吾妻鏡の表現を借りると「権威無双の女房」といわれ、大変頼朝に気に入られていたという。彼女は北条時政の息子義時の妻になり男子を設けている。

③源頼朝と比企一族の親密な関係

比企の尼が、頼朝の乳母となり、伊豆の頼朝の支援を続け、その恩により比企能員や朝宗も頼朝に引き立てられたことは前述したが、吾妻鏡を見ると、鎌倉幕府成立後、比企氏は政治以外の私的な面においても、頼朝夫婦と良好な関係を続けていたようである。その幾つかを拾うと、養和二年（一一八二年）から建久元年（一一九〇年）の八年間だけでも

1、頼家の産所が比企氏の屋敷と定められ、産所に御台所が移る。

2、頼家が生まれると河越重頼の妻比企の尼の次女が乳付を行い、能員が乳母父となる。

3、頼朝が丹後内侍の病気を気遣い彼女を見舞う。

4、頼朝と政子、比企が谷の屋敷を訪問し、瓜を食し、一日中遊ぶ。

5、重陽節句、頼朝と政子、比企の屋敷を訪ねる。彼らは一日宴会を催し、比企氏は帰りに土産を渡す。

このように頼朝夫婦は比企の一家と親しく交わっていたのであった。

また比企の女性たちもそれぞれ鎌倉政権内で活躍してゆくが、それは別の章で述べたい。

4、乳母の役割

前項で述べたように比企一族の活躍は、頼朝に対する比企の尼、その子頼家に対する比企一族の女性達たちが乳母として活躍したことが基本になっている。しかしそのことが比企氏滅亡の火種ともなっているのである。そこでこの章では「乳母の役割」について考察してみたい。

一般に「乳母」と言うと赤ちゃんにおっぱいを与える「おっぱい係」をイメージしてしまう。しかし乳母はただおっぱいを与え、おしめの取り換えをするだけではない。その子の成長を見守り、教育をし、人格形成まで影響を及ぼす母親のような役割である。実際の生母はいるのだから、第二の母と呼んでも良いだろう。いや場合によっては生母以上の役割であったかもしれない。しかも当時は、そのしきたり上、乳母の夫や子供も一家を挙げて若君に奉仕する役割を担うのである。『乳母の力』（吉川弘文館刊）の中で著者の田端泰子氏は、鎌倉時代の乳母について「乳母と養君の関係が、極めて美しい擬制的親子関係であり、また主従関係でもあった。この主従関係が何代にもわたたって続いて行く。この形態は公家の社会では見られない新しい武家の関係である。」と記している。すなわち主人と家来の関係が、乳母、乳母父の形態を維持しながら、主人の代が変わっても継続するのである。これは後述する比企の女性達や摩々尼についてもいえることである。

それでは源頼朝の乳母について見てゆきたい。

●源頼朝の乳母たち

頼朝の乳母の数は一説には、七人とも八人とも言われているが、現在のところ頼朝の乳母として判明しているのは四人までである。それは比企尼・摩々尼・寒川尼・山内尼の四人である。

◇比企の尼（比企掃部允の妻）寿永元年十月十七日条

比企の尼は、比企掃部允遠宗の妻である。比企遠宗は源為義、義朝と仕えており、その功、まじめな仕事ぶりから頼朝の乳母父に選ばれている。

比企の尼で特筆されるのは、吾妻鏡寿永元年（一一八二年）十月十七日の条に、比企能員を頼家の乳母夫にした理由として、「多くの御家人がいたが比企四郎能員を乳母夫にしたのは、能員の義母（比企の尼）が、武衛（頼朝公）が生まれた頃に乳母だった。そして永暦元年（一一六〇年）武衛が伊豆へ流罪になった時に、忠節を存じて、武蔵国比企郡を請所として、夫掃部允に連れ添って下向し、治承四年（一一八〇年）の秋まで二〇年間、何かとお世話を申し上げた。今はこのとおり立身出世をしたので、その時の奉公への恩返しをするために聞いたら、比企の尼は甥の能員を猶子として推挙したので、乳母父になったのだという。」

このように伊豆の頼朝を二〇年の長きにわたり世話をしたことが高く評価されている、その功績により比企能員が頼家の乳母父となっているのである。

史料でみるかぎり頼朝が流人の期間、頼朝の生母由良御前の実家熱田大神宮や他の乳母の家からは伊豆の頼朝に物質的な援助はなく、もっぱらこの流人の頼朝を支えたのは、比企の尼だけであったようだ。

この場合、乳母と頼朝との間が、利害打算だけの関係で結ばれていたのなら、こんな流人となった若君を、ここまで面倒をみる筈がない。これは彼女の忠誠心、誠実さから来るものなのであろう。しかし、これは単にそれだけでかたづけるのは、当時の時代を知る者にとっては正しい評価では無いかもしれない。その理由として頼朝の母が、頼朝十三歳の時に亡くなっていることも大きな要因であろう。すなわち母を亡くした頼朝への母性愛の発露であったと考えてもおかしくはない。

この母性愛が、当時の乳母と頼朝との結びつきに、さらに強い絆を加えていったと考える。彼女は無言の掟に従って、黙々と頼朝を援助し続けたのだろう。しかも配流から旗揚げまで実に二〇年の長い年月に亘るのである。まさに驚歎のほかはない。夫の掃部允遠宗は、比企の地に移ってからしばらくして死んでいる。そこで比企・伊豆間の遠い道のり、荷物を運搬するのには、比企家の娘婿の河越重頼の手助けもあったのだろう。彼女は他家に嫁いだ娘の婿までも動かす力を持っていたのである。

それをさせた力は一言にしていえば、彼女の持つ経済力である。当時女性は財産権をもっていた。尼は比企の地の豊富な米や砂鉄などの財力・経済力を基にして頼朝へ援助を続けて行くのである。尼の婿達もこの経済力に動かされて、姑比企の尼に忠勤をはげんだのだろう。北条氏は政子の婚姻を事後承認するまで、頼朝とは疎遠な関係を保っていたのに対し、比企の尼は数少ない頼朝の保護者であったのである。

◇摩々尼

摩々尼が「吾妻鏡」に登場するのは一カ所に限られる。養和元年（一一八一年）閏二月七日条には「武衛（頼朝）が誕生された時に御乳付に召された青女（今は尼、摩々と号す）は相模国早川荘に住んでいるが、御憐憫の情によって、彼女の屋敷田畠は相違があってはならないと惣領地頭に仰せ含められた」とある。この記述からすると頼朝誕生時に乳を与えたとすれば、摩々尼は、久安三年（一一四七年）ころには授乳ができる、まだ若い女性であったことになる。

また吾妻鏡には、義朝の乳母として「摩々局」の名が出てくる。建久三年（一一九二年）に頼朝の前に現れ九十二歳であると述べている。この年から逆算すると、彼女は康和三年（一一〇一年）頃の生まれであり、義朝が生まれた時二十三歳頃である。彼女は相模国早川荘に住んでおり、頼朝と面会時に、頼朝の「望むところがあれば、何でも叶えてあげよう。」との問いかけに対して、「住んでいる早川荘内の知行地の課役を免除するよう総領に仰せ下さいませ。」と頼んでいる。

前述のように摩々尼も相模の国早川荘に住まいしている。以上のことから、この二人は同一人物説があるが、前述の『乳母の力』の中で著者の田端泰子氏が述べているように、武士の乳母は、代々の主人の乳母として主従関係を持つ構造であり、この摩々局と摩々尼は親子であり、母摩々局が源義朝の乳母を、娘摩々尼が頼朝の乳母を務めたと考える。

また吾妻鏡の記述を見ると、摩々局を「故佐典厩御乳母」としているのに対して、摩々尼には「青女」と表現している。青女とは、まだ若い娘のことである。この表現に大きな差がある。摩々局は康和三年（一一〇一年）の生まれであるから、頼朝が生まれた久安三年（一一四七年）は四十七歳である。決して青女ではない。

このように母娘二代にわたり乳母を勤め、主君と乳母の深いつながりが構築されてゆくのである。

◇寒川尼（常陸の武士八田宗綱の娘）治承四年十月二日条

三人目の女性は「寒川尼」である。彼女は常陸国を基盤としていた八田宗綱の娘であり、下野の豪族小山政光の後妻となる。

寒川尼は、吾妻鏡文治三年（一一八七年）十二月一日の条で、「今日、小山朝光の母（下野大掾（小山政光入道の後家）（寒川尼）に、下野国寒川郡ならびに網戸郷を賜った。これは女性であるが、大功が有ったためである。」と記されている。この大功とは次の2つが考えられる。

①頼朝の乳母であった。

②頼朝が石橋山の合戦で敗れ、安房から武蔵に入った時、尼の夫小山政光は京に上り大番役を務めていたが、留守を預かる妻である尼が、小山武士団をまとめたことにより、頼朝は志田義弘を相手の野木宮合戦に勝利し、北坂東の武士が頼朝に味方する契機となった。

・治承四年（一一八〇年）十月

頼朝の元には駿河・遠江等の武士が参集し、三万余りの軍勢に膨れ上がっていた。この頼朝のもとに寒川尼が、可愛がっている末子を連れてやってくる。尼に面会した頼朝は、親しく昔話をしている。さらに尼が連れている末子を頼朝の側近く奉公させたいと望んだので、頼朝は、自ら元服させ、烏帽子親になる。この末子小山七郎宗朝（後朝光と改める）は、この時十七歳であった。この年齢から考えると、政光の妻は仁安二年（一一六七年）に朝光を生んだことになる。

この尼で不思議なのは、生まれが保延三年（一一三七年）、没年が安貞二年二月（一二二八年）と言う。つまり頼朝より一〇歳だけ年上なのである。あまり年の違わない乳母であったのだろう。従って頼朝が誕生した時に乳母になったのか、その後、平治の乱までの京都にいる時に少年頼朝の後見役として乳母になったのかは不明である。

◇山内尼（相模の武士山内首藤俊通の妻・経俊の母）治承四年十一月二十六日条

四人目の乳母は山内尼である。この人は吾妻鏡治承四年（一一八〇年）十一月二十六日の条に登場し、山内首藤経俊の老母で、「武衛御乳母也」と注記されている。治承四年、旗揚げをした頼朝が鎌倉に入り、論功行賞を行っている最中、山内尼が頼朝を訪ねてくる。尼が来た理由は、子供の山内経俊が斬罪に処せられるとの沙汰があるということを聞いて、その「老母」が、子供の命を救うために泣く泣く参上する。そして次のように語っている。「山内資通入道は八幡殿（源義家）に仕え、廷尉禅室（源為義）の御乳母となって以後、代々源家に忠を尽くす事数え切れません、中でも俊通は平治の戦場で六条河原に屍を晒しました、けれど経俊が梶原景親に組みしたのは責められて余りあるといっても、これは一旦平家の後聞を憚るためでした、およそ石橋山に出陣した者は多く恩赦に預かっていますす、息子経俊だけがどうして先祖の功績を認めてもらえないのでしょうか」と述べている。これに対して頼朝は、自分が石橋山合戦の時に着用していた鎧を持ってこさせ、そこに刺さっている矢を見せた。その矢には「滝口三郎藤原経俊」と書かれていた。その矢の刺さった鎧を目の前に出されては、尼は二の句が継げず、涙を拭って退出するだけであったという。頼朝は、後のことを考えてこの矢を残して置いたのだ。頼朝の用心深さの現れであろう。そして頼朝は、経俊の罪科は逃れがたいが「老母の悲歎」に免じ、また先祖の功労を考えて、さらし首の罪を許すのである。

源頼朝の乳母は以上見てきたように四人が確認される。さらに「三善康信の母の妹」説もあるが、具体的に誰なのか認定ができない。先に述べた四人とダブっているかもしれない。

続いて二代将軍頼家、三代将軍実朝の乳母たちについても見ておきたい。

●源頼家の乳母父・乳母たち

◇河越重頼の妻（比企尼の次女）

・寿永元年（一一八二年）八月十二日

政子は頼家を出産するが、そこに河越重頼の妻（比企の尼の二女）が召されて御乳付を行っている。
◇比企能員夫妻
・寿永元年（一一八二年）十月十七日
政子と頼家は産所となった比企が谷の比企氏の館から御所に帰る。御所で行われた式典で、比企能員は御乳母夫として贈り物を進上している。能員は比企の尼の甥であるが、尼の猶子となり頼家の乳母夫に押されて頼家の養育に力を注いで行くのである。またそれにより比企能員の妻も頼家の乳母として奉仕している。
◇平賀義信の妻（比企尼の三女）
「吾妻鏡」文治四年（一一八八）七月一〇日、七歳となった「万寿公」（後の頼家）が初めて御甲を着用する。この儀式の記述の中で、武蔵守平賀義信を乳母夫としており、さらに比企能員を乳母兄と表現している。

比企の尼の三女は、最初伊豆の伊東祐清に嫁いでおり、祐清亡き後、平賀義信に嫁ぎ頼家の乳母となる。

●源実朝の乳母たち

◇阿波局
吾妻鏡より源実朝の誕生時の記述を見てみると、建久三年（一一九二年）八月九日の条に、源実朝の誕生により、護刀を献じたのは江間四郎（北条義時）、三浦義澄、佐原義連、野三（小野）成綱、藤九郎（安達）盛長、下妻弘幹の六人であり、因幡前司（大江広元）、小山佐衛門尉（朝政）、千葉介（常胤）以下の御家人は御馬御剣等を献じ、八田朝重、野三義成、左近将監（大友）能直は馬を引いた。その次に名が上がっているのが「御乳付」「阿波局」である。阿波の局は、北条政子の妹、そして頼朝の弟、阿野全成の妻である。実朝が誕生した時、政子は三十五歳である、その妹阿波の局は、三十歳前後ではなかっただろうか？　源頼朝と北条政子、阿野全成（頼朝の弟）と阿波局（政子の妹）と兄弟姉妹同士で結婚していたことがわかる。

◇大弐局

大弐局は、実朝誕生時に、介添えをしている。彼女は、甲斐源氏源義光の系統と言われる加々美遠光の娘である。文治二年（一一八八年）七月に頼朝により長男頼家の養育係にも任命されている。阿波局と共に実朝の教育にも携わっていたようだが、乳母としての記述はない。頼朝より、息子二人の養育係を任せられるほど、信頼されていたしっかりとした女性であったのだろう。

◇上野局、下総局

実朝誕生時に名が出てくる女性達である。彼女らは御所の女房であり詳細は不明である。実朝誕生時のみの介添えだけの役割であったのかもしれない。

このように源氏の乳母たちを見てくると、比企氏対北条氏の構図が浮かび上がってくる。ここに北条氏が比企氏を滅ぼす要因が芽生えてくるのである。次章では比企氏を倒す北条氏の陰謀を見てゆくことにする。

5、頼朝の死と比企氏の滅亡

鎌倉幕府内で強い力や影響力を持っていた比企氏にも影がさしてくる。それは北条氏との関係においてであった。

●頼朝の死

源頼朝は、鎌倉殿の地位を嫡子頼家に継がせるため、清和源氏の流れ、すなわち身内の源範頼・義経と滅ぼしてゆき、有力な御家人を周囲に配していった。しかし、頼朝が頼家のために準備した政権構想は、結局のところ北条氏にとっては望むべき道ではなかった。

正治元年（一一九九年）正月十三日、源頼朝は五十三歳で死んだ。死因については時政陰謀説、脳梗塞説、亡霊の祟り説、朝廷の陰謀説などあるが、この時期の吾妻鏡は欠巻していて記録がない。一説に頼朝は稲毛重成が亡妻供養のために建設した相模川の橋の落慶式にでかけ、その帰りの落馬が原因で死去したと言われている。源頼朝の死についての記述を否定する根拠は無い。しかし、頼朝が騎乗していた当時の馬は背丈が平均で一二〇㎝程度である。今の馬と比較することができないほどに小型なのである。この高さで落馬して致命傷になるような怪我をするだろうか？

また頼朝の落馬が、稲毛重成亡妻のために建設した橋の落慶供養の帰りと言うのはあまりに偶然を上回る背景である。その後、薬師如来像完成供養と称して比企能員を誅殺、頼家謀殺、幕府に異変と称して畠山重忠誅殺、実朝暗殺などと軌を一にしていないだろうか。稲毛重成の亡妻とは、北条時政と牧の方の娘のことであり、重成は時政の娘婿である。

相模川は鎌倉と伊豆北条の間に流れる川である。その橋は、北条時政にとっては特に有用な橋であったろう。建暦二年（一二一二年）二月二十八日、相模川橋復旧の逸話で、三浦義村の修理上申に対して、北条義時、大江広元、三善康信らが「不吉な橋」としている。これは過去のおぞましい謀略の模様が彼らの脳裏をかすめたからではないだろうか？　しかし今となっては頼朝の死の原因はわからない。

●二代将軍頼家の誕生

・正治元年（一一九九年）二月六日

二代将軍頼家が父頼朝から授かった諸国守護職（日本国惣追補使）の継承を承認する使者が京都から到着した。この日、幕府は吉書始を行って、頼家が将軍に就いてはじめて文書を作成する晴れの儀式で、頼家の鎌倉殿継承を確認した。参列者の序列はスタートを切る頼家政権の序列を反映したものとなる。

「吾妻鏡」は、この儀式にのぞんだ重臣を北条時政、大江広元、三浦義澄、源光行、三善康信、八田知家、和田義盛、比企能員、梶原景時、二階堂行光、平盛時、中原仲業、三善宣衛の順で記載する。二階堂行光以下は、この政所職員を中心とした幕府の文官なので、北条時政から梶原景時にいたる上席の人々を頼家政権の重臣と考えてよい。これに、頼家の生母北条政子が加わる。参列者の構成で重要なのは、時政が筆頭を占めたこと、頼朝が諸大夫の待遇を与えた源家一門がいないことである。将軍家を囲む御家人の筆頭が時政となり、それに大江広元・三善康信・梶原景時といった政所・問注所・侍所の長官、三浦義澄・八田知家・比企能員といった源家ゆかりの武士達が続いている。

二代将軍に就任した頼家は、時政の武士群たちとは別に、側近団を作り上げざるを得なくなった。頼家の側をかためる重臣は、外戚の比企能員と乳母夫の梶原景時である。頼家が近臣として側に置いたのは、小笠原長経、比企能員の息子比企時員・宗員兄弟、北条時房、和田朝盛、大輔房源性、中野能成、平知康、紀行景、細野四郎と言った人々である。このうち、小笠原氏（加々美）、比企氏、梶原氏、和田氏、北条氏は有力者の子弟であるが、後白河院の近習平知康や、摂津国渡辺党の出身で蹴鞠や算道を学んだ源性、蹴鞠の名人紀行景など京下りの人々が側近に加わっている。頼家を囲む人材の層が薄くないことは確かであるが、この人々と幕府草創の時代を生きた御家人たちとの間に大きな意識の差があった。この意識の差が北条氏と比企氏の争いにもつながってゆく。

二代将軍頼家は、甘やかされて育ったと言ってよいだろう。そのため将軍にはなったが、父親の頼朝が、いかに苦労して御家人たちに気を使い、苦労して彼らを使いこなしたかが判っていなかった。仮に北条時政を自分にとって母政子の父親、すなわち祖父として敬意を持って対応していれば状況は変わってきたかもしれないが、彼にはそれが出来なかった。頼朝でさえ時政を、敬意をこめて「北条殿」と呼んでいたが、頼家は「時政」と実名で呼び捨てにしている。また御家人が御恩と奉公で、如何に苦労して自分の所領を増やし、また守ろうとしてきたかが判らず、非常に安易に所領の移動を行ってしまったのである。吾妻鏡を見てみると、

・正治元年（一一九九年）三月五日

後藤左衛門尉基清に罪科があったので讃岐国の守護職を解任され、（代わりに）近藤七国平が補任された。幕下将軍（源頼朝）の時に定め置かれたことを改めた最初という。

・正治元年（一一九九年）三月二十三日

中将家（源頼家）は特別な御宿願があり、（伊勢）大神宮の御領六カ所の地頭職を停止された。その六ヶ所の内で謀叛・狼藉の者が現れた場合は神宮が捕え、また詳細については幕府に報告するよう、祭主（大中臣能隆）に仰せ遣わされた。

・正治元年（一一九九年）四月二十七日

東国分の地頭らに命じて、水の便がある荒野を新たに開墾するよう、今日命じられた。荒地や不作の地と称して、年貢が減少している地は、今後知行をすることを認めないと同じく定められたという。

・正治二年（一二〇〇年）五月二十八日

陸奥国葛岡郡の新熊野神社の僧が坊領の境について相論した。（この問題に対して）、羽林（源頼家）は彼らが進上してきた境の絵図をご覧になり、御自筆で墨をその絵図の中央に引かれた。

「土地の広狭は、その身の運不運によるべし…後略」と仰せ下された。

このように「御家人は、一所懸命に御恩と奉公で所領を護る。」、頼家には、この一番重要な点が理解できていなかったのである。

ここにその間隙をついて御家人の代表のように北条時政が、彼らを支持勢力に取り込んで頼家を抑え始めると、頼家は、政権の維持が難しくなっていった。

そこで頼家政権の政治は、最初から派閥抗争の様相を呈していたのである。基本的な図式は、頼家を支持する梶原氏、比企氏と、頼家の弟実朝を擁して対抗しようとする北条氏である。

●狭められる頼家の権限

頼家が鎌倉殿の後継になって二か月後、早くも頼家降しが始まる。正治元年（一一九九年）四月十二日、十三人の合議制と呼ばれる制度が成立した。これは、将軍頼家が、様々な訴訟について直接に決断することを禁じ、北条時政以下十三人の重臣が談合して裁断することを決めたものである。十三人とは、北条時政、北条義時、大江広元、三善康信、中原親能、藤原親能（京都に在住）、三浦義澄、八田知家、和田義盛、比企能員、安達盛長、足立遠元、梶原景時、二階堂行政の十三人である。

それに対して頼家は、吾妻鏡四月二十日、梶原景時、中原仲業が奉行となって、「比企時員、比企宗員、小笠原長経、中野能成の四人が鎌倉中で狼藉に及んでも訴訟を起こしてはならない。

さらにこの四人以外は、頼家の仰せが無ければ頼家の御前に来てはならない。」と政所に伝えたとある。吾妻鏡の記述は真実なのであろうか？　もし真実ならば、あまりにも無茶な要求である。頼家が頼朝に甘やかされて育ったわがままな坊ちゃん将軍であると強調するための記述なのだろうか？

いずれにしてもこの頃から北条氏を筆頭とする御家人集団と頼家との溝は深くなり、北条氏により書かれた吾妻鏡の中では頼家が政治をみず、蹴鞠ばかりに精を出す能無し将軍と位置付ける記述が始まるのである。

●梶原景時の追放

頼家の頼れる味方は梶原景時であった。そこで御家人たちによる梶原倒しが始まる。梶原景時は、将軍頼家の乳母夫として将軍家をたすける立場にあると同時に、宿老として十三人の合議制にも名を連ねていた。頼家の意向に従って頼家の権威を保とうとする行動は、宿老たちが頼家を幕府という枠組みの中へ抑え込もうとする行動と相反する道であった。景時は、頼家の意向にしたがう道を選択したが、これは宿老たちの反発を招くことであり、それを進めれば景時孤立の道を進むことであった。側近を台頭させて将軍の権威を保とうとする頼家と、頼朝の時代のやり方を意味する「右大将家御時の例」を望む御家人達との板挟みにあった景時の苦悩が始まった。

このような時、結城朝光がもらした「忠臣は二君に仕えずという。故将軍が亡くなった時に出家遁世しようと思ったが、ご遺言により叶わなかった。このことが今となっては残念である」という言葉が景時に伝わり、景時は、これを頼家への誹謗であると讒言し、結城朝光の断罪を求める。さらに、この景時の行動を政子の妹阿波局が朝光に「景時の讒言により、あなたは殺される。」と告げる。

驚いた朝光は御家人達に相談すると、御家人たち六十六人は、景時打倒の格好の材料であると十月二十八日、景時追放の弾劾状を作成して大江広元経由で頼家に提出するのである。最初は保留にしていた広元もついに頼家に弾劾状を渡してしまった。十月十三日、頼家は景時に弾劾文を手渡し、弁明を求めた。しかし、景時はいっさい弁明せず、一族を引き連れて相模国一宮に退去した。頼家がすでに自分を見限ったことを感じ取ってしまったのだろう。この後、景時は上洛を企てるが、駿河国狐ケ崎で討伐に向かった御家人に追いつかれて、ついに討ち取られてしまう。

天台座主慈円は、著書「愚管抄」のなかで、景時が抹殺された理由を、「御家人たちが頼家を潰す陰謀を、景時が掴んだゆえに逆に滅ぼされた。」と理解し、景時を庇いきれなかったことが頼家最大の失敗と記述している。

梶原景時を滅亡させた北条一族は、続いて比企氏に牙をむいてくるのである。

●比企氏の滅亡

吾妻鏡は、悪いことが起きる前に数々の異変が起こることが記述されるのが普通である。例えば比企氏滅亡の前には次のような怪異が記述されている。

・建仁二年（一二〇二年）八月一八日

鶴岡若宮西廻廊に鳩が飛来して、数刻立ち去らなかった。そのため鶴岡の供僧は、このことを怪しんだ。酉の刻になって、鳩は西方に飛び去っていった。

注、八幡宮のお使いは鳩である。

・建仁三年（一二〇三年）一月二日

頼家の若君一幡君が鶴岡八幡宮に奉幣された時、巫女が、八幡大菩薩の託宣として「今年中に関東で事件が起こるであろう。若君が家督を継いではならない。岸の上の木はその根が既に枯れている。人はまだこれに気づかず、梢が緑になるのを待っている。」と告げるのである。

・建仁三年（一二〇三年）六月三〇日

鶴岡若宮宝殿の棟上げに唐鳩一羽居たが、しばらくして地に落ちて死んでしまった。人これを奇とした。

これらの怪異や託宣は、鎌倉を守護する神仏が将軍頼家を見放したことを伝えようとしている。八幡大菩薩の託宣は、巫女を通じて二代将軍頼家の生命が尽きようとしていること、その若君が幕府を継げないことを語っている。「吾妻鏡」は同時代人の記録ではないため、比企氏の乱の前にこの託宣が本当になされたか否かは明言できないが、これらの一連の神託の記述は「頼家が不徳であるがゆえに交代させられた。」と主張している。

梶原景時事件の後、頼家を支えたのは比企氏と源家一門の小笠原長経であった。頼家の側近は、時政の子時房、京下りの近習平知康、算道に通じた源性、蹴鞠の名人紀行景といった人々で、頼家はこれらの人々を率いて、自らの政治を行おうとした。しかし、これは宿老たちにとっては頼朝時代の先例を破る悪しき行いと理解されたのである。

吾妻鏡では、さらに次のように記述する。

頼家は、この時期から鷹狩と蹴鞠に耽溺し、後鳥羽院に申請して北面のうちから芸達者を指南として迎えたいと願い出るほどであった。また、しばしば比企邸を訪れて、蹴鞠に興ずることがあった。頼家は、犬を飼い、飼育のために近臣らに毎日、結番（組みを設け、順番を定めて出仕・宿直などの勤務にあたること）を命じた。

このように記されているが、それをそのまま信じるわけにはゆかない。頼家を暗愚な将軍であったとする北条氏の意図が見えるからである。

一方、比企能員は、将軍家の舅と乳母夫の立場にあり、頼家を支える勢力として残っていたが、能員は有能な政治家とは言い難いのではないだろうか？　能員が有能な政治家であれば、頼家を孤独から救うべく、御家人たちに働きかけ支持勢力の拡大、また北条家との仲裁などの手を打つはずである。しかしそのような手を打った形跡はない。このところは若い将軍の後見人として政治力が問われても仕方がないであろう。

このような状況のなかで、比企氏と北条氏の対決が始まった。梶原景時事件に対する報復として始められた阿野全成《あのぜんじょう》事件である。

・建仁三年（一二〇三年）五月十九日

千幡（実朝）の乳母夫阿野全成が謀反の嫌疑で捕らえられ、翌日、比企時員が北条政子のもとに赴いて阿野全成の妻阿波局の引き渡しを求めた。しかし、政子の必死の弁明によって、阿波局の引き渡しは叶わなかった。一方、阿野全成は常陸国に配流となって後に誅殺され、その子頼全も七月十六日に京都で殺されてしまう。

この事件の後、千幡の乳母夫は阿野全成から北条時政に交代した。時政は、将軍家外祖父として遠江守に補任されていたが、権力に結び付く役職を初めて手にしたのである。頼家による阿野全成の誅殺は、北条時政を実朝に近づけ、実朝を将軍にして権力を握ろうとする北条時政を助けてしまったのである。

ここからは将軍家の外戚として権力を持っていた比企能員が、どうして比企氏の乱で一族もろともに滅亡したかを考察してみることにしよう。

・建仁三年（一二〇三年）七月二十日

将軍頼家が突然病の床に伏したことを伝える。「吾妻鏡」はその場所を記していないが「愚管抄」は大江広元邸と伝える。「吾妻鏡」は、頼家の突然の病気を、頼家が狩りに出た時、伊東にあった浅間大菩薩の穴を調べさせたことが祟りをなしたと記している。

・建仁三年(一二〇三年)八月二十七日

将軍家の家督継承をめぐる評定が開かれた。比企能員は一幡の将軍継承を前提とした議論を進めることに成功した。そして次に千幡に譲る財産をどうするかを争点とした話し合いに進んでいった。その結果は「吾妻鏡」が伝えるあらましによると、関東二十八国の地頭職を一幡に、関西三十八国の地頭職を千幡に譲与することが決められ、一幡には不利な内容となったのである。そこで比企能員はこの処置を不満として、千幡とその外戚以下を滅ぼそうと考えたと記している。比企能員が悪者にされ始めるのである。

●比企氏の乱(北条氏の乱)

「比企氏の乱」という言い方は、「吾妻鏡」の主張を採用した表記である。「愚管抄」の著者天台座主慈円は、この事件は北条時政のクーデターと理解した。「吾妻鏡」と「愚管抄」の違いは、前者が鎌倉幕府の側から事件の全容を構築したのに対し、後者は京都に移った比企の乱で亡くなった比企能員の娘の婿糟屋有季の遺族からの情報をもとに記述した点にある。

比企氏の変は、北条側と比企側双方の言い分が残ったことにより歴史の真実を知ることができる事件なのである。

そこで「吾妻鏡」と「愚管抄」の記述の差を調べ、さらには当時、東松山市高坂正代を地盤としていた武蔵武士小代氏の記録「小代八郎行平置文」を見ることにより、比企氏の乱はまるで違った解釈ができる。はじめに「吾妻鏡」の記述を主に、建仁三年九月二日に起きた事件の経緯を追ってみることにする。

・建仁三年（一二〇三年）九月二日

この朝、比企能員が娘の若狭の局を通して夫頼家に訴えた。「北条殿をともかく追討すべきです。そもそも家督（一幡）の他に、地頭職が分割されれば、威権が二つに分かれ、挑み争うことは疑いありません。子のため、弟のため、静謐のお計らいのようでありますが、かえって国の乱れを招く元です。遠州（時政）の一族が存在しては、一幡の治世が奪われることは、また疑いありません」。

驚いた頼家は比企能員を寝所に召して彼と密談を行い、時政討伐を決める。しかしこの密談を隣の局にいた政子が障子越しに聴き耳をたてていたのである。障子で仕切る局は個室とはいいがたく、小さく仕切った空間（会合場所）のようなものであろう。頼家と能員が小声で話したのならともかく、隣の局の政子に聞かれる程の声で話したのなら、この談合は密談とはいいがたい。

それを聞いた政子は、事の重大性に驚き、すぐに書状をしたため、女房に口上をたくして時政のもとに遣わした。時政は名越邸に帰る路上でこの女房の手紙を読み、比企能員を殺すことを決意する。早速、時政は大江広元邸を訪れ、対応策を相談した。しかし、広元は「自分は文官である。」として態度を鮮明にせず、時政に熟慮を求めた。しかしあきらめきれない時政は広元邸からの帰り道、天野遠景・新田忠常の献策を入れて、比企能員の暗殺を決意する。そこで再度大江広元を名越の自邸に呼び寄せ、味方に付くことを強要したのである。大江広元は時政と話し合った後、午の刻（正午）に名越邸を退出する。

その後、時政は暗殺の手配を調え、工藤五郎を使者として能員のもとに送り、「宿願により仏像供養の儀式を行います。おいでになり聴聞されますように。そしてまた、この機会に種々の事柄を話し合いましょう」と伝えさせた。

この招待に対して、比企家の家族は「時が時だけにぜひ武具を身に付け、家来をお供に連れて行ってください。」と頼んだが、能員は「そのような形で北条邸を訪ねたら、鎌倉中の人が、大騒ぎをしてしまう。」と言い、平服で供も少なくして北条邸へと出かけたのである。しかし北条邸に入った途端、待ち構えていた時政の命を受けた天野民部入道蓮景と新田四朗忠常により手を取られ竹藪の中に引き倒されて誅殺されてしまったのでる。

そして未の三刻（十四時過ぎ）に政子は比企氏の謀反であるとして、比企氏討伐の軍勢を派遣した。比企氏の一族は一幡のいた小御所に立て籠もって戦ったが、雲霞のごとく押し寄せる幕府軍のために衆寡敵せず比企一族はほとんど戦死、もしくは自害して果てた。戦いは申の刻（十七時頃）まで続いた。

この戦闘で比企氏は滅亡した。一幡もこの合戦で焼死したと伝えられる。

以上が「吾妻鏡」に記載された比企氏の変の顛末である。

このように九月二日の出来事を記す吾妻鏡の記述には非常に謎が多い。
さらにその翌日の記述では、
・建仁三年（一二〇三年）九月三日

変の後、幕府は、比企能員の残党を捕らえて処分したが、能員の妻妾と二歳男子は和田義盛に預けられ、安房国へ流罪と決まった。また、能員と平生から親密な間柄にあった小笠原長経・中野能成らの側近派は、この事件で能員の子息らに味方した罪で捕われ、所領を没収されたが、後に中野能成だけ領地を元に戻された。この事実から中野能成の頼家の側近としての身分は偽りで、本当は時政の間者であり、比企能員の動向を探るために入り込んでいたという説がある。

ところで、奇跡的に病より回復した頼家は一幡及び比企一族の滅亡を知ると、激怒して和田義盛と新田忠常を呼び寄せ、内密に北条時政を討たせようとした。しかし、義盛がこのことを時政に密告してしまったので、頼家の計画は不成功に終わった。そして、北条政子の計画で無理に落飾させられ、さらに将軍の地位まで奪われ、ついに時政のために伊豆国の修禅寺へ幽閉されたのである。

元久元年（一二〇四年）七月十八日、入浴中の頼家に北条時政の討手が差し向けられ、頼家は武器もなく、裸で激しく抵抗したが、体を抑えられ急所を取られ、なお且つ、紐で首を絞められるなどして殺されたと言う。頼家はまだ二十三歳の若さであった。十八歳で将軍になってから、わずか五年後である。

今まで述べてきた吾妻鏡の記述だけでも不可思議な点は多いが、「吾妻鏡」の記録だけでは不十分なので、次に、天台座主慈円の記録した「愚管抄」の記述から「吾妻鏡」の記述が持つ疑問点を炙り出していこうと思う。

「愚管抄」の特徴は、糟屋有季の動きを中心に小御所合戦を記述したことである。糟屋有季は比企能員の娘婿であり、比企の変では一幡を逃がすように働くが、結局、戦死する。しかし息子の糟屋有久は京都へ逃げて助かるのである。

慈円は有久ら遺族から当時の状況を聞き「愚管抄」に記したようだ。従って乱直後の話であり信頼できる内容と考えられる。

さらに追加資料として「東松山市史資料編」に掲載されている「小代氏文書」といわれる「小代八郎行平置文」の概要を次に記してみる。

『比企能員が謀反を起こしたとき、小代行平は鎌倉に滞在中であり、北条時政から田代藤二という使者がやってきて、助勢を頼まれた。そこで行平は、北条邸に駆けつけて警備に当たった。比企一族は、能員の死後に北条邸を襲撃しようとしたが、警備の厳重なのを見て引き上げたという。そのため行平ほど北条氏に功績のあった者はないといえる。

田代藤二の後日談によると、北条時政は、北条政子から内通があって、能員が待ち伏せをしているので、絶対に小御所へは参上しないようにいわれていた。そのため翌日に小御所から呼び出しがあったが、病気を理由に断り、藤二を小代行平のところへ走らせたのであった。藤二は、使いの途中で能員と逢ったが、もし路上で能員と戦ったなら、思慮なき犬死と誇られると考えて、そのまま通り過ぎ、行平の手勢を連れて北条邸を固めたのであった。そのため藤二は、あとで思慮深い態度であったと北条時政から褒められたという。』

この他にも比企氏の変を記述した資料はあるが、数行だけの記述であったり、多くは後世の資料のため、この段階で問題点を整理してみたい。

第一の問題点は、比企氏の変の当日、頼家は一体どこにいたのかという問題である。「愚管抄」は、頼家が広元邸で昏睡状態に陥ったと記述する。頼家がそのまま動いていないとすると、頼家と比企能員が、時政打倒の密談した場所と、政子から企ての話を聞いた時政が広元に相談した場所は同じ広元邸となる。

この四人は大江広元邸のどこで相談したのだろうか。時政は、己を殺そうとしている頼家のもとに戻ったのであろうか。「吾妻鏡」は頼家の居場所を明記出来なかったと考えざるを得ない。また、頼家と比企能員は、障子越しに聞こえるような密談とはいえない大声で話しをしている。時政誅殺の謀議は、本当に行われたのであろうか。

第二の問題点は、九月二日の朝、頼家は能員と密談が出来るほど元気になっていたのか?

第三の問題点は、吾妻鏡の記述では、大江広元が正午に名越邸を退出してから十四時過ぎに政子が比企氏討伐の命令を出すまでに、わずか二時間ほどである。この短い間に、次のような展開が可能なのだろうか？

・比企能員に薬師如来供養の使者を送る。
・比企能員が、招待を受け名越邸に向かう。
・比企能員暗殺される。
・政子が時政から聞いて比企氏討伐の命令を出す。政子は時政からの報告を、どこで聞いたのであろうか？

自分の屋敷か、大江広元邸か、それとも名越邸に居たのか？

この時間的問題は、比企氏の変は、九月二日の一日だけだったのだろうか？という疑問を生む。小代文書の内容からすると政子から時政に内通があったのは九月一日で、翌、九月二日に小御所（頼家）から時政に呼び出しがあったが彼は小御所に向わず、逆に名越邸に能員を呼び出し謀殺したことになっている。

すなわち二日と理解できるのである。


第四の問題点は、比企能員は、なぜ少ない家来を連れ、しかも平服で出かけたのだろうか？

第五の問題点は、この戦闘は、小御所合戦といわれるほど、小御所を主たる戦場としている。

小代文書では、能員の受難を聞きつけた比企一族は、まず名越の北条邸に向かったが、備えが固く引き上げたと記している。

そしてすべての資料が比企一族は、主人能員の遺体はどうしたのだろうか。一幡の居る小御所に籠って戦ったことになっているが、一幡の小御所はどこにあったのだろうか？

大蔵御所の幕府の近くにあったのだろうか？　それとも比企氏の比企が谷にあったのだろうか？　これは小御所は、比企が谷の比企氏の館の近くに建てられていたと考えて良いだろう。もし大蔵御所の近くであったならば、比企氏は何故、三方を山に囲まれて守るに適している比企が谷を出て、大蔵の小御所まで行き戦ったのか？　判らない。

この第五の問題は、比企が谷の側に、一幡の小御所があったために、現在、小御所山と呼ばれる山があることからも、一幡の小御所は、比企が谷の側にあったと考えて良いだろう。

第六の問題点は、比企氏の謀反か？　時政のクーデターか？という点である。「吾妻鏡」は、「謀反の間、未の三刻、尼御台所の仰せにより、件のともがらを追討がため、軍兵を差し遣わさる」と、比企氏の謀反を宣言した政子の命令で討伐の軍勢が派遣されたと記されている。しかし、「愚管抄」は、時政が比企能員を暗殺し、手勢を集めて小御所を襲ったと伝える。「愚管抄」は、小御所に籠って戦った糟屋有季の最後を伝える実子有久らがもたらした情報をもとに記述したため、北条家が鎌倉幕府の実権を掌握したことを正当と認めていない。

第七の問題点は、頼家の嫡子一幡は小御所で焼死したのか否かという問題である。「吾妻鏡」は、合戦の後に、焼け跡に残っていた菊の模様の着物の袖が一幡の着物であると乳母が認めたので、その死体が一幡の物であると確認したという。しかし、「愚管抄」によると一幡は合戦の前に乳母に抱かれて小御所を出たと記述し、十一月に北条義時が郎等万年右馬允に殺させたと記述する。一幡は比企氏の変以前に頼家の後継者と定められていたのであるから、このように同じ事件を扱いながら「吾妻鏡」と「愚管抄」は最も重要な人物の記述が食い違っているのである。

糟屋氏・一条家・九条家の関係

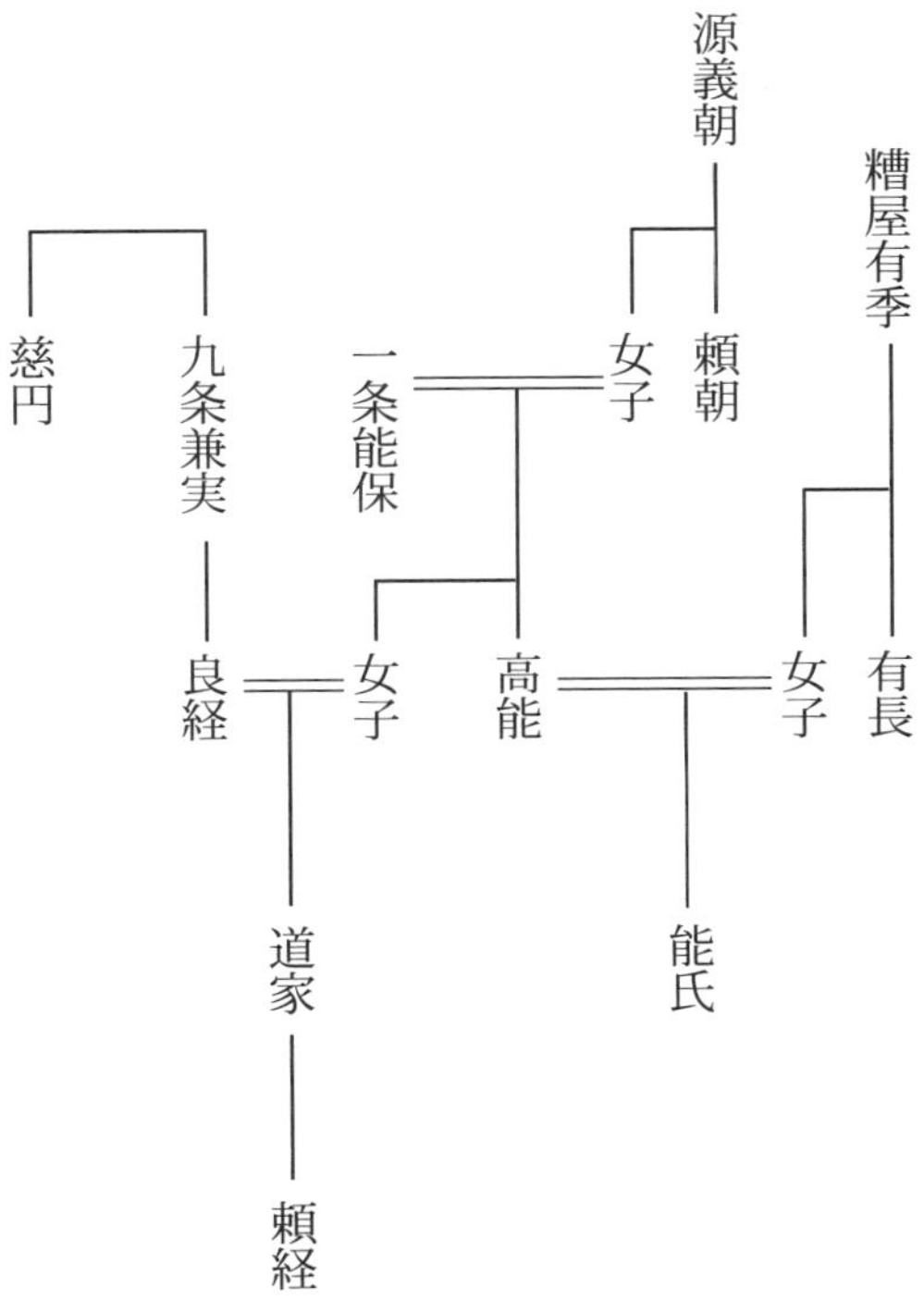

このように多くの問題点が指摘される事件であるが、今となってはこれ以上、真実に近づくすべは見当たらない。

そして、ここまでに述べた比企氏の乱の疑問点に関して、「現代語訳吾妻鏡7巻」（吉川弘文館）の中で編者の本郷和人氏が述べていることを紹介したい。

『この話しには、解せない点が多い。藤原定家の日記「明月記」によれば、九月七日、幕府の使者が上洛「頼家が没し、子の一幡は時政が討った。弟千幡を跡継ぎにするので、許可してほしい」と云ったと言う。頼家はむろんまだ生存している。使者は遅くとも九月一日には鎌倉を出発しているはずである。つまり、時政はすでにこの時、頼家・一幡の殺害を予定していたことになるのだ。また、「小代文書」によって、能員が単身・平服で時政邸にやって来たのは確認する事が出来る。ここでもう一度考えたい。頼家の家督相続が問題になっている緊迫した状況で、たとえ密事が漏れているのを知らなかったとしても、武人がこんな隙を見せるだろうか。まるで殺して下さいと言わんばかりではないだろうか。どうも「吾妻鏡」には虚構があるようだ。思い切って推測すると、家督相続の話し自体が、あとづけの創作だったのではないか。』と、このように記している。

私たち比企一族歴史研究会も本郷氏と同じく、全てが権力奪取のための北条氏の謀略であり、そのため薬師如来の法要も実は疑わしいのである。本当に比企能員は名越の時政邸で亡くなったのだろうか。それともどこか別の場所で暗殺されたのだろうか。

●比企氏の乱の結果

比企一族を抹殺することにより、実朝を擁立して鎌倉幕府の実権を握ろうとする北条氏の企てはここへきて成功への道を歩みだしてゆく。残るは北条氏に反対しそうな幕府創立時からの邪魔な御家人たちを討伐すれば、北条氏の政権が樹立してゆくのである。

そして時は進み北条氏は、畠山重忠（一二〇五年）、和田義盛（一二一三年）、三浦康村（一二四七年）など頼朝を助け共に鎌倉幕府を立ち上げた有力御家人を次々に討伐し、時代が下り北条氏の得宗政治へと移って行くのである。

しかしこれら一連の事件で北条一族の中で誰が首謀者だったのであろうか？ 北条時政説または時政と後妻の牧の方説、北条政子説、政子と弟の義時説などあるが、この問題は比企氏とは離れてしまうので、ここでは省略したい。

比企の変から六〇年近くたった後のことであるが、比企一族を徹底的に殺戮した北条氏は、比企氏の怨霊に悩まされることになった。すなわち、文応元年（一二六〇年）に北条政村の息女が急に病気となり、比企能員の娘讃岐局が地中で角のはえた大蛇となって、「今わたしは火炎の中で、悶え苦しんでいる。」と口走り、身を蛇のようにくねらせるのである。人々はその様子に身の毛が逆立つ思いがしたと云う。北条政村は息女のために若宮別当僧正を招請して、讃岐局の怨霊退散の供養までしている。今、鎌倉妙本寺の山門を入って左手、境内の井戸の傍らに蛇苦止堂としてあるのはその時の讃岐の局の霊を祀った神社と言う。

後の章で述べるが、乱で滅びた比企氏であるが、一部生き残った比企氏の後裔は、厳しい北条一族の弾圧にもかかわらず生き残り、後世で活躍をした人々もいるのである。

6、比企一族の女性達

比企一族を調べていて気づくのは女性たちの活躍が男性たちの活躍よりも大きいということである。左記の系図にあるように頼朝を育てた比企の尼をはじめ、島津忠久を生んだ丹後内侍を筆頭とする女性姉妹たち、さらには朝宗の娘、姫の前、そして四代将軍の妻となった竹の御所（媄子・よしこ）たちである。

そこでこの章では、比企の尼をはじめ比企の女性たちに焦点を当てて述べてみたい。

1．比企の尼

比企の尼は、比企遠宗の妻となり、朝宗、丹後内侍、二女、三女と四人の子供を持つ。しかし朝宗は比企遠宗の子ではあるが、比企の尼の子ではないと云う。また「古代氏族系譜集」によると比企の尼は藤原公員の娘と記されているが、その他の資料には見当たらず出自は不明である。

鎌倉政権成立後、長男朝宗が早くに亡くなると比企家に男性がいなくなってしまった。そこで比企の尼は甥の能員を養子に迎え、能員が比企家の当主となり、比企家を支えてゆく。

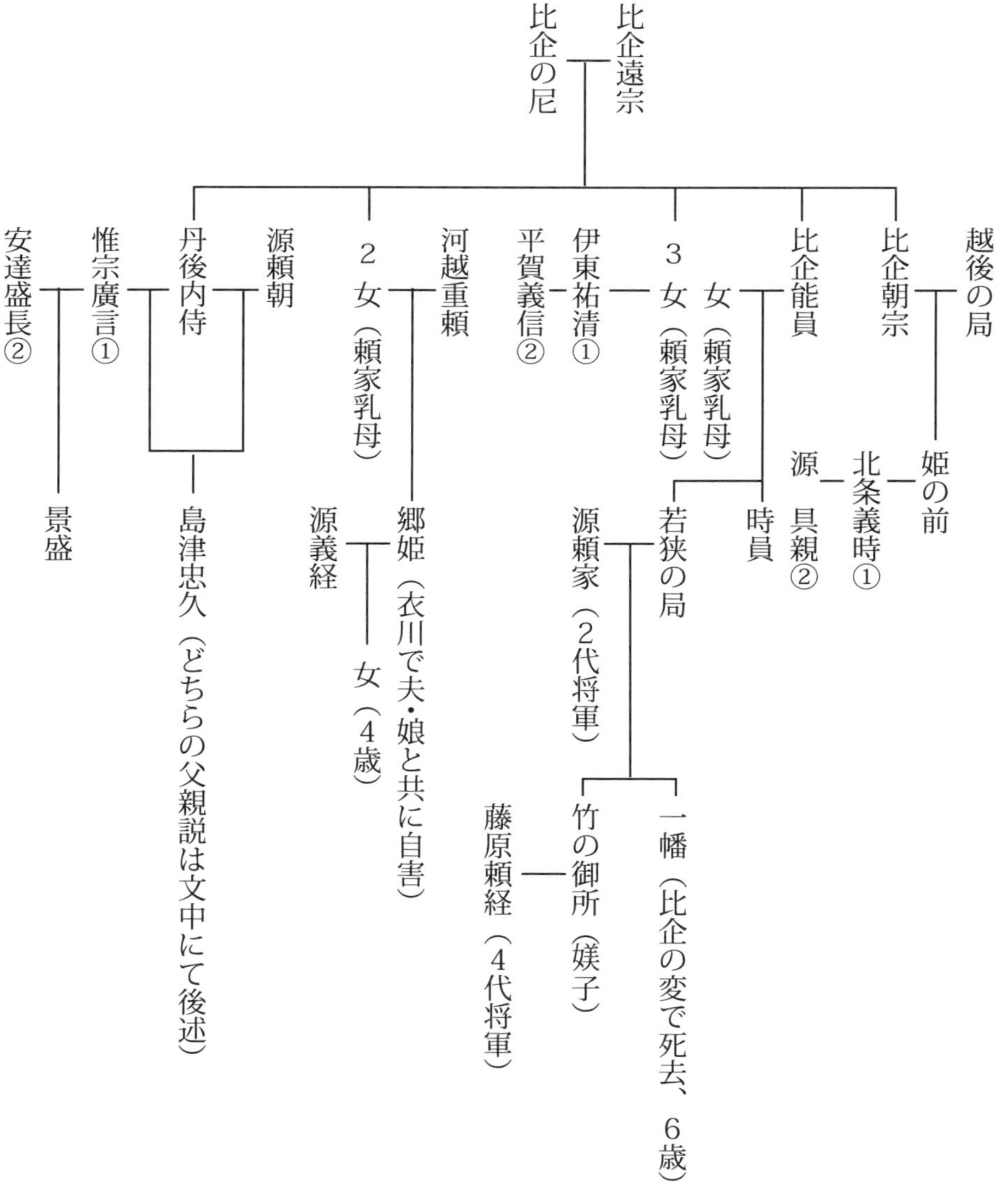
比企遠宗
比企の尼
越後の局
比企朝宗
姫の前
北条義時①
源　具親②
比企能員
女（頼家乳母）
時員
若狭の局
源頼家（2代将軍）
一幡（比企の変で死去、6歳）
竹の御所（媄子）
藤原頼経（4代将軍）
3　女（頼家乳母）
伊東祐清①
平賀義信②
河越重頼
2　女（頼家乳母）
郷姫（衣川で夫・娘と共に自害）
源義経
女（4歳）
源頼朝
丹後内侍
惟宗廣言①
安達盛長②
島津忠久（どちらの父親説は文中にて後述）
景盛

比企の尼は、久安三年（一一四七年）義朝に三男の頼朝が生まれると、その乳母となる。頼朝は京都で育ち、当然ながら比企夫婦も、頼朝誕生から京都にいて彼の世話をする。そして平治元年（一一五九年）に頼朝の母由良御前が亡くなると、比企の尼は、頼朝の母代りとなり、まだ十三歳の少年頼朝を立派に育て上げるべく苦労する。

しかし平治元年（一一五九年）平治の乱が起こると、主人義朝は敗れてしまう。頼朝が伊豆へ流罪になると、比企の尼は一族と共に武蔵国比企郡に移り、その後二〇年にわたり伊豆の頼朝を物心両面で支援してゆくのである。なお夫である遠宗は平治の乱で受けた傷がもとで、比企に移住後、しばらくして亡くなったと言われている。そのため比企一族の差配は比企の尼に任されていたのである。

彼女は頼朝を支援する傍ら、比企家の女系家族の弱みを認識し、娘たちを有力な武士達に嫁がせる。長女の丹後内侍は、都で二条院に仕えていたが、この頃は比企一族の一員として比企に帰っていた。そして尼は彼女と共に頼朝を助け、その後、丹後内侍を頼朝の家人安達藤九郎盛長に再嫁させ、二人で頼朝の面倒を見させる。又、二女は秩父党の有力武士河越重頼に嫁がせる。三女は伊豆の武士、流人頼朝の見張り役でもある伊東祐親の次男祐清に嫁がせて、比企家の周辺を固めて行くのである。

また彼女は、平治の乱で、その身が危うくなった義朝の六男範頼を助け、範頼が生活していた蒲御厨（現浜松市）から横見郡（現埼玉県吉見町）の岩殿山安楽寺（吉見観音）へ移し、稚児僧とし生活できるようにしている。範頼は成人の後、頼朝の旗揚げに呼応して平家打倒に活躍する。

尼が支援する頼朝も伊豆での生活が長くなると、比較的自由に近在を移動することができるようになってきた。この頃になると比企の尼は、ついには自ら伊豆の大竹（函南町）に移住し、その地で比企からの物資を受け取り、頼朝に渡していたようである。

なぜ比企の尼はこれほどまでに頼朝の世話をしたのであろうか。頼朝の生母の実家や他の乳母からは平氏の目を恐れてひそかに見舞いの手紙をよこす程度で、具体的な支援をしていた様子は見えない。

前章で述べたように比企の尼は一族をあげて、二〇年にわたり頼朝の生活を支え、彼を養育してゆくのである。

『伊豆の頼朝史蹟と伝説』（静岡県田方地区文化財保護審議委員会等連絡協議会、略称田文協、編纂）によると、比企の尼は、頼朝に「昼は写経三昧、夜は女狂い」をすすめて、頼朝には平氏打倒の気持ちは無いように装わせたと言う。さらには頼朝に、同じく伊豆に流されていた文覚上人を会わせ、一緒に平家打倒の企てにも参加したという。

彼女はこのように物質的援助だけではなく、頼朝の生活全般を見守りながら頼朝に尽くしてゆく。そして治承四年（一一七九年）、ついに頼朝は旗揚げをして関東を平定、鎌倉に居を構えると、比企の尼も一族と共に鎌倉比企が谷に屋敷を与えられ、頼朝夫妻とは家族のような親密な交際を続ける。

比企の尼が、比企が谷にいつまで居たかは不明であるが、頼朝亡き後、あまり長くは居ずに、比企郡大谷の地（埼玉県東松山市大谷）に隠棲し、頼朝や夫遠宗の菩提を弔う生活に入ったのではないだろうか。

しかし建仁三年（一二〇三年）九月比企氏が滅ぼされ、さらに翌年修禅寺に幽閉されていた源頼家が誅殺されると、修禅寺より逃げてきた孫娘若狭の局を匿い、大谷に寿昌寺を建立して共に頼家や比企一族の菩提を弔って余生を終ったと云う。

比企の尼は頼朝の乳母として、夫遠宗亡き後、女手ひとつで比企一族をけん引し、頼朝の旗揚げを成功させたのである。もし彼女がいなければ鎌倉幕府は誕生しなかったと言っても過言ではないだろう。

2．丹後内侍（長女）

吾妻鏡や各地に残る彼女の伝承を追い求めてゆくと、彼女は、丹後局や丹後内侍など異なる名前で呼ばれており、各地に多くの伝承が残されているが、謎に包まれた女性である。

そこで最初に吾妻鏡に記されている「丹後」と名のつく女性を書きだして整理してみる。

丹後局と呼ばれる女性で、比企氏とは明らかに関係ないとみられる丹後局は、平安時代末期から鎌倉時代初期に後白河法皇の寵愛を受け、宮中において政治的にも権勢を持っていた女性、丹後局・高階栄子《たかしなのえいし》のことである。まずこの丹後局は検討対象から除外する。

その他の吾妻鏡にて丹後と呼称される女性を見てゆくと、

①呼称・丹後局

・寿永元年（一一八二年）三月九日

御台所（政子）の御着帯があった。千葉介常胤の妻が特別な仰せによって、孫の小太郎（千葉）胤政を使いとして御帯を献上した。武衛（頼朝）がこれをお結びになった。丹後局が陪膳を勤めた。

・文治六年（一一九〇年）四月十九日

伊勢大神宮造営の役夫工米の地頭の未納について、何度も職事の奉書があり、神宮使もまた（鎌倉に）参り訴えてきたので、すぐにも対処するよう（頼朝が）命令された。

その内容は次の通り。

内宮の役夫工料の未納に対処した所々について。

（以降、各地が記されているが、丹後局に関する項では）

若狭国の江取については丹後局に指示しました。

このふたつの条に記されている丹後局は北条政子の女房と言われている。

②呼称・丹後局

・承元四年（一二一〇年）六月十二日

御台所（実朝室）の御方の女房丹後局が京都から（鎌倉に）到着した。駿河国宇都山で群盗らのために、所持していた財宝と坊門殿（信清）から頂いた御装束などをすべて盗み取られたと申した。

・承元四年（一二一〇年）六月十三日

「駿河国以西の東海道の駅家《うまや》で、結番して夜間の番をする者たちは、特に旅人を警護せよ。それにまた丹後局が（鎌倉に）参上する時に盗み取られた財宝などを探し出すように。」と今日守護人に命じられたという。

この条の丹後局は、実朝室に仕える女房が正しいのではないだろうか？　なぜなら、同じ承元二年十月熊野詣に出かけた政子のことは尼御台所と呼称しているため、単に御台所と云うと実朝の室になる。

または①項の丹後局が、尼御台から離れて実朝室の女房になったのであろうか？　いずれにしても比企氏との関係はなさそうである。

③呼称・丹後内侍

・文治二年（一一八六年）六月十日

今日、丹後内侍が甘縄の家で病気になったので、二品（頼朝）はこれを見舞い、密かにそこに渡られた。（小山）朝光・（東）胤頼の他には御供をするものはいなかったという。

・文治二年（一一八六年）六月十四日

丹後内侍の病気が治った。このところ病気だったので二品（頼朝）は願を立てられていたところ、今日、すこし安心されたという。

・宝治二年五月十八日

秋田城介入道（安達景盛のこと高野入道と号す。法名覚地）が亡くなった。（その時に高野山に居た。）

建保六年三月六日出羽権介、秋田城介城務たるべし由宣下す。

建保七年正月二十七日に出家する。

彼は藤九郎盛長の息子、母は丹後内侍

この条の丹後内侍と呼ばれる女性は、甘縄の屋敷に住んでおり、この人が安達盛長に嫁いだ比企の尼の長女である。

このように吾妻鏡の中では、丹後局と丹後内侍をあきらかに別人と区別して記述している。しかし吾妻鏡の記述を除き、他の文献や各地に残る伝承では、全て比企一族の娘を丹後局と呼称している。ここに混乱が発生しているように思う。

丹後内侍

それではここから比企の尼の長女「丹後内侍」について記してゆきたい。

丹後内侍の伝承は、大きく二つに分かれる。ひとつは「吉見系図」に残されている記述と、他は鹿児島地方に残る伝承である。

【吉見系図】

「吉見系図」によると、丹後内侍は比企の尼の長女である。彼女は京都にいる時に二条院に仕えている。彼女のことを比企の尼の長女で「無双の歌人」と評し、宮廷勤めの時に、惟宗廣言との間に島津家初代島津忠久を生んだと記す。彼女は、後に安達盛長に嫁ぎ、景盛を生むのである。

なお古代氏族系譜集によると彼女の名を安子と記しているが、安達盛長の「安」を取ったのであろうか？

このような「吉見系図」の記述とは別に、丹後内侍を母とする島津家初代島津忠久の地元鹿児島県には、彼女を丹後局と呼称するが、多くの伝承が残されている。なお九州に残る伝承では全て丹後局であるので、次の項の呼称は丹後局で統一する。

【鹿児島の伝承―島津家の伝承】

丹後局が、島津忠久の母説で、一番有名な伝承は、忠久が生まれたとする摂津の住吉大社の誕生石の由来であろう。住吉大社のホームページからその内容を記してみる。

『源頼朝の寵愛を受けた丹後局《たんごのつぼね》がここで出産した場所と伝えられ、その子が薩摩藩「島津氏」

の始祖・島津忠久公です。
　丹後局は源頼朝の寵愛を受けて懐妊したが、北条政子により捕えられ殺害されるところを家臣の本田次郎親経《ほんだじろうちかつね》によって難を逃れ、摂津住吉に至った。このあたりで日が暮れ、雷雨に遭い前後不覚となったが、不思議なことに数多の狐火が灯り、局らを住吉の松原に導いてゆき、社頭に至った時に局が産気づいた。本田次郎が住吉明神に祈るなか局は傍らの大石を抱いて男児を出産した。これを知った源頼朝は本田次郎を賞し、若君に成長した男児は後に薩摩・大隅二か国をあてられた。これが島津氏初代・島津三郎忠久公である。この故事により、住吉社頭の力石は島津氏発祥の地とされ「誕生石」の聖地に垣をめぐらせ、此の小石を安産の御守とする信仰が続いている。』

注・本田次郎親経は、通常「親恒」と記すが、ここでは住吉大社のホームページに合わせた。

さらに島津忠久の生誕に関する伝承は、島津家がまとめた「島津国史」に次のように記述されている。
『島津忠久公は源頼朝の長庶子である。母は比企判官能員の妹丹後局と伝えられている。始め丹後局は頼朝の寵愛を得たため、頼朝の夫人政子に疎まれ、潜かに西国に逃れることになった。途中、摂津国住吉（今の大阪市住吉区）まで来たとき、局は俄かに産気づき、住吉神社の境内で、後の忠久を出産した。時は平安も末期、治承三年（一一七九年）十二月晦日も夜の更けた頃の事であった。この夜、雨が激しく降って出産の前後を浄め、境内にある末社稲荷神社のお使いと言われる狐が、火を灯して局の身を守ったと伝えられ、これが「島津雨」と島津氏の稲荷信仰の始まりとなった。忠久は知らせを受けた頼朝から三郎と名付けられ、近衛摂政基通卿の紹介により局の嫁いだ京都の公卿、惟宗民部大輔廣言（注、ヒロノリ）に育てられ、惟宗姓を称した。

元暦二年（一一八五年）七歳の時に、初めて父頼朝と鎌倉にて対面し、のち元服にあたって畠山次郎重忠からその名の一字を授けられ「忠久」と称した。

忠久は頼朝から異例の厚遇を受け、同年（文治元年）かって太宰大監平季基が開墾した南九州の広大な荘園で、平家の没官僚でもあった島津の荘の下司職に、翌二年（一一八六年）には地頭職に任じられて、島津姓と十文字の紋を賜った。』と記されている。

注、島津国史…島津藩の正史として、第二十五代島津家当主、第8代薩摩藩主島津重豪《しげひで》の命により、作成された島津氏を中心にした薩摩・大隅・日向三ヶ国の歴史書であり、享和二年（一八〇二年）に成立した。編纂は鹿児島藩の藩校造士《ぞうし》館教授山本正誼《まさよし》により行われ、《新編島津氏世禄正統系図》など藩記録所で収集・編纂した資料集や郡山遜志《こおりやまそんし》の《島津世家《しまづせいか》》などをもとに編纂された。

注、惟宗廣言…鹿児島では、コレムネヒロノリと表記している。

【鹿児島県いちき串木野市に残る伝承】

丹後局九州上陸伝承（いちき串木野市）

鹿児島県いちき串木野市には、丹後局が九州に上陸した船着場跡の史跡が有り、丹後局は鎌倉から陸路を移動し、最終的には船で九州に上陸したと伝えている。

九州に上陸した丹後局は、夫となった惟宗廣言、息子島津忠久とともに、市来にある惟宗廣言の居城鍋ヶ城に入り、その城で暮らした。さらに息子の島津忠久が成人し、九州の守護となると、彼女は、忠久より鹿児島の厚地《あつじ》村と東 俣《ひがしまた》村を湯沐の地（化粧の地）として賜り、しばしば市来鍋ヶ城より足を延ばしてこの地を訪問したという。

【鹿児島市に残る伝承】

花尾神社に残る伝承（鹿児島市郡山町）

鹿児島市郡山町にある花尾神社は、島津忠久公が頼朝公の尊像を祀ったのが最初とされる由緒ある神社である。現在は源頼朝、丹後局、僧永金《ようきん》を祀り、代々の島津家より厚く保護されている。

この神社には数々の丹後局に関する遺跡が残されている。

まず参道の左右に、次のふたつの遺跡がある。

①丹後局の墓と石塔群

丹後局の墓と言われる石塔が残る。

②丹後局御荼毘所・御灰塚

丹後局が亡くなった時、荼毘に付したところと言われている。塚に彫られている丹後局の命日は嘉禄三年（一二二七年）十二月十二日とある。

③丹後局御腰掛石

花尾神社参道入り口近くにあり、市来から、たびたびこの地を訪れていた丹後局が休息したところと伝えられ、丹後局は、この石に腰掛けて息を引き取ったと伝わる。

また鹿児島を離れて、福岡県うきは市浮羽町にも丹後局伝承は残っている。

【福岡県うきは市浮羽町小塩に残る伝承】

丹後局は、比企の乱が起こった時、鹿児島に居たが、比企能員の乱に連座されることを恐れて、九州まで同行してきた越生氏の案内により、鹿児島より福岡県の浮羽町小塩に逃げ、そこで生涯を終わったという。このことは地元小椎尾《こじお》神社に残されている旧神像敷板に記されている。

この敷板に彫られた銘文の内容を以下に記す。

『越生明神本来春日大明神也、吾祖家行次男広斉之所勧進焉、初広斉依比企判官之頼、保護丹後局而下鹿児島之処、被坐能員之罪、一旦遁于八代、後遂来住、于此郡之山間、沿渓流而開墾、多得良田矣、当時東西大乱諸国浮浪之士従四方移住者多而、成一小部落、是実氏神加護之恩頼也、依之永奉崇越生明神者

御像彩色大願主大旦那

康正二年丙子三月吉日東山城主越生越前守藤原朝臣廣済敬白』

この銘文の内容は

『越生明神は本来春日大明神なり。わが祖家行次男広斉《ひろなり》の勧進する所。初め広斉比企判官の頼みにより、丹後局を保護し鹿児島に下向した処、能員の罪に坐せられ、一旦八代へ遁れ、後にこの郡の山間に来て住むようになり、渓流に沿って開墾し多くの良田を得た。当時東西は大きく乱れており、諸国の浮浪の士が四方から多く移住してきて、一つの小部落を成すようになった。これは実に氏神加護の恩の賜物である。これにより永く越生明神を崇奉る。

御像彩色大願主大旦那

康正二年（一四五六年）丙子三月吉日東山城主越生越前守藤原朝臣廣済敬白』

小椎尾神社旧神像敷板

このように丹後局が、鹿児島から浮羽町小塩まで遁れてきたと伝えている。

さらに小塩には丹後局が、頼朝の冥福を祈るために建立したという「岩屋観音堂」がある。浮羽町に丹後局のものと伝わる墓はないが、伝承によると、丹後局は、最後は急流に飛び込み、竜となって昇天したという。

その他、九州には、丹後局が勧進した神社や寺、さらには花尾神社とは別の丹後局の墓の遺跡などもあるが、それらに関しては本書後半の「比企氏を訪ねる旅」の項に記したのでそちらを参照願いたい。

ここからは伝承に残された丹後内侍（丹後局）についてさらに詳細に検討してみたい。なお便宜上、伝承では丹後局と呼んでいるが、丹後局ではなく、ここからは丹後内侍で呼称を統一してすすめたい。

最初に、彼女が生んだと伝わる島津忠久について検討してみる。

●島津忠久の生年と父親について

島津忠久の生年と父親について、次に記すように幾つかの異なった説が伝わっている。

①島津忠久の生年は治承三年（一一七九年）、その父親は源頼朝であり、惟宗廣言《これむねひろのり》が養父となった。畠山重忠が名付け親になったので忠久と名乗ったとする説。（島津国史）

②島津忠久の生年は、丹後内侍が二条院に仕えていた間、すなわち二条院が在位した一一五八年～一一六五年の間であり、その父親は惟宗廣言であるとする説。（吉見系図）
③島津忠久の生年は、②と同じく二条院在位時（一一五八年～一一六五年）であり、その父親は惟宗忠康であり、忠康亡き後、丹後内侍は子供忠久を連れて惟宗廣言に嫁いだとする説。
＊ 惟宗忠康は、廣言の子供とも弟も言われる。この説は吉見系図の内容を基に、当時の名前の付け方（通字、とおりじ＝すなわち親の名の一字を子供の名に使う）に従うと、廣言には「忠」の字が無いため、忠久の父を惟宗忠康とした説である。

まず生年治承三年一一七九年を調べてみると、次のような事実にぶつかる。

それは京の公卿中山忠近の日記『山槐記』や九条兼実の日記『玉葉』の記述である。

これらの文献で見ると、治承三年（一一七九年）の『山槐記』の記述、さらに治承四年（一一八〇年）の『玉葉』の記述の中で、島津忠久は「左兵衛尉忠久」と記されている。これが事実とすれば一一七九年に、島津忠久は任官可能な年齢の成人男子であったのである。従って忠久の生年は治承三年より前ではないだろうか？　そして島津忠久は、元暦二年（一一八五年）には平家追討の軍に加わり、さらに伊勢、大隅、日向、島津庄などの地頭職に任じられている。
・『山槐記』治承三年（一一七九年）二月八日の出来事として
八日、天気晴れ、春日祭利の当日、近衛氏右少将兼宗や中宮試験台進光綱、東宮使亮重衡朝臣などの行列に前駆六人と共に、侍九人の中に左兵衛尉忠久とその名がみえる。

注）督、佐、尉で上から3番目の位。

・『玉葉』治承四年（一一八〇年）五月六日の出来事として

六日、天気晴れ、この日は右近府において眞手結《まてがい》が行われている。この行事の中で、一の車の出車前駆侍を左兵衛尉忠久と内舎人定景が受け持っている。

注）眞手結／眞手番《まてがい》とは平安時代、近衛府《このえふ》の舎人《とねり》が大内裏の馬場で行った本番の騎射競技。貴族たちが見学をした。

注）前駆《せんぐ》／馬に乗って，行列などを先導すること。

侍《さぶらひ》／有力貴族や諸大夫に仕える通常は位階六位止まりの下級技能官人層

御随身《みずいじん》／平安時代以降、貴人の外出のとき、警衛と威儀を兼ねて勅宣によってつけられた近衛府の官人、これらは皆、貴族の乗る御車を守る人達の位置を表わしている。

島津国史のように忠久の生年を一一七九年とし、その父親を頼朝とした場合、忠久の生まれた年に頼朝は三十二歳となる。しかも翌一一八〇年は旗揚げの時である。すでにこの時、頼朝は政子と結婚しており、長女大姫も生まれ、二歳になっている。伊豆の国内で嫉妬深い政子の目を盗み、丹後内侍との間に逢瀬を重ねて子をなすことができたのであろうか？

しかし仮に、現在住吉大社や各地に伝承として伝わっているように丹後内侍が政子の怒りを買い、身重の体で、鎌倉を逃げ出し、雨の降る住吉大社、または他の土地で忠久を産んだとした場合、この時丹後内侍はいくつだったのだろうか？

都に居る時、丹後内侍は二条院に仕えていた。そこで仮に彼女が、やや若すぎるが二条院が帝位についた一一五八年に十三歳で、二条院に仕えたとしたら一一七九年に三十四歳になってしまう。または二条院の亡くなる最晩年一一六五年に、十三歳で仕えたとしても、一一七九年には二十七〜二十八歳である。二十七、八歳で伊豆に来て、頼朝に見初められて子を作る。歳をとりすぎていないだろうか？　しかも彼女は、この後に安達盛長に嫁いで子をなしているのである。

なお吾妻鏡正治元年（一一九九年）のなかに、彼女が安達盛長に嫁いで出来た長男景盛が頼家から愛妾を奪われ殺されようとした所を、頼朝の未亡人政子に救われるという事件が起きる。これが景盛の名が記述される最初である。この記述の内容からしてこの時に景盛は既に大人であろう。この事件の時の景盛の年を仮に十八〜二十八歳とすると、生年は一一七一〜一一八一年になる。すなわち一一七九年より数年のうちに安達盛長と丹後内侍の子、景盛が生まれたと考えられる。

このように考えてくると、島津忠久の生まれ治承三年（一一七九年）説は成立しないと考えた方が良いであろう。


次に忠久が、丹後内侍が二条帝に仕えていた時に生まれたとする生年を検討する。

二条院の在位時は一一五八年から一一六五年である。

そして平治元年一一五九年に平治の乱が起き、翌一一六〇年に比企一族は頼朝の世話をするために比企の地へ移る。では丹後の内侍はどうしたのであろうか？

①彼女も家族と一緒に比企へ移った。
②しばらく京で二条帝に仕え、その後比企へ移った。
③二条帝に仕えたが一一六五年二条帝が崩御した後に比企に移った。
以上三つの案が考えられるが、やはり①を本命と考えるべきであろう。家族のいなくなった都で、女性がひとりで暮らすことは無理であろう。

このように考えると、二条院在位時の忠久の生年は一一五八年か、一一五九年と見ることができる。すなわち平治の乱の直前である。


ここで島津忠久の生年検討は、一時保留にして、次に父親は誰か検討してみる。


忠久が、二条院在位時に生まれたとして父親は誰なのか？

二条院が即位した一一五八年に頼朝はまだ十二歳である。そして翌一一五九年は平治の乱の年であり、一一六〇年には、すぐに伊豆へ流人となってしまう。従ってこの二年間に丹後内侍との間に忠久を生むことは無理があるだろう。

一方、惟宗廣言であるが、その当時の名前の付け方、通字《とおりじ》からすると、惟宗廣言には忠久の忠の字が付いていない。そのため廣言の子とするにも無理がありそうである。このように考えると惟宗忠康実父説が妥当なのだろうか？　丹後内侍は惟宗忠康と間に忠久を生み、忠康が早世したので廣言のもとへ、子連れで再嫁したか、比企の尼のもと武蔵へ下向するために子供は廣言に預けて、丹後内侍自身は武蔵国に移住したと考えることもできる。

しかし忠久の生年を一一五八年から一一五九年に固定せず、さらに時代を下ればどうだろうか？

源頼朝父親説が、浮上してくるのである。それは次の背景による。

丹後内侍は、二条院に仕え都で暮らしていたが、平治の乱で源義朝が破れ、頼朝が伊豆に流されると、比企一族は武蔵へ移住する。彼女も一族と共に武蔵に移り住まざるを得なったのである。そして母と共に頼朝の支援を支えてゆく。

そこで注目したいのは、先にも記したが吾妻鏡の次の記述である。

・文治二年（一一八六年）六月十日

「今日、丹後内侍が甘縄の家で病気になったので、源頼朝はそれを見舞い、密かにそこに渡られた。小山朝光、東胤頼の他には御供をするものはいなかったという。」

・文治二年（一一八六年）六月十四日

「丹後内侍の病気が治った。このところ病気だったので源頼朝は願を立てられていたところ、今日、少し安心されたという。」

このように頼朝が、安達盛長の妻丹後内侍を密かにいつくしむ気持ちは何処からきているのだろうか。

頼朝は少年時代、京において乳母である比企の尼の家族を自分の家族のようにして暮らしていた。すなわち十三歳にして母由良御前に死に別れたせいもあり、比企の尼を母のように、そしてその頃、二条院に仕えていた丹後内侍は、無双の歌人と呼ばれる美しいお姉さんだった。頼朝はこの姉のような丹後内侍を憧れの目で見ていたのではないだろうか？　すなわち元服前の頼朝にとって丹後内侍は初恋の人だったのである。

平治の乱で頼朝が伊豆に流されると、頼朝の世話をするため比企一族は比企に移った。前述のように丹後内侍も比企へ移り、さらに母と共に伊豆に行き頼朝の世話をするようになったと考えられる。

すなわち忠久の生年を①一一五八年か一一五九年説と②一一七九年説の二案だけでなく、生年を頼朝の青年時代、仮に一一六六年頃とすれば、頼朝と丹後内侍の出会いが伊豆で生まれるのである。

この頃頼朝は、二〇歳を迎えている。彼女が伊豆へ来てから頼朝と丹後内侍の関係は、兄弟のような関係から男女の関係へと発展していったと考えられないだろうか？

そしてしばらくして二人の間に島津忠久が生まれたのである。この時には、あの嫉妬深い政子も一〇歳くらいの少女であり、まだ頼朝に好意を持つ年齢ではない。しかも頼朝の生活は、先祖の供養に明け暮れ、読経や写経の毎日である。二人の関係は自然の摂理に従って結ばれていったのではないだろうか。

前述のように島津忠久は一一七九年に官位についている。左兵衛尉である。この官位は七位の官位であり位としては一番下の官位である。仮に忠久が一一六六年に生まれていれば、一一七九年の年令は十四歳である。頼朝が十三歳で、さらに高位の右兵衛佐に任官していることから考えると、島津忠久の任官も十分に考えられる。これにより『山槐記』や『玉葉』の記述ともくい違いは無くなる。

伊豆で流人の子として生れ落ちた忠久は、伊豆では育てられなかったと推測がつく。そこで生後すぐに都の惟宗廣言か惟宗忠康のもとへ養子に出されたのであろう。丹後内侍は京都にいる時、源家さらに由良御前の父である藤原季範との関係や比企氏の藤原流れとの関係で惟宗家と付き合いがあったか、廣言か忠康と懇意であったのかもしれない。従って忠久が伊豆で生まれると、惟宗家へ養子にだされ、惟宗忠久として育て上げられた。そして宮中警護の官位にもついたとも考えられる。

島津忠久は頼朝が鎌倉に幕府を開くと、本領である島津庄の地頭職のほか薩摩・大隅・日向三国の守護に補任される。それ以前に惟宗家が島津の庄の荘官であったことも関係しているのであろうが、島津忠久は栄進である。

母の丹後内侍は、一一七二年頃には頼朝の家人安達盛長と結ばれ、景盛を生んでいる。

このような経緯を経て甘縄の安達盛長屋敷で丹後内侍が病気になると、頼朝はひそかに彼女を見舞い、彼女の病が回復するとホッとしているのである。このことは妻の政子には言えない頼朝の青春時代の恋の話である。

以上述べたように「島津忠久は頼朝と丹後内侍の子で一一六六年頃に伊豆で生まれた。」と考えることも可能なのである。

すなわち島津忠久は、

①丹後内侍を母、惟宗廣言（または忠康）を父に持ち、京都で丹後内侍が二条帝に仕えていた一一五九年に生まれた。

②丹後内侍を母、源頼朝を父に持ち、伊豆で一一六六年頃に生まれた。

①②のどちらの案が真実か？

前述のように吉見系図の記述「丹後内侍は、京都で密かに惟宗廣言と通じ忠久を生み、その後に関東へ下向した。」、この記述から行けば真実は①案かもしれない。

しかし吉見系図は十四世紀後半に作成された尊卑分脈に掲載の系図である。従って吉見系図の記述は伊豆から養子に出された忠久を、惟宗家の実の子として系図に載せたと考えられないだろうか。

従って、ここでは、丹後内侍に恋をした頼朝の心根にほだされて心情的に②案を採りたい。もちろん①案を採用して、丹後内侍と頼朝は伊豆で付き合っていたが、子はできなかったとも考えることも出来る。

このように考えないと、吾妻鏡に記される丹後内侍に対する頼朝の気持ちが理解できない。

●九州に残る伝承との関係

①丹後内侍は、安達盛長に再嫁したのか?

九州に伝わる伝承では、頼朝との子を身ごもった丹後内侍は、住吉神社で忠久を生み、その忠久をつれて惟宗廣言に再嫁し、鍋ケ城に住んだと伝える。すなわち安達盛長に再嫁せずに九州に渡っているのである。

では鹿児島に移った丹後局は、比企氏の丹後内侍ではないのだろうか? しかしこれは次の事実からありえないと思う。

すなわち建仁三年(一二〇三年)の比企の乱の後、島津忠久も領地を取り上げられている。この事は確かに島津忠久の母は比企一族の丹後内侍である事を意味している。

次の疑問は、丹後内侍は、本当に九州に渡ったのだろうか?またいつ九州へ渡ったのだろうか?

②丹後内侍は本当に九州に渡ったのだろうか?

やや強引だが、九州に残る丹後局伝承の多さ、多様さからすると九州に渡ったとみてよいのではないだろうか。

③丹後内侍の九州渡りの時期は?

これを調べるにあたり、これまでに示した伝承の中に言われている時期を列挙してみたい。

【大阪住吉神社の伝承】

境内で忠久を生んだ後に、九州に渡った。　……治承三年（一一七九年）以降である。

【島津国史】

住吉神社の伝承と同じ内容である。　……治承三年（一一七九年）以降である。

【市来駅前丹後内侍船着場跡之碑の説明】

忠久が薩隅日三州の守護職となり薩摩に下った時、生母丹後局も同行し、その乗船が、この地に着いたと伝えられている。

島津忠久が薩隅日三州の守護職になったのは、島津歴代略記によると文治三年（一一八七年）と言われている。　……文治三年（一一八七年）以降である。

【いちき串木野市大里の厳島神社のご由緒】

厳島神社の創建は、建久七年（一一九六年）である。これは丹後内侍が九州に渡り、鍋ケ城に住み、すぐに三神を勧進したと記す。　……建久七年（一一九六年）以前である。

【三国名所図絵に記される伝承】

丹後局が鍋ヶ城におわした建仁三年（一二〇三年）に、鎌倉の七社を勧請したという。

……建仁三年(一二〇三年)以前である。

【うきは市浮羽町小塩小椎尾神社の旧神像敷板に彫り込まれた伝承】

初め広斉、比企判官の頼みにより、丹後局を保護し鹿児島に下向した処、能員の罪に坐せられ、一旦八代へ遁れ、後にこの郡の山間に来て住むようになり（後略）。

……建仁三年（一二〇三年）比企の乱以前である。

これらの時期から考察すると、治承三年（一一七九年）説は、前述の忠久の生年検討から除外して良いだろう。

次に、島津忠久が薩隅日三州の守護になった後、すなわち文治三年（一一八七年）はどうだろうか？しかし同年に頼朝は、鎌倉甘縄に住む丹後内侍の病を見舞っているので、彼女は九州に居ないのでこれも除外できる。

それでは厳島神社に伝わる建久七年（一一九六年）はどうだろうか？

この年建久七年、まだ頼朝は健在である。また再嫁したといわれる安達盛長も健在であり、盛長が亡くなるのは正治二年（一二〇〇年）である。丹後内侍が安達盛長に嫁したとすると鎌倉から九州へ渡る理由が見当たらない。

このように考えてくると、伝承であるが、小椎尾神社の銘文の文章が、非常に真実味を帯びてくる。すなわち比企能員が、比企家の危機を感じて、丹後内侍を、息子の治める九州に逃がしたという考えである。

これを考察するために、この頃、鎌倉に居た丹後内侍の身の周りの状況はどのようになっていただろうか？

時の将軍は二代将軍源頼家であり、実家の比企家は、頼家の外戚として北条氏から睨まれている。さらに嫁ぎ先の安達家では、主人の安達盛長が、既に正治二年（一二〇〇年）に亡くなっており、長男の安達景盛が安達家当主となっている。しかし当主の景盛は、正治元年（一一九九年）、彼の留守中に、頼家により愛妾を奪われ、さらに頼家より誅殺されようとした事件を起こしている。

この事件は政子が出馬することにより、景盛は命を救われ解決するのであるが、頼家は後年、修善寺に流されても、まだ景盛に殺意を持っている。一説によると安達景盛は、頼朝の子供であるとの説もあり、頼家としては、景盛に対して生かしておけない気持ちを持っていたのかもしれない。

従って景盛と頼家の仲は非常に悪く、景盛は完全に北条政子派となっている。頼家派の比企氏の身内の丹後内侍は、安達家にいても非常につらい肩身の狭い思いをしていたであろう。

このような状況から、比企能員が、妹の丹後内侍を、息子忠久の治める九州に逃したと考えるのが、自然ではないだろうか？

このように考えると丹後内侍が、九州に渡ったのは、安達盛長が亡くなった正治二年（一二〇〇年）から比企の乱の建仁三年（一二〇三年）までの間である。

●うきは市浮羽町の丹後内侍伝承について

既に述べたように、九州における丹後内侍は、鹿児島の伝承と、うきは市の伝承、二つに分かれる。

鹿児島の伝承では、九州へ渡った丹後内侍は、市来の鍋ケ城で惟宗廣言に再嫁して暮らし、忠久公より郡山の厚地《あつじ》村と東俣《ひがしまた》村を湯沐の地として賜ったので、居住地の市来から、時々この両村を訪れていた。そして嘉禄三年（一二二七年）十二月十一日に厚地村の花尾神社に参詣の折、疲れたと言って傍の石に腰かけ、そのまま眠るように息を引き取ったと伝わる。丹後局は亡くなると花尾山の麓に葬るように遺命したので、墓は花尾神社にあり、嘉禄三年（一二二七年）十二月十二日が命日と記されている。

一方の浮羽町の伝承（小椎尾神社旧神像敷板銘文）によると、銘文を記した小塩にある東山城城主の越生廣済の先祖、すなわち越生家行の次男広斉《ひろなり》が、比企能員に頼まれて丹後局を保護し鹿児島へ移った。

しかし比企氏の乱が起きたので、縁坐することを恐れ、さらに鹿児島から逃れ、浮羽町小塩へ移り住んだ。

この小塩で頼朝の菩提を弔うなどして余生を送っていた。この小塩地区に丹後内侍の墓と伝わる物は発見されていないが、伝承として最後は、ひそかに庵を抜け出し川の淵へ身を投げ、竜となって天に昇ったという。

なぜ鹿児島から離れた福岡県うきは市浮羽町に丹後内侍の伝承が残ったのであろうか？　この伝承が真実で、丹後内侍は鹿児島を離れたのだろうか？　それであれば鹿児島に伝わる、丹後内侍腰かけ石など伝承や花尾神社の丹後内侍の墓などはどのように考えればよいのであろうか？疑問は深まる。

なお浮羽町の伝承の他に鹿児島を離れた丹後内侍の伝承は、今のところ耳にしていない。

●誰が丹後内侍を保護して九州に渡ったのか？

浮羽町の伝承では、越生氏が丹後を保護して九州に渡ったという。しかし住吉大社に伝わる伝承では、本田次郎親経《ほんだじろうちかつね》によって保護されて九州へ渡ったとある。

本田次郎親恒は、畠山重忠の家来で、元久二年（一二〇五年）、二俣川の合戦で畠山重忠と共に戦死している。

『文治二年（一一八六年）島津忠久（島津家始祖）は九州の日向・薩摩・大隈三州の地頭職に任ぜられ、同年秋、薩摩国山門院（出水郷）の木牟礼城に入った。これに関して鹿児島県国分市の郷土史は次のように記述している。この下国に当っての最大の功労者が本田氏の祖、本田親恒であった。辺境の地に赴任するに当って、その地の情勢を知ることが必要であった。そのために、本田親恒が先発隊となって薩摩に入った。

親恒が薩州に入ると土着の豪族は一斉に起って中央支配に拒否の態度を見せた。親恒は老体をさげて東奔西走、戦うこと二十数回に及び、一応山門院付近の平静を確保した上で忠久の入国を迎えている。

親恒は畠山重忠の宿将であり、親恒の娘が畠山重忠の室となり、その娘が忠久の室となった関係で忠久の入国に当って特に重忠から援助を命ぜられたのであろう。

親恒は自ら奔走した上に、忠久の入国にはその子の貞親を随従させ、貞親もまた父の意を体して終始よく忠久を補佐し、後には大隈国の守護代を命ぜられ国分の清水に居館を構えるに至った。

以来清水は本田氏の本拠となり、国分平野の中心として重きをなした。島津忠久は源頼朝の庶長子で、母は比企能員の妹の丹後局であるが頼朝の妻北条政子の嫉妬を恐れて西国に逃げ、摂津国住吉神社の境内で夜間雨の中狐火に守られて誕生、偶然のことから近衛家の庇護を受けて近衛家の家司惟宗広言の養子となり、畠山重忠が烏帽子親をつとめたといわれる。忠久夫人が重忠の娘であったことは「寛政重修諸家譜」に「畠山重忠の女を妻とす」とあるのをはじめ、ほぼ定説となっている。

親恒の子貞親については、「幼名氏石丸、二郎、左衛門尉、入道して静観」（本田瑛男家系図）さらに「小二郎、初重季、実畠山次郎重忠末子、母加紀屋」とあり、親恒と共に下向し、親恒が武蔵に帰国した後も忠久の重臣として功績があり、その子孫が，薩摩・日向・大隈地方にあって活躍した本田諸氏である。（国分市史・入来町史・宮之原研著書等による）』

ここに記されたことから文治二年（一一八六年）以降、鹿児島の地に本田貞親が居住して、島津忠久の重臣として活躍していたことが判る。しかし九州鹿児島に、丹後内侍と本田親恒、貞親親子を結びつける伝承は残っていない。

これはどのように考えるべきなのか？　浮羽町に伝わる伝承、越生氏とはどのような関係にあるのか？

ここからは視点を変えて武蔵武士秩父氏と越生氏についてみてゆく。

【秩父氏と越生氏】

畠山氏は秩父氏の出であることは、既に知られている。一方の越生氏は武蔵七党の児玉党からの分流である。桓武平氏の流れ秩父氏と比べると小規模な武士の集まりであった。

児玉党は、寒桜で有名な埼玉県の北西部児玉郡神川町周辺に発生した武士群であるが、児玉党の勢力は、秩父地方、さらに南下して埼玉県中部の入間地域にも伸びて行った。

一方、秩父氏の勢力範囲も拡大してゆき、秩父地方から南下、入間、さらには豊島、荏原へと勢力を伸ばしていった。この秩父氏の流れから畠山氏、河越氏、豊島氏、江戸氏などの武士群が生まれてくるのである。

このようにみると秩父氏と児玉党は、お互いに勢力を拡大してゆくが、その勢力範囲は重なっており、お互いに協力関係を保ちながら勢力を伸ばしていったのである。また秩父氏の本宗家秩父重綱は武蔵国留守所総検校職に就き、軍事の統括権を握っていた。この職は、代々秩父氏の本宗家に受け継がれてゆく。

児玉党系図

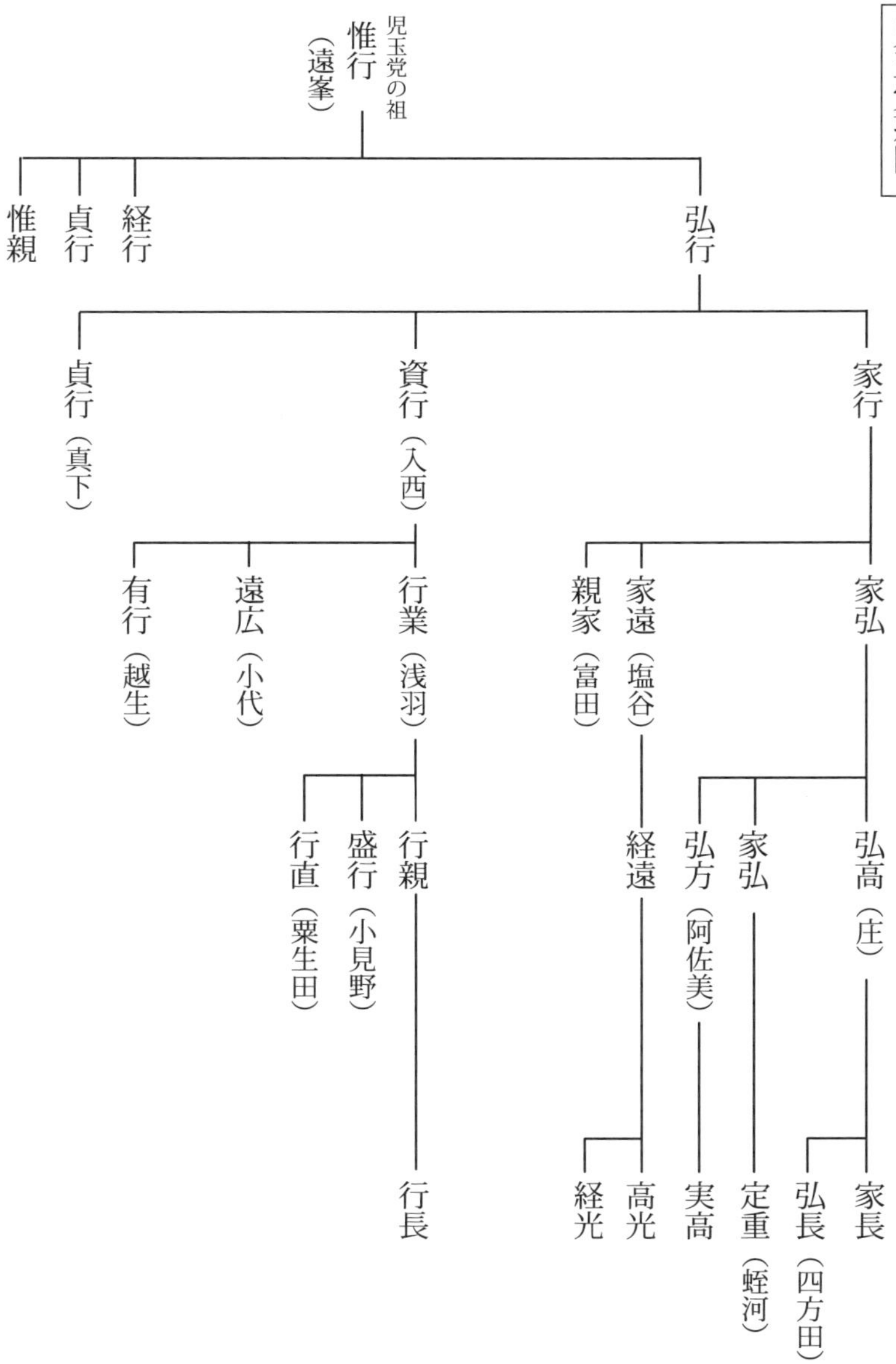
児玉党の祖
惟行（遠峯）
弘行
経行
貞行
惟親
家行
資行（入西）
貞行（真下）
家弘
家遠（塩谷）
親家（富田）
行業（浅羽）
遠広（小代）
有行（越生）
弘高（庄）
家弘
弘方（阿佐美）
経遠
行親
盛行（小見野）
行直（粟生田）
家長
弘長（四方田）
定重（蛭河）
実高
高光
経光
行長

秩父氏や児玉党は、他の武蔵武士の例にもれず、前九年の役、後三年の役には、豊島氏や児玉氏も、源頼義・義家の軍に入り戦っている。

児玉党と秩父氏の良好な関係は続き、児玉弘行の娘は、秩父重綱の妻となっている。

児玉党では、児玉資行が入西（にっさい）を名乗り入西郡に移住する。さらに資行の長男行業が浅羽（坂戸市）を名字にして浅羽氏を名乗っている。ここまで度々引用された「吉見氏系図」は、この浅羽氏が、岩殿山安楽寺（吉見観音）にあった系図を写した物と言われている。

浅羽氏は、入西児玉党の本宗家となり、その一族から小見野《おみの》、粟生田《あおうだ》氏が分かれ、また次男の遠弘は小代（東松山市高坂）を本拠として小代氏を名乗る。そして遠弘の弟の有行が越生を地盤として越生氏を名乗るのである。

このように秩父氏と越生氏は緊密な関係を保ちながら武蔵の地に暮らしていたのでる。

これから推察するに、丹後内侍を鹿児島まで送っていったのは、一人の武士ではなく、越生氏や本田親恒たちの武士団と考えた方が良いだろう。本田親恒は丹後内侍を送り届けた後、畠山重忠のところへ戻り、越生広斉と本田貞親は鹿児島に残り、島津忠久の地元で忠久に仕えたのだろう。

しかし鹿児島へ移った年は、前述のように正治二年（一二〇〇年）から比企の乱の建仁三年（一二〇三年）までの間である。

【越生家行】

ここで小椎尾神社の銘文に記されている越生家行について検討してみたい。児玉氏の祖は児玉惟行であるが、その子供は、長男が児玉弘行、次男が児玉経行、三男が児玉貞行、四男が児玉惟親である。この長男弘行の子が家行である。しかし弘行の子供達を見ると、家行は児玉姓を名乗っており越生氏は名乗っていない。次男は資行となり、この資行の子、有行が越生氏の祖となる。すなわち家行の系統は児玉氏を継いでおり越生氏の祖とはなっていないのである。さらに家行の子は三人おり、長男は庄氏を名乗り、児玉党の本宗家となる。家行の次男二郎家遠は、児玉郡塩谷(児玉町)に領地を得て、塩谷氏を名乗り、三男である三郎親家は富田(本庄市)の領地を与えられて富田氏を称するようになった。

このように銘文にあるような越生家行の子に越生広斉の名は見つからない。そこで同名の越生氏がいるか調べてみると、児玉氏の祖、児玉惟行の四男児玉惟親の系統を見てゆくと十三代目に家行がいる。しかし時代が大きく違う。十三代も後になると、児玉惟行が一〇六九年に亡くなっているので、家行は十三世紀~一四世紀頃の人となる。そしてこの家行の次男に越生広斉なる人物がいるかどうかは不明である。この時代に越生広斉が浮羽町に来たのならば、元寇の役(一二七四年~一二八一年)以降の日本防御のために、武蔵から九州に来たと考える方が普通である。旧神像敷板に記されている願主越生廣済は康正二年(一四四六年)に願文を記しているので、一五〇〇年ほど後の子孫となる。

●丹後内侍はいつ生まれて、いつ亡くなったのか?

次に丹後内侍の生年と没年を整理してみたい。

島津家では、丹後局が生まれたのは、長承三年(一一四六年)としており、既に述べたが、忠久を生んだのは治承三年(一一七九年)と伝わっている。すると丹後局が忠久を生んだ時、彼女の年は三十四歳となり、高齢出産である。またこの年頼朝は三十三歳であり、その前年、治承二年(一一七八年)には頼朝と政子の長女大姫が生まれている。また頼朝は翌年、治承四年(一一八〇年)八月十七日には、山木兼隆館を襲って旗揚げをしている。

もし前述の我々の仮説のように、一一六六年頃に伊豆で頼朝との間に忠久を生んでいれば、その時、丹後内侍は二十一歳となり、彼女が一番美しいころであろう。

また彼女が九州へ渡ったのは五十四歳から五十七歳ぐらいの頃である。

さらに、これらの事実を踏まえて伝承から丹後内侍の没年を検討してみる。

花尾神社の伝承、嘉禄三年は一二二八年である。なお嘉禄は、三年十二月一〇日に安貞元年と改元になる。従って正確に言うと丹後局が亡くなった十二月十二日は安貞元年となる。そして伝承では丹後局は八十二歳で亡くなったと言う。これは先に記したように島津歴代略記に記されている没年時の丹後内侍の年令である。

長承三年(一一四六年)生まれの人が、安貞元年(一一二八年)十二月十二日に亡くなっていれば、年齢は数え年で八十三歳である。

整理すると
・丹後局の生年は、長承三年（一一四六年）頼朝よりひとつ年上のお姉さんである。
・この生年であると、丹後内侍は安貞元年（一二二八年）に八十三歳で亡くなったことになる。

●尊卑分脈安達氏系図の謎

丹後内侍の項の最後に、尊卑分脈の安達氏系図の記述について述べてみたい。

安達氏系図では、安達盛長と結婚し、景盛と時長と二人の子を産んだ母は、門脇少将（平教盛）の娘と記している。すなわち具体的な名が記されていない。そこから誤解が生じたようだ。

平教盛は一一二八年生まれ、平教盛が二十歳ごろに生まれた子が景盛・時長の母となる娘となる。しかし比企氏とのつながりは考えられない。源氏に長く仕えている比企遠宗が、平家それも清盛の弟の平教盛の娘を養子にもらうとは考えられない。源氏と平家では、平家の格が上である。

この頃、清盛、教盛の父、忠盛は殿上人となり、既に貴族と交わっている。従って娘を養子に出すならば、格が上の家に出すのが必然である。格下の源氏に出す理由がない。一方、比企家の方でも遠宗が男の子でなく女の子を養子にもらう必要性がない。このように考えると丹後内侍は平教盛の娘ではない。


ではこの間違いはどのようにして起きたのだろうか？

ここではやや強引であるが、仮説を立ててみた。すなわち

①平教盛の娘、教子（仮称）は、藤原範季の妻となる。

②藤原範季は源義朝の子、範頼を養子として養育するので、教子は範頼の義理の母となる。

③「吉見系図」によると、成長した範頼は安達盛長と丹後内侍の娘を妻に迎える。理解を容易にするために名前を盛子（仮称）とする。

④この婚姻により妻盛子にとって夫範頼の父藤原範季は義理の父となり、さらに範季の妻、教子は義理の母となるのである。

⑤盛子にとっては、父は藤原範季と安達盛長の二人、母は、実母ではないにしろ丹後内侍が母となり、藤原範季の妻教子も義理の母となるのである。こうして二人の母が誕生するのである。

ここに誤解が生じたのではないだろうか？

ここに入れ違いが発生した。藤原家と安達家両家の母親の入れ違いである。

尊卑分脈は、室町時代に作られている。この書物の中では比企氏に関する記述はほとんどない。比企氏の家系は記述してないのである。それだけ比企氏の存在は、鎌倉時代を通じて抹殺された存在であったのであろう。

従って尊卑分脈の作者、洞院公定は意識して、比企氏関係の女性を表現しなかったのか？

それとも情報不足から間違いが生じたかはわからない。

ここまで述べてきたように、丹後内侍は、謎の多い、でも魅力ある女性である。今後、さらなる研究や新たな発見がなされることを期待したい。

3. 河越重頼の妻（二女）

彼女は秩父党の嫡流河越重頼に嫁ぐ。比企の尼は女系家族の比企家を心配して、武蔵武士の名門河越氏に二女を嫁がせたのではないだろうか？　河越氏であれば比企に近く、強力な後ろ盾となる。

二女は、比企の尼と共に伊豆の頼朝を支援する。鎌倉政権誕生後、頼朝に嫡男頼家が生まれるとその乳母として、乳付の儀式に参加している。

そんな彼女であったが悲劇が訪れる。それは頼朝の命令により、娘郷姫を源義経に嫁がせたことである。そのため義理の息子義経が頼朝に反旗を翻すと、文治元年（一一八五年）頼朝は、河越重頼が義経の義父であることを理由に、重頼と長男重房を共に誅殺してしまう。河越氏の悲劇は続き、所領の伊勢国香取五ヶ郷も召し上げられる。しかし河越の庄など他の所領は、重頼の老母の預かりとなる。吾妻鏡によると文治三年（一一八七年）に頼朝は重頼の誅殺により残された家族を不憫に思い、武蔵国河越の庄を重頼の妻、すなわち比企の尼の二女河越後家尼に与えている。以後河越の庄は次男重時に引き継がれ、さらに嘉禄二年（一二二六年）三男河越重員の時に武蔵国留守所総検校職（国司がいないため国司の代理職）に返り咲き、河越氏は復権を果たすのである。

このように二女は夫を失い、娘郷姫や長男重房を失うという激しい歴史の波に流され、悲劇を味わうが、河越の家を良く守り、河越氏の復権へとつないで行く。まさに次女としてのしっかり者の性格が出ているようである。

4．伊東祐清の妻（三女）

伊東祐清の父親伊東祐親は伊豆の豪族であり、頼朝が伊豆へ流人の時には、平氏より北条時政と共に頼朝の監視役を命じられていた。この祐親の次男祐清に三女は嫁いだのである。

ちなみに祐親の長男は、河津姓を称した河津祐康である。河津祐康は伊東庄の所領争いが原因で、工藤祐経に弓で射殺されてしまった。

事件の発端となった伊東の庄は、もともと工藤祐経の父親祐継の土地であったが、祐継が亡くなると子供の祐経がまだ幼いため、叔父の伊東祐親が後見人となった。しかし成人した祐経が京へ上り、平重盛に仕えている間に、祐親は伊東の庄を自分の物にしてしまったのである。これを恨んだ祐経は、狩り帰りの伊東祐親を狙ったが、放った矢は長男の祐康に当たり殺してしまった。

この祐康には男の子が二人いた。後年、富士の牧狩りで工藤祐経を倒し、父の仇を討つ曽我兄弟である。もう一人祐康が亡くなってから生まれた男の子がいた。この子は祐清と三女の夫婦が養子として引き取り養育するのである。

また伊東祐親には、八重姫と言う娘がいたが、祐親が大番役で都に上がっている間に、彼女は、流人の頼朝と愛し合い、千鶴丸という男の子まで産んでしまうのである。都から帰った祐親は、頼朝の監視役にもかかわらず、姫が頼朝の子をなしたことに怒り、千鶴丸は川に沈めて殺し、八重姫は江間の小四郎に嫁がせてしまった。

そして祐親はさらに頼朝まで殺そうとしたが、祐清の連絡により、逃げ出すことが出来た。伊東祐親、祐清の親子は、頼朝旗上げ後も平氏側に付き、祐親は富士川の合戦で捕えられるが、その後自害をする。一方祐清は、頼朝を助けたことから、頼朝より恩賞を提示されるが、父祐親も平氏に味方しており貰うわけにはいかないと断る。彼は、平氏の味方として共に戦うべく北陸道の戦いに臨み、そこで討ち死にする。

祐清の妻である三女は、安元元年（一一七六年）祐康の死後に生まれ、養子としていた子を連れて武蔵の平賀義信に嫁いだのである。しかし養子の連れ子は成長し越後の国で僧になっていたが、建久四年（一一九三年）曽我兄弟の仇討後、曽我兄弟の弟であるため事件への関与が疑われ、幕府の調べに応ずるため養父平賀義信と共に鎌倉に入った。しかしそこで梟首されるとのうわさが彼の耳に入り、彼は念仏読経した後に自害してしまった。しかし頼朝には彼を殺す考えはなく、その死を大いに悔やんだと云う。

比企の尼の三女は、嫡男頼家の誕生にあたり夫平賀義信が乳母父となり、三女も乳母として頼家の養育にあたった。

しかし三女は早く亡くなったようで、建仁二年（一二〇二年）三月十四日、鎌倉永福寺で頼家と政子が、栄西律師を導師として、頼家の乳母を務めた三女の供養を行っている。彼女は、翌年九月の比企一族の滅亡を見なくして亡くなった。ある意味幸せだったのではないだろうか。

5．若狭の局

比企能員の娘、比企の尼の孫である。二代将軍源頼家の妻として嫡男一幡、さらに竹の御所を生んでいる。吾妻鏡では比企一族滅亡の建仁三年（一二〇三年）九月に、一方、愚管抄では、二ヶ月後の十一月に息子一幡が殺されている。そのため若狭の局も、この時に殺されたと言われているが、比企の乱で女性が殺された記述はどこにもない。各地に残る伝承や伝説では、彼女は殺されず、夫頼家の修善寺幽閉に付き添って行ったと言われている。しかし頼家が修善寺の筥の湯で入浴中に北条氏により誅殺されたため、後述の修禅寺に残る「不越坂（こえじざか）」の伝承のように、修禅寺を脱出し、武蔵国比企郡大谷に移り、そこに隠棲していた祖母比企の尼と共に、頼家の法号を冠した寿昌寺を建立して比企一族と夫頼家公の菩提を弔ったという。そんな彼女も晩年は、寺の近く梅の古木咲く梅が谷に居を移し余生を送り生涯を閉じたと伝承されている。

6．姫の前

姫の前は、比企朝宗の娘である。彼女は、源頼朝の御所に勤める女官であった。「吾妻鏡」によると「比企朝宗が息女、当時権威無双の女房なり。殊に御意に相叶う。容顔はなはだ美麗なり。」と記されており、頼朝のお気に入りで大変美しく、仕事が出来たため、大きな力を発揮していた人だったのである。

そのため北条義時は姫の前に一年あまりの間、恋文を送っていたが、彼女は一向になびかなかった。その義時の執心を知った頼朝は、義時に決して離別しないことを約束させた起請文を書かせて、その嫁取りを認めたという。これは契約結婚の第一号と言ってもよいであろう。こう見てくると比企家の女性達は美人が多く、かつ頭の良い女性が多かったようだ。

建久三年（一一九二年）九月二十五日、彼女は義時に嫁ぎ、建久四年（一一九三年）に義時の次男朝時を、さらに建久九年（一一九八年）に三男重時を生んでいる。

しかし比企の乱が起こり、実家である比企家が夫義時率いる軍勢によって滅ぼされる悲劇にあう。「吾妻鏡」ではその後の姫の前の消息については不明であるが、九条兼実の日記「明月記」嘉禄二年（一二二六年）十一月五日条によると

「源具親の子（源輔通）は北条朝時の同母弟で、幕府から任官の推挙があった。」と記しており、輔通は元久元年（一二〇四年）生まれである事から、姫の前は比企の乱の後、義時と離別して上洛し、源具親と再婚して輔通を生んだものと見られる。天福元年（一二三三年）に朝時の猶子となった具親の次男源輔時も姫の前の子と見られる。

・承元元年（一二〇七年）三月三十日条

「明月記」は、前日に源具親少将の妻が亡くなった事が記されており、姫の前は再婚後三年ほ

どで京都にて死去したようだ。

7．竹の御所（娍子・よしこ）注（鞠子まりこ）説もある

竹の御所は源頼家と若狭の局の子で、頼朝の妻政子に養育され、政子亡き後、鎌倉殿と呼ばれるようになる。彼女は源氏の血を引く最後の人である。だが彼女が頼家の子であることは確かであるが、母親についての記述は吾妻鏡にはない。そのために一〇〇％比企氏の子孫とは断言できず、源為朝の娘が足助重長に嫁いで出来た子供、また杉本苑子氏の著作『竹の御所鞠子』では母親を木曽義仲の娘としている。これは「尊卑分脈」の記述を踏襲しているようだが、木曽義仲が寿永三年（一一八四年）、息子義高が元暦元年（一一八四年）と同じ年に殺されている事からすると、この年鞠子が赤ん坊でないと、一一八二年生まれの頼家との間に子を作ることは年令からするとおかしなことになる。誰がこの赤ん坊を育て、頼家と結ばれるようにしたのだろうか？　疑問が多い。

また吾妻鏡に比企の乱では女性を殺した事実が述べられていない事、竹の御所が、比企が谷に居住していた事から母親は、比企氏の若狭の局で良いのではないだろうか。

竹の御所の人生を吾妻鏡から抜粋してみると、

吾妻鏡、建保四年（一二一六年）三月五日

「源頼家の姫君（十四歳）が御輿に乗って御所に入った。実朝の夫人が対面された。これは政子の命により実朝の猶子となったのである。」

＊この頼家の姫は、一二〇三年の比企氏滅亡の年に生まれたことになる。

さらに吾妻鏡の記述を並べると、

・嘉禄元年（一二二五年）八月

竹の御所は政子亡き後、政子の仏事を指示している。

・嘉禄二年（一二二六年）三月一日

竹の御所は北条泰時の館に入り、これが今年の御行始めとされている。この御行始めの言葉から、竹の御所が鎌倉殿として認められていることが判る。

・嘉禄二年（一二二六年）六月二十日

政子のために喪に服していた竹の御所の喪が明けたと記されている。

・嘉禄二年（一二二六年）十二月十日

竹の御所は新御所に移っているが、ここが比企能員の屋敷跡比企が谷と思われる。

・寛喜二年（一二三〇年）十二月九日

四代将軍藤原頼経（十三歳）と竹の御所（二十八歳）の結婚についての審議が内々に行われ、今日か明日に実施するのが吉日と出た。そのため急遽その日九日亥の刻（夜の十時）に彼女は輿に乗られ南門から御所に入った。寂しくひっそりと行われた結婚式であった。

・文暦元年（一二三四年）三月一日

竹の御所が妊娠し5カ月になったため着帯の儀が行われる。吾妻鏡はこの一行のみの記述である。以前の政子の着帯の儀の記述と比較すると非常にそっけない。

・文歴元年（一二三四年）七月二十六日

竹の御所は御産所となる北条時房の館へ入った。数人の人が供奉したという。

・文歴元年（一二三四年）七月二十七日

寅の刻（朝四時）に出産されたが子供は死産であった。その後竹の御所は苦しまれて、朝の八時に亡くなった。（三十二歳であった。）

吾妻鏡では、この竹の御所の死後、彼女の葬儀や服喪の記述は一行も無く、嘉禎元年（一二三五年）五月二十七日、竹の御所の一周忌の御追善のために武州（北条泰時）が仏像を造立していることを記すのみである。

このように吾妻鏡における竹の御所の記述は、ほとんどが一行か二行で非常にあっけない。しかし「明月記」（藤原定家日記）によると、竹の御所の死を知った京に居た御家人達が、大挙して鎌倉に向かった事を記している。それだけ頼朝の血筋は、御家人達に重要視されていたのだ。ここから考えられるのは竹の御所は頼朝の血を引く娘として、実朝の猶子となったり、年の離れた四代将軍頼経と結婚させられたり、徹底的に北条氏に政治的に利用された人生ではなかっただろうか。

しかし彼女は夫頼経と仲が良かったと伝えられている。この事実に、どことなくホッとした気持ちにさせられる。

また彼女の大きな功績は、後の章で述べるが比企氏の汚名を晴らし、その子孫たちを日陰の暮らしから救い、陽の当たる場所に出られるようにしたことである。

竹の御所が亡くなることにより源頼朝の血筋は絶えてしまった。竹の御所は生前、釈迦如来を崇拝していたため、彼女の遺言により比企が谷に新釈迦堂を建立したと言う。竹の御所の墓は、鎌倉比企が谷の妙本寺にある。

これで比企氏の女性達の説明は終わるが、河越重頼と比企の尼の次女の娘「郷姫」については章を改めて記述するので、ここでは省略した。

7、源義経と郷姫

比企一族の女性の中で気になる女性が一人いる。それは郷姫（きょう姫・さと姫とも称す）である。吾妻鏡の中で郷姫の記述は、次の文章から始まる。

「元暦元年（一一八四年）九月小十四日庚子、河越太郎重頼の娘が京都へ向かって出発しました。これは源九郎義経に嫁ぐ為です。頼朝の命令で、前々から約束していたことでした。河越太郎重頼の家中の家来が二人、郎従三十数人がこれに従い出発しました。」

郷姫は、武蔵の豪族秩父氏の主流、河越太郎重頼と、そこに嫁いだ比企の尼の二女との間にできた子である。郷姫が義経に嫁いだのは十六歳であった。今まで育った入間川の畔、河越氏の館からはるか彼方の京の都へ、家来たちと共に、京に居る義経の元へ旅立つのである。

一方の義経であるが、郷姫が河越を立つ前年、寿永二年（一一八三年）、頼朝の命を受けた義経は、義仲追討のため京都に向かうが、彼の手勢は少なく義仲が陣を張る京都へは入れなかった。そのため伊勢や周辺を巡り武士を募っていた。しかし事態は急を告げ、法正寺合戦が起きて、義仲が後白河法皇を幽閉する事態となる。そこへ鎌倉から兄範頼の援軍が来て、兄弟二人は協力し京都に入り義仲を倒す。さらに兄の範頼と共に平氏を追い、翌、寿永三年（一一八四年）二月、一の谷に陣を張る平氏を破り都に戻ってきたのである。

一の谷の戦いの後、範頼は鎌倉へ引き上げたが、義経は京都に留まって都の治安維持にあたり、畿内の豪族や武士の組織化、寺社の所領の裁定などの事柄に関わっている。

・元歴元年（一一八四年）六月
頼朝の推挙により、朝廷は範頼ら源氏三人に官職を与えたが、義経は推挙されず官職をもらえなかった。

義経はその後、平氏追討の為に西国に出陣することが予定されていたが、八月三日、頼朝の命により平信兼の鎮圧のため伊勢に出陣することになる。それにより西国への出陣には範頼があたることになった。八月、範頼は大軍を率いて山陽道を経由して九州へ渡る。この時期、義経は平信兼の乱の後処理に追われている。このような時、八月六日、義経は後白河法皇よりの任官を受け左衛門少尉、検非違使に任じられるのである。

そして義経から任官の報告が、八月十七日に鎌倉の頼朝の元に届くが、それを吾妻鏡の記述で追ってみよう。

・元暦元年（一一八四年）八月大十七日癸酉
義経からの使いが到着して言うには、先日の六日に左衛門少尉の任官と検非違使の宣旨を受けた。義経が望んだわけではないが、今までの合戦での戦功を放っても置けないので、当然の褒美だと云われ、辞退出来なかったので受けたとの事であった。しかし、この出来事は、頼朝の機嫌を損ねた。範頼や平賀義信達が官職を貰ったのは、頼朝の意思で推薦したからである。義経の任官については、内々に疑義を申し出た者があったので、安易に推薦しなかった。そのため頼朝は、義経から希望したのではないかと疑いを持ち、しかも頼朝の意思に反する行動は、今度に限ったことではないので、平家追討の将軍は見合わせた。

このことが翌月、義経に嫁ぐ郷姫の輿入れとかかわってくるのであろうか。このような状況下の九月、郷姫は義経のもとに嫁いで行くのである。

●結婚の背景

郷姫の結婚について、従来の説では、頼朝から「義経を監視するよう命ぜられて嫁いだ。」と言われている。本当にそうだろうか？

先に記したように、頼朝は義経の任官を安易に推薦しなかった。しかし吾妻鏡によると、任官以外にも頼朝の意にかなわない義経の行動があったようである。これは義経の、いつの時点のどのような行動に起因しているのだろうか。それは木曽義仲追討のために京都入りした寿永三年一月から一の谷の合戦で勝利した二月までとすると、あまりにも期間が短い。すると考えられるのは、義経が鎌倉を立つ前、治承四年（一一八〇年）十月に富士川の合戦の後、黄瀬川の宿にて頼朝と面会した時から、義仲追討に向かう寿永二年（一一八三年）十月まで三年間の義経の行動に、頼朝として許しがたい行動があったのだろうか。この三年間、義経がどのような行動をしていたのか資料は非常に少ないが、その幾つかをあげてみよう。

「吾妻鏡」養和元年（一一八一年）七月大廿日甲午

鶴岡若宮の社殿の上棟が行われた。境内の東方に仮屋を作り、頼朝が着座すると、御家人達はその南北に座り、工事に携わった大工たちに褒美の馬を与えた。ところが頼朝が大工の頭領に与える馬を引くように義経に言いつけたところ、義経は「おりあしく下手の手綱を引く者がいない。」と云ったのである。頼朝が続けて「畠山次郎重忠がいる。次には佐貫四郎広綱がこれをするのだから、何で見合う相手がいないなどと云うのだ。それとも、この役は卑しい役だからとして文句をつけて渋っているのか。」と云った。義経は恐れ入って、直ぐに座を立って、二頭の馬を引いた。

この記述からすると、頼朝が、弟の義経よりも御家人たちに気を使っているのが良く判る。義経を頼朝の身内として特別扱いしていないのである。ここに兄に会って源氏として共に生きようとする義経と、東国の御家人たちによって今の立場を確保した頼朝の取らざるを得ない行動の差が良く判る。

頼朝、義経は兄弟の関係であるが、頼朝として気を付けなければならないのは奥州から出てきた義経の背景、すなわち立場である。それは吾妻鏡の中、頼朝が富士川の合戦に勝利し、黄瀬川の宿で義経と面会する場での記述にあらわれている。

「吾妻鏡」治承四年（一一八〇年）十月小廿一日庚子

今日、一人の若者が宿泊所の入口に立って、鎌倉殿にお会いしたいと言った。土肥次郎實平、土屋三郎宗遠、岡崎四郎義實は、怪しく思って取り次がないで、時間が経って行くうちに、頼朝がこの話を聞いて、年齢を考えると奥州の義経かも知れない。早く対面しようと言った。そこで、土肥次郎實平はその人を招いた。やっぱり義経であった。直ぐに御前へ進んでお互いに昔を語り、懐かしさに涙を流した。

白河上皇の時代の永保三年九月、先祖の陸奥守同朝臣義家が奥州で清原武衡・家衡と合戦を交えた。その時、佐兵衛尉義光は京都で仕えていたものの、このことを伝え聞いて、朝廷警護の官職を辞して、弓弦の袋を解いて殿上に置き、密かに奥州へ下向して兄の軍隊に参加し、たちまちのうちに敵を打ち破ってしまった。今回ここへ来たのは、その吉例に似ていると、頼朝は感動したと言われた。

義経は、去る平治二年正月には未だ赤子であった。父の死にあってからは、継父の一条長成に保護され、出家するために鞍馬山に上った。成人になった時には、父の仇討ちを思うようになり、自分から元服をして、秀衡の強大な力を頼って奥州へ出かけ、多くの歳月が流れた。しかし今回、兄頼朝の旗揚げを聞いて、義経は秀衡に、頼朝と共に平氏を討つ考えを伝えたが、秀衡は承知しなかったので密かに秀衡の館を抜け出してきた。そのため秀衡もついに承諾し、佐藤継信・忠信兄弟という勇士を付けてくれた。

この記述から奥州の雄、藤原秀衡が、佐藤継信、忠信の兄弟を義経の部下に付けてくれたことが判る。この事実は、頼朝から見れば義経は頼朝の仲間でなく、平氏打倒のため藤原秀衡の手先として頼朝のもとに送られて来たと考えられなくもない。それでなくとも以仁王の令旨を受けて、北陸道には木曽義仲、常陸には佐竹氏、上州には足利氏、甲斐には武田、尾張、三河には頼朝の叔父源行家など、各地で源氏の勢力が立ち上がろうとしている時期であり、頼朝としても、第一戦に勝ったからと言って安穏とはしていられない不安定な立場の時である。うかうかしていると他の源氏に先を越されてしまう危うい状況であった。

話を郷姫に戻そう。頼朝との再会から三年間の義経の行動がきっかけで、頼朝が、郷姫を義経の見張り役として送るだろうか？　見張りとして送るならば、頼朝の信頼できる部下を義経の配下に送り込めば済むことであるが、以降の頼朝の行動にそれらしい動きはない。

また吾妻鏡では義経の任官に疑義を申し出たものがあったと記している。これは誰か、梶原景時なのか？　梶原景時と二人の間に何があったのだろうか？　これらを考えても答えは出ないが、義経は、結果的に頼朝に殺されてしまうのである。吾妻鏡は、この結論が出た後に書かれている。従って吾妻鏡の構成上、事実を曲げても義経を悪者にする記述、すなわち頼朝の意に沿わないような行動を何度も行ったので殺されたと書かざるを得なかったことも考えられるのである。

視点を変えて冒頭に掲げた吾妻鏡の文言を見てみる。原文のまま載せてみよう。

「十四日庚子河越太郎重頼ノ息女上洛ス。為相嫁源廷尉也。是依武衛仰。兼月令約諾云云。重頼家子二人、郎従三十余輩。従之首途云云。」

右の文章からすると二人の結婚は頼朝の仰せであることはわかる。そしてその仰せが依然から約束されていたことと記されているのである。すなわち義経が義仲追討のために京へ上るより以前に頼朝の斡旋で、秩父氏の有力豪族河越氏と頼朝の乳母であった比企の尼の孫娘郷姫と義経との結婚は決まっていたのである。これも一種の政略結婚ではあるが…。

そこで前記の吾妻鏡の記載からすると、頼朝の命令で、郷姫の京へ上る日が早められた可能性は十分に考えられる。しかし先に記したように彼女一人では、義経の見張りにならないことは、頼朝も十二分に理解していたのではないだろうか。

●郷姫の心

作家篠綾子氏はその著書『義経と郷姫』の中で、郷姫の初恋の人を、同じ武蔵の豪族畠山重忠としている。重忠は郷姫より四歳年上であり、畠山氏も河越氏と同じ秩父氏の一族である。若き畠山重忠が河越館を訪れる機会も多々あったであろう。小説のように二人に恋心が芽生えたとしてもおかしくない。しかし郷姫は都へ上る。小説では郷姫を花にたとえ、入間川の河原にひっそりと咲く可憐な野菊「柚香菊（ユウガギク）」になぞらえている。

こうして郷姫は京都に入り義経と一緒になるわけである。しかし二人の生活は幸せだったのだろうか？

義経には必ず愛人として白拍子静御前が出てくる。京都神泉苑には、次のような義経と静御前の出会いが伝承として残されている。

寿永元年（一一八二年）後白河法皇により京都神泉苑にて雨乞い儀式が行われた。この儀式には、一〇〇人の白拍子が雨乞いの舞を踊ったが、九十九人の踊りまで雨は降らなかった。しかし百人目に静御前が舞を舞うと雨が降り出し、三日間続いたという。義経は、この雨乞いの舞を舞う静御前を見初めたという。

一ノ谷の戦いの後、源義経は京都の神社仏閣の保護、町の治安維持、そして朝廷行事に参加することを天皇から命ぜられていたが、昔、雨乞いの舞で見た白拍子静御前の美しさが忘れられず、京都にいる時、堀川の館へ静を呼び、宴を開いたという。これが義経と静との最初の出会いとされている。

しかし二人の出会いの寿永元年（一一八二年）、京都はまだ平家の世であり、頼朝の弟が京都に出て、雨乞いの舞を見ることはありえない。従って二人が出会ったとしたら、やはり義経が一の谷の合戦から凱旋し京都に戻った後、元暦元年（一一八四年）頃と考えるのが妥当であろう。

この時期、時勢の動きに聡い都の公家たちは、平氏の次の勢力は源氏と考え、己の保身のために娘を義経に差し出したり、白拍子を取り持ったりしたのだろう。その白拍子の中に静御前が居ても不思議ではない。

義経は、十一歳から十五歳まで鞍馬山で過ごし、その後、奥州藤原氏の庇護の下で育つ。ここ奥州で兄頼朝の旗揚げを聞き、奥州から駆けつけ、黄瀬川の陣から平家との戦に参加している。考え様によっては、純粋培養された武士と言っても良いのだろう。洗練された都人とも対等に付き合う白拍子静の手練、手管にコロッと参ってしまっても不思議ではない。

義経が一の谷から京都に戻ってから、元暦元年（一一八四年）九月末の郷姫の嫁入りまでの八カ月間の間に、義経の周りにはいろいろな女性たちがすでに居たのである。そこに嫁いで行った田舎の娘、郷姫はどのような気持ちだったのだろうか？　郷姫は、河越氏側から見れば、頼朝の弟に嫁ぐ、願ってもない良縁の結婚である。なぜなら河越氏は、頼朝旗揚げの時点では、平家側につき、衣笠城に三浦氏を攻めたりしているのである。また郷姫は、比企の尼の二女の子であるが、どうも長女であったようである。そこから河越氏の家のため、父母のためにも頼朝の命を忠実に守り嫁いでゆかなければならない、覚悟したうえでの嫁入りと思われる。

しかし実際に、京都に来て、夫となる義経を見ると、「色白う、せいちいさきが、むかばのことにさしいでてしるかん＝色白で背の低い男だが、前歯がとくに差し出ている。（平家物語より流用）」。このような容貌の小男であった。しかも源氏の頭領頼朝の弟と云うことで何人もの女性がすでに側に侍っているのである。

しかし正妻である郷姫は、けなげに純朴に義経に尽くしていった。そして嫁いですぐに、夫義経との間に姫をもうけるのである。そんな郷姫の心は正妻としてのプライドだけで、忍耐の日々だったのだろうか？　それとも夫義経に侍るすべての女性たちを仕切る正妻だったのだろうか？今となっては不明である。

こうした郷姫の都での生活は長く続かず、壇ノ浦で平家を滅ぼした義経は、捕虜とした平宗盛を護送して鎌倉へ向かう。しかし鎌倉へは入れず、兄頼朝にも面会を許されなかった。そのために有名な腰越状のみを残して京都に戻るのであるが、ほどなく頼朝の追手を迎え、ついに頼朝に刃向うことになってしまう。しかし義経には頼朝勢に抗する手勢やすべもなく、やむなく文治元年（一一八五年）四国に逃れるべく船出する。郷姫にとっては一年の短い都の生活であった。

以下、後世の物語であるが義経記によると、この時義経の船には、妻の他に静などの白拍子五人を含めて十一人の女性たちが共に、西国を目指して船出する。しかし船はすぐに嵐に遭遇、波にもまれて転覆、一行は大物浦（兵庫県尼崎市）へ着いてしまった。その地から義経達一行はふたつに分かれ、義経と静御前、弁慶などの一行は吉野山へ逃れ、その他の女性は、義経の家来達により各自の家へ送り返される。

一方、吾妻鏡では、このような詳細な記述はなく、「義経は奥州の藤原秀衡を頼り、妻子を連れて京都から伊勢や美濃を経て奥州へ逃げた。」と記すのみである。

義経記の内容をもう少し辿ると、義経一行と吉野へ逃げた静御前は、吉野山で義経と別れるが、従者に荷物を奪われ山中をさまよい歩くうち山僧に捕らえられ京都にいた北条時政に引き渡される。

静御前は、文治二年（一一八六年）三月、母の磯禅師とともに鎌倉へ送られる。鎌倉では吉野山での義経との別れを白状させられ、さらに鶴岡八幡宮の舞台にて舞を披露し、義経を慕うのである。

しづやしづ賤のをだまき繰り返し昔を今になすよしもがな
吉野山嶺の白雪踏み分けて入りにし人の跡ぞ恋しき

義経との子を身ごもっていた静は、鎌倉にて子供を出産するが男の子であったため、頼朝の命により、生まれた子は殺され、静は母磯御前と共に、どこへともなく姿を消すのである。

義経記の内容を続けよう。義経は、吉野から南都へ逃げ、さらに京都周辺を転々とする。しかし自分が都の近くに居ては皆に迷惑がかかると考え奥州へ向かう決心をする。奥州へ向かうため家来を呼び集めると十六人の家来が集まった。そこで全員、山伏の姿かたちで都を立つことにした。しかし都を立つ前に、一目妻に別れを言いたいと、一条今出川の屋敷に出かけたが、別れ切れない妻を、稚児姿に変装させて一緒に奥州に落ちてゆくのである。

一行は日本海側に抜けて越前を通り、最上川を船で上り、亀割山の山中に入る。この山中で子を宿していた妻が難産の末に子を生む。この子は生まれた場所、亀割山の亀の字をつけて亀鶴御前と名付けられる。そして無事に妻子ともども藤原秀衡の館に到着するのである。しかし心安らかな日々は短く、秀衡が亡くなると、後を継いだ藤原泰衡により、衣川の館を攻められ、義経と妻、五歳の若君、生まれて七日目の姫、全員最期を遂げるのである。

注）この記述は、義経記の記述であり、文中で妻（原文では北の方）と言っているのは、郷姫ではなく久我の大臣の姫君としている。また二人の間に二人の子ができたことになっている。しかし義経の妻を久我の大臣の姫としているのは義経記だけであり、作者の創作とする説が強い。正妻ではなく妾としてならば、平時忠が娘、蕨姫を義経に差し出した事実からも考えられるが、妻として共に奥州に落ちたとは考えられない。義経と共に奥州へ落ちたのは河越氏の郷姫とみて間違いない。

都をおちた義経一行は、どのように京都から奥州に逃げたのか？　その道筋や方法は全く不明である。しかしこの逃避行で、郷姫も、幼い姫を抱いて奥州までたどり着いているのである。義経と同道で行ったのだろうか、それとも後を追い行ったのであろうか？　郷姫は、なぜ実家の河越へ戻ろうとしなかったのだろう。疑問はいろいろとあるが、事実を追ってみたい。

義経が謀反を決め文治元年（一一八五年）十一月、逃れて吉野山に入ったころ、郷姫の実家、河越家では、河越重頼が義経の舅であることを理由に頼朝から責められる立場となり、ついには嫡男重房と共に殺されてしまう。

すなわち郷姫が義経に嫁いで、わずか一年で河越重頼は殺されてしまうのである。このような状況下で郷姫は、河越の実家を頼ることは出来なかったのであろうか？

しかし地元東松山市に次のような伝承が残っている。比企氏の地元東松山市高坂地区には鈴留川と呼ばれる川が流れている。この川の名の由来に関する伝承である。以下に簡単に、その内容を記してみる。

『そろそろ日暮れ間もない頃、一人の山伏が、鎌倉街道の坂道を急いで下っていました。やっと坂の下まで来ましたが、目の前の川は濁流となり渡ることができません。山伏は、やむなく重い足を引きずりながら道を戻りましたが、すでに日は暮れてしまいました。ふっと見ると木立の向こうの丘の上に灯りが見えます。近づいて見ますと仏性院円珠寺と云う尼寺でした。しかしその他に家も見えず、山伏は、尼寺ですが、しかたなく一夜の宿を乞うのでした。仏性院の尼さんは、尼寺ゆえに一度は断るのですが、山伏の難儀している様子を見て、一夜の宿を提供するのでした。山伏は疲れがひどく、出された食事も喉を通らず、すぐに寝入ってしまいましたが、その夜から高い熱を出し、数日の間寝込んでしまいました。しかし尼さんの親切な看病のおかげで熱も下がりましたので、いよいよ出発することにしました。

別れ際、尼さんに向かって「私は、源九郎義経殿の家臣、鈴木三郎重家と云い、義経殿と共に奥州に下る途中、重家一人遅れてしまいました。ここまで急いで後を追ってきましたが、思わぬ川の増水でやむなく長い間、留まってしまったのです。」と言い、形見として、背負ってきた笈を尼さんに預けて旅立ったそうです。このように激流となった川が鈴木三郎重家を引き留めたので、誰、言うとなくその川を、鈴木留川、鈴留川《すうとめがわ》を称すようになったそうです。』東松山を流れていた鈴留川は、関越自動車道の工事により今は川筋がはっきりと識別できない。

さらに奥武蔵丘陵の中に「顔振峠《こうぶりとうげ》」と呼ばれる標高五〇〇m程度の峠がある。この峠の上からは関東平野が一望でき、新宿高層ビルなども眺めることができる。しかもこの峠の名の由来は、「その昔、義経一行が奥州逃避の際、この峠にたどり着いた。義経は、峠からの眺めの良さに何度も振り返り、振り返りしながら落ちて行った。」と伝わり、峠の名となったと言う。

東松山市には鎌倉街道上っ道(当時の呼称は下の道)を利用して、川越近郊から東松山の高坂を通って奥州に向かう道が通じており、義経一行と鈴木三郎は、吉野山から京周辺、南都から伊勢、美濃を経て、川越を経由して、一度は比企丘陵に入り、埼玉県寄居町あたりから鎌倉街道の上っ道を通って奥州に落ちたことが想像できる伝承である。

このルートの場合、郷姫の実家に嫁いだ比企の尼の次女、河越後家尼たちは、ひそかに義経一行を匿い守り、彼らの出発を見送ったのであろう。二年前には郷姫婚礼の一行を見送ったばかりなのに、今は夫と長男を亡くし、さらにその郷姫が夫義経と孫娘を抱いて、はるか奥州を目指して去ってゆく。その後姿を見送る河越後家尼の気持ちは、どうだったろうか？

●衣川の館

いよいよこの章の最後、義経と郷姫の最後に移ろう。衣川の館での義経一家は吾妻鏡にあるように夫義経、妻郷姫そして四歳の姫の三人のみと考えるのが妥当である。藤原氏の館では、義経を巡る女性たちもおらず、家族三人だけで過ごした二年間、すなわち文治三年（一一八七年）春から文治五年（一一八九年）四月の自害までの期間、この期間ほど郷姫にとって、十六歳で河越館を出てから、初めて心やすらかに幸せに過ごした年はなかったのではないだろうか？

藤原家への居候であるので、生活は贅沢でなく、河越にいた時のように質素ではあるが、穏やかな日々を過ごしたと思う。まるで柚香菊のような生活であったのだろう。

しかし匿ってくれた藤原秀衡が亡くなると、文治五年（一一八九年）四月三十日、頼朝の勢いを恐れた藤原泰衡が、義経一家が暮らしている衣川の館を襲う。この時、義経は既にこの事態になることは予想していたらしく、一家で持仏堂に入り、二十二歳の妻郷姫と四歳の姫を殺した後、自らも自害するのである。

義経妻子の墓は、平泉町毛越寺にある千手院境内にある五輪塔が、それと伝えられている。また奥州市衣川区の雲際寺は郷姫が再興したとされ、郷姫の守り本尊に由来すると伝えられる不動明王と、義経・郷姫の位牌が安置されていたが、平成二十年（二〇〇八年）の火災により焼失したという。位牌に記された戒名は「局山妙好尼大姉」であったそうである。

8、その後の比企一族

この章では比企氏の乱の後も生き延びた人たちを見てみたい。残された各種の系図や由緒などから、比企一族の生存者、または比企家の血を引く人と言われている人には「竹の御所」、「比企能本《よしもと》」、「円顕《えんけん》・伯耆《ほうき》法印」、「仙覚《せんがく》」、「後世に続く比企氏」などである。彼らは、比企一族のどのような人々だったのだろうか？　そこで過去に記された文献や伝わる伝承を探ってみる。

1．伝承に残る比企氏の末裔

比企氏の乱の後、比企氏末裔に関連する記述や伝承は次のようなものが伝わっている。

①吾妻鏡より

○二歳の男の子

建仁三年（一二〇三年）九月三日、比企能員の与党を探索し、多くが流刑または死罪にされて処断されたが、妻妾ならびに二歳の男子は、縁があったので和田左衛門尉義盛に預けて安房に流罪にした。

○竹の御所

建保四年（一二一六年）三月五日、源頼家の姫君（十四歳）が御輿に乗って御所に入った。

＊この姫君、竹の御所の記述はこの他にも多くあるが竹の御所の項で記したため、この章では記述から除外する。

②比企氏系図より

○円顕（伯耆法印）

比企能員の末の子、比企の乱のときに二歳、母と共に阿波に流されたが七歳の時に阿波を出て上京して、出家し、東寺（真言宗）にて真言を学ぶ。その後鎌倉の証菩提寺に住む。

＊鎌倉証菩提寺（現・横浜市栄区）

石橋山の合戦で頼朝を助けるため二十五歳で討ち死にした佐奈田与一義忠の霊を、頼朝が祀った寺院である。

頼朝は毎月、この証菩提寺に参拝していたと言う。なお証菩提寺の場所は、鎌倉の鬼門にあたる。

○比企員茂

乱で亡くなった比企能員の長男時員の息子、母は安達遠兼の娘である。乱の時は母の胎内にいたが、母が隠れて武蔵の国に来て誕生、岩殿山観音堂の別当に養育される。その後、京に出て順徳帝の北面の武士となる。流罪になった順徳帝を追い、越後に渡るが、順徳帝亡き後、越後より帰り、弘安元年（一二七八年）に亡くなる。

〇比企員長

比企員茂の子、竹の御所が四代将軍頼経の御台所になったことにより、彼女の領地比企・入間・高麗三郡を領する。弘長元年（一二六一年）に亡くなる。

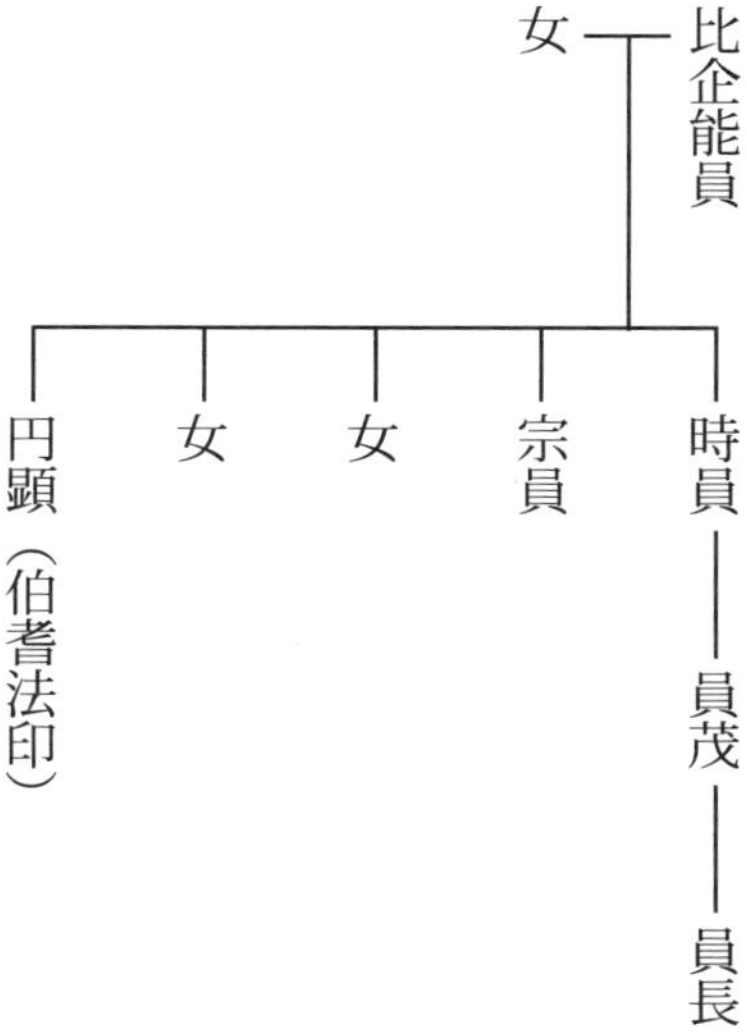

比企氏系図より

③鎌倉妙本寺ご由緒

比企能本は比企の乱の時、まだ幼少で京都にいたため生き延びた。鎌倉の町に立って生命がけの布教をされている日蓮聖人に出会い、「わが一族の菩提を弔って下さるのは、このお聖人しかいない！」と決心し、自分の屋敷を日蓮聖人に献上したのが妙本寺の始まりである。

④鹿児島外史―比企系図

○比企能基

比企能員の末子に能基とあり、比企大学三郎、母は渋川某の娘、建仁二年（一二〇二年）に生まれる。乱の時二歳、和田義盛が預かり安房へ行く。比企が谷能本寺の開基とある。

注、鹿児島外史の比企系図では比企能員の子供では、男子は能基のみで、その他五人は全員女子であり、そのうちの一人は若狭の局、もう一人は島津忠久の妻と記している。

⑤仙覚律師奏覧状・万葉集注釈から

○仙覚律師

仙覚は建仁三年（一二〇三年）あづまの道の果てで誕生、慈覚の門人とある。

⑥岩殿山正法寺（坂東三十三札所、第十番岩殿観音）

○クツワムシの伝承

比企氏滅亡の時、比企氏の女人が岩殿観音にきて赤子を生んだ。

注、クツワムシの伝承について後章、比企氏を巡る旅、岩殿観音の項参照

⑦東松山市戸井田家過去帳（この項は清水清編著『甦る比企一族』より抜き書き）

過去帳の中で次の名が記されている。

正安二庚子暦比企藤四郎能員長男時員嫡子

嶺光院玄覺日幽居士戸井田左衛門介藤原重頼

五月十日葬

注、戸井田家は東松山市下唐子の名家であり、その菩提寺の沢田山長慶寺にある過去帳の最初の人物は「東福法印」と号した戸井田左琴吾藤原正丸と言い天長九年（八三二年）十二月に亡くなり、本国は山城国と云う。

すなわち、「クツワムシの伝承」のこの子が岩殿で生まれた時員の子であり、地元の豪族戸井田刑部館で成長し戸井田左衛門介藤原重頼と名乗り、正安二年（一三〇〇年）に九十八歳で亡くなったという。

これによると時員の子は比企の地から一歩も出ずに、隠れ住んでいたようだ。

ここまで記したように乱の後の比企氏が記述されている文献や伝承は非常に少ない。

次にこれらの記述伝承の中からキーとなる言葉を選び、該当する人物をはめてみると次のようになる。

①乱の時、幼少だった男の子

・和田義盛に預けられ妻妾とともに安房へ流された二歳の子（吾妻鏡）
・二歳の時に母と共に阿波へ流された円顕（比企氏系図）
・比企能本、乱の時、幼少で京に居たため助かった。（妙本寺ご由緒）＊年齢は不詳
・二歳の時に和田義盛が預かり安房へ行き育てる、比企能基と記述（鹿児島外史）

②安房または阿波へ流された。
・妻妾とともに安房へ流され和田義盛に預けられた二歳の子（吾妻鏡）
・母と共に阿波へ流された円顕（比企氏系図）
・二歳の時に和田義盛が預かり安房へ行き育てる、比企能基と記述（鹿児島外史）
③比企の乱の時に母の胎内にいた。
・武蔵国比企郡で生まれる。比企員茂と記述（比企氏系図）
・仙覚律師、あずまの道の果てで誕生（仙覚律師奏覧状）
・岩殿観音で誕生した赤子、注（クツワムシの伝承）
・岩殿観音で誕生し、戸井田家にて成長した。
④北面の武士
・比企員茂（比企氏系図）
⑤真言宗
・円顕、七歳の時、東寺にて真言を学ぶ（比企氏系図）
⑥天台宗
・仙覚律師（仙覚律師奏覧状、慈覚の門人）

これらの記述から後世に、多くの説が生まれ、語り継がれているようである。そこでここからはキーワードごとに詳細に前述の一人一人を取り上げて見てゆくことにする。

●比企能員の末子で乱の時二歳

最初に、比企能員の末子である。候補者は二人いる。比企大学三郎能本《よしもと》と比企氏系図に名がある円顕《えんけん》（伯耆法印）である。

そこでこの二人に関する記述を並べてみると次のようになる。

①比企能基（鹿児島外史より）

・比企能員の末子
・比企の乱の時、二歳、（建仁二年生まれである。）
・和田義盛が預かり安房（千葉県）にて育てられる。
・竹の御所が四代将軍頼経の妻になることにより寛喜元年（一二二九年）、二十九歳にして比企の郡司となる。しかし父母の仇、北条の下には居られず釈門に入り、家産は日蓮に投じて精舎となし、能本寺とした。
・弘安九年（一二八六年）二月一五日に八十五歳で亡くなった。

②円顕（伯耆法印）（比企氏系図より）

・比企能員の末の子
・比企の乱の時、二歳、（建仁二年生まれである。）

・母と共に阿波（四国）へ流される。
・七歳で、都へ行き出家し東寺で真言を学ぶ。
・後鎌倉へ行き証菩提寺に住む。

比企能員の末子で乱の時二歳の子は、四国の阿波へ行ったのか？　それとも房総半島の安房へ行ったのか？　疑問が残る。房総半島の安房には和田義盛の領地もありうなずける。

では四国の阿波はどうだろうか？　慈円は、その著作愚管抄の中で比企能員を阿波の出としている。大日本史ではそれを安房の間違いと否定しているが、そう簡単に決めつけて良いのだろうか？　四国の阿波に比企能員の出身地があった可能性は否定できない。そのように考えると、こちらの阿波もうなずける。

七歳の円顕が東寺へ入る承元元年（一二〇七年）には、畠山重忠は北条時政に討たれ、同年北条時政も牧の方の陰謀に乗り、実朝暗殺を計画したが失敗して失脚、伊豆へ隠棲する。そしてその後をついで北条義時が執権に就任し、北条氏としては安定した時代に入りつつある時期である。

このような時期に、僧侶となって東寺に入るために上京した比企氏の七歳の遺児を、北条氏としても黙認したと考えても良いだろう。

そこで次に、円顕と比企能本は、共に比企能員の末子であることから二人は同一人物であるとの考え方もできる。

この考え方を取っているのが、比企氏系図が伝わり、比企家の菩提寺でもある埼玉県川島町中山の「金剛寺」である。金剛寺発行の「金剛寺と比企氏」の中で円顕と比企能本は同一人物としている。二歳の子が流されたのが四国の阿波か、房総の安房か差はあるが、この考えは妥当な考え方と思う。

そこで先ほどの二人に関する記述をまとめ円顕・比企能本の人生をたどってみると次のようになる。円顕は、比企氏滅亡の時に二歳で、乱の後四国の阿波（房総の安房）へ流されてしまった。しかし七歳の時、阿波(安房)から都へ上がり東寺において真言を学び、東寺にて成長する。その後、彼は鎌倉へ移り証菩提寺に入った。

そして時代は移り嘉禄元年（一二二五年）北条政子が亡くなると、実朝の猶子となっていた頼家と若狭の局の子、竹の御所は、実質的に政子の後継者として力を持つようになっていた。

この頃、円顕は、証菩提寺から出て還俗し、名も比企能本と変えて儒学者となっていたが、鎌倉殿となっていた竹の御所は、比企能本が二十九歳の時、寛喜元年（一二二九年）に彼を比企の郡司としたのである。

しかし役人であるかぎり北条氏のもとで働かざるを得ない。それを快く思わなかった比企能本は、比企の郡司をやめて鎌倉に戻り、元の儒学者として生活していた。

そして能本は鎌倉で日蓮に出逢うのである。日蓮は、建長六年（一二五四年）より鎌倉の辻、辻に立って説法を始めていた。もし建長六年に二人が逢っていれば日蓮は三十二歳、比企能本は二十歳上の五十二歳である。

能本は日蓮に逢ったことにより、彼に帰依して、比企が谷に建立した能本寺を日蓮に寄進した。日蓮は、文応元年（一二六〇年）、能本寺を、能本の父の法名（長興）と母の法名（妙本）を取って「長興山妙本寺」と名付けるのである。これが日蓮宗最初の寺となり、比企能本は、妙本寺の開基となった。この時、日蓮は三十八歳、比企能本は五十八歳であった。

●北面の武士

次に北面の武士の視点から検討してみる。

比企氏の末裔で順徳帝の北面の武士になったのは一体誰か？

比企氏系図によると、北面の武士になったのは乱で亡くなった比企時員の子、員茂だという。彼は乱の時に母の胎内におり、武蔵の国比企郡で誕生する。その後、比企岩殿観音で養育され建保六年（一二一八年）、十六歳の時に、東寺にいる伯父の円顕を頼って都へ上がり、彼の助力で「順徳天皇の北面の武士」となった。しかし承久の乱で順徳上皇が佐渡へ流されると、後を追い、越後の寺泊に住むようになる。しかし承久三年（一二二一年）順徳帝が佐渡で亡くなると、員茂は武蔵の国に帰ったとされている。

次の候補は「あずまの道の果てで生まれた。」という仙覚律師であるが、彼は幼少より万葉集を勉強しているので、北面の武士として活躍し、さらに順徳帝を追って佐渡に行ったとは考えにくい。やはり僧侶として万葉を学べる場所にいたのであろう。

このように考えると北面の武士は、比企氏系図の記述のように、比企時員の子、比企員茂と断定して良いと思う。そして比企員茂が、岩殿観音に伝わる「クツワムシの伝承」の主人公である。

ここで前掲の岩殿の戸井田家の過去帳に記されている「岩殿観音で生まれ戸井田家で養育された時員の嫡子、藤原重頼」、この子はどのように考えれば良いのだろうか？

結局、この子の正体は判らない。過去帳の記述からすれば時員の嫡子となっているので比企員茂になるが、亡くなった年が比企氏系図（詳細は後述）の員茂の記述と異なる。ここはさらに研究が必要であろう。

●仙覚律師

もう一人、比企氏の遺児と言われている人に「万葉集注釈」を著した仙覚がいる。「万葉集注釈」は江戸時代まで万葉集研究のバイブルと言われていた本であり、それゆえに仙覚は万葉集の父と言われた。

仙覚は、十三歳で万葉集の勉強を始め、それまで読みが判らなかった一五二首を読み解き、「万葉集注釈」を著している。彼の著した万葉集の奥書、万葉集注釈の中の記述、万葉集を後嵯峨天皇に奉覧した時の仙覚律師奏覧状から「建仁三年（一二〇三年）あづまの道の果てで誕生、慈覚の門人」とある。この文からすると比企の乱の時は母の胎内にいてあずまの国で誕生したことになる。

また彼の言う慈覚大師（円仁）は、延暦十三年（七九四年）生誕、貞観六年（八六四年）に亡くなっているので、仙覚とは時代が異なり慈覚大師の直弟子ではない。慈覚の弟子の誰かの門人だったのであろう。慈覚大師は第三代天台座主であるので仙覚は天台宗の僧と考えられる。

ここで彼の人生を整理してみると次のようになる。

①仙覚は比企の乱の時は母の胎内におり、建仁三年（一二〇三年）あずま道の果てで誕生する。

②建保三年（一二一五年）十三歳にして万葉の勉強を始める。そして寛元四年（一二四六年）十二月二十二日、四十四歳の時に、四代将軍頼経の命により、竹の御所の菩提を弔うために建てられた比企が谷の新釈迦堂で万葉集の初度の校定本を作成した。新釈迦堂は竹の御所の遺言で建てられているので、彼女の没年一二三四年から時をおかずに建てられていると考えられる。従って仙覚が新釈迦堂に入るのは、寺が出来て一〇年以上経てからである。

③比企郡麻師宇郷（現埼玉県小川町）で万葉集注釈を完成させた。

④仙覚は、天台宗の僧侶である。

また右記の事実①〜④からみても仙覚が比企氏の一族であると決めることができるのだろうか？

考えられるのは、前記の、

①建仁三年あずま道の果てで誕生した。
注）母の身分や生国の具体的な国や郡・庄などは記していない。
②比企氏の館の在った比企が谷の新釈迦堂で万葉集を研究した。
③比企郡麻師宇郷で万葉集注釈を完成した。
この3点のみである。この点だけでは比企氏の一族であると決めつけることはできない。もちろん比企一族ではないと決めることもできない。

ここまで一通り比企氏の遺児たちを見てきたが、この人々が比企氏の系図のどこに位置するのか？　誰なのか？　誰の子供なのか？　既存の資料の中だけで特定するのは不可能である。あまりにも推測に次ぐ推測が入ってしまう。比企一族の生存者は、記録には残っていないが他にもいたことは十分に考えられる。従ってここでの考察は、ここまでにしておきたい。
この章での最後は江戸時代以降、現代まで続く比企氏について述べてみたい。

2．比企氏のその後

埼玉県川島町中山にある真言宗智山派清月院元光院金剛寺は、開山は不詳であるが天正年間比企能員の末裔である比企左馬助則員が中興したと伝えられている。この寺は、比企氏の菩提寺となっており、境内には比企家十五代比企則員、十六代比企義久、十七代比企重久の墓が残されている。この中山村に比企氏は館を建て住んだと言われている。なぜ比企氏の末裔が川島町中山の地に住むようになったのか？

この点は、埼玉叢書第4巻比企氏系図に述べられているので、この系図を基に考察してみたい。まず比企氏系図の内容を比企能員の子供、比企時員から系図に沿って記してみる。

比企時員（比企能員の子）

一幡君の近臣である。父能員の時政打倒の計画が漏れ、怒った時政が諸将に能員の一党を滅ぼすように命じたため、比企が谷の館が襲われた。この時、時員は一幡君を守って戦ったが、遂に自害して果てた。

比企員茂

母は、安達遠兼の娘である。父時員が自害の時、員茂は母の胎内にいた。彼女は乱の後、武蔵国比企に隠れ逃れ、員茂を生んだ。彼は岩殿山観音堂の別当に育てられたが、建保六年（一二一八年）十六歳の時に京都に上り、伯父円顕法印の助けで順徳天皇に北面の武士として奉公した。

しかし承久三年（一二二一年）、承久の変で順徳上皇が佐渡に流罪になると、上皇の後を追い越後の国、寺泊村へ行き住んだ。上皇が佐渡で崩御すると、名を寺泊兵衛と改め、その子小太郎（比企員長）と共に、生国の比企の地に戻り、岩殿山に居住したが、弘安元年（一二七八年）に亡くなり、観音堂の境内に葬られた。法名は圓覺、右の事は岩殿寺の伝記に残されている。

注）寺泊でなく佐渡に渡ったとの説もある。

比企員長

この頃、鎌倉四代将軍頼経卿の御台所は頼家君の息女竹の御所であった。彼女の母は若狭の局、比企能員の娘である。その縁により比企員長は竹の御所の領地比企、吉見、高麗の三郡を与えられた。そのために員長の家族たちも、密かに越後より帰り、比企郡中山村に住むようになった。員長は弘長元年（一二六一年）二月二日に亡くなったと墓に記してある

比企満長

比企守長

比企文長

比企重長

比企補榮

比企久榮

明応八年（一四九九年）武蔵広木大仏城にて討ち死。

注）史上云われる広木大仏城の合戦は、天正七年（一五七九年）、武田勝頼が関東へ出陣し、北条氏政が築いた広木の城を攻めた合戦であり、明応八年とは八〇年の差がある。明応八年は、扇谷上杉と山内上杉が争った長享の乱の終末期である。従って両上杉の戦いに於いて広木で討ち死にしたならば理解できる記述である。

比企員信

比企義次

実は久榮の弟、鎌倉公方に仕え、天文二年（一五三三年）に九十五歳で亡くなっている。この義次は比企政員を育てる。

注）この記述から推定すると義次は、永享六年（一四三四年）の生まれであり、兄、久榮が亡くなった年と六十五年もの差がある。義理の兄弟でもなければ、この年令の差に無理がある。

比企政員

安房守憲定（関東管領の山内上杉憲定）、天授元年／永和元年（一三七五年）―応永十九年（一四一三年）以来、上杉家に仕え（注1）、たびたびの軍功により数通の感状を受けていた。しかし天文年間（一五三二年～一五五四年）に（主人の）上杉憲政が北条氏康に敗れたために感状はもとより、先代より伝わった家禄の多くを失くしてしまった。（注2）

弘治年間（一五五五年～一五五七年）政員は上杉家の使者として駿河今川義元のもとへ赴いた。（注3）今川家では、彼を軽く猿楽で饗応しようとしたが、政員は馬揃えを要望した。それを聞いて義元は名馬をそろえて馬揃えを行い、政員はそれを見物した。その時、今川家には東照神君（注4）もおられたので馬揃えの席で共に見物をした。政員は大力の勇士であったので、世の人は金剛勇士と称した。

天正三年（一五七五年）八月十四日、五十歳で亡くなった。

注1）この記述は政員が上杉憲定に仕えたのではなく、政員の先祖が代々上杉管領家に仕えたことを言わんとしているのだろう。上杉憲定は十五世紀はじめの人であり、それでないと時代が合わない。

注2）この戦は山内上杉憲政が扇谷上杉朝定や古河公方と共に河越城を取り囲んだが大敗した天文十五年（一五四六年）の河越夜戦の戦と考えられる。

注3）弘治年間の今川義元への訪問であるが、この時は河越夜戦の後であり扇谷上杉は既に滅亡し、山内上杉管領家も実質的には力が亡くなっていた時である。すなわち山内上杉憲政は永禄元年（一五五八年）に越後の長尾景虎を頼って逃げ込んでいるので、政員の今川家訪問の目的は何だったのだろうか？今川義元に北条氏を攻めさせ、上杉の地盤回復を狙ったのであろうか。しかし既に関東管領上杉に力はなく、今川義元は、上杉の使者政員を軽くあしらっておくために猿楽程度で饗応しようとしたのではないか。

注4）東照神君の呼称から、比企氏系図が江戸時代以降に作成されたことが判る。
政員は、今川家で家康に逢っているが、この頃の家康は十四歳である。既に元服し次郎三郎元信と名乗っているが、彼は今川家の人質の身分であった。

比企則員

則員は幼少の頃、（注1）伯父である上田上野介政廣に養われた。天正年間（一五七三年～一五九一年）

に常陸の国に馳せ向い真壁左衛門入道と筑波山下にて槍合わせを行い、その首を取る。さらにこの頃、下野の国、皆川に向かい、大平山に於いて槍先の高名の働きをし、太田美濃守資政（資正の間違い?）より感状を数通受領する。この武勇のうわさが越前国結城秀康の耳に入り、則員は召し出され慶長六年（一六〇一年）より奉仕するが、慶長八年（一六〇三年）所労により中山村へ戻る。その後川越の本多佐渡守正信に呼ばれるが、本多正信は、則員が、ここ数年の病であることを聞き、彼に「御万病圓」百粒を贈った。則員は元和二年三月十九日五十九歳で亡くなる。

法名學本院正徳元光大禅定門

注1）この則員の項で上田政廣が、突如則員の伯父として登場する。上田氏は扇が谷上杉の重臣であるが、岩附太田氏とも関係を持つ武将であり、上田政廣は武蔵松山城城主である。比企則員と上田政廣の伯父・甥の関係はどのようにしてできたのだろうか。

比企の武蔵松山城は、天正十八年（一五九〇年）、豊臣秀吉による小田原攻めの際、小田原北条の支城として前田利家を総大将とする北国軍に攻められ、城は落城するが、その松山城守備隊の中、前田利家の本隊と対峙する形で、惣曲輪の前で比企左馬之助則員が守備についている。

（168頁「天正庚寅松山合戦図」参照）

松山城落城後、比企則員は、岩附城を追われ常陸の佐竹氏を頼っていた太田資正の配下として働いたようである。太田資正は秀吉が小田原北条を攻めると、小田原の秀吉の下に参陣している。しかし戦後、岩附城に帰ることなく、翌年一五九一年に亡くなる。その時の居城片野城を三男の太田資武に譲る。太田資武は、後に結城秀康に仕えるので、この時に比企則員も結城家に仕えたのかもしれない。

埼玉県川島町の金剛寺にはこの比企則員以降の墓石が残されている。

比企義久

去る年、祖父の政貞（政員の間違い）が武蔵に於いて軍功を尽し、さらに今川義元が政員に対して「馬揃え」を行い、彼を懇ろに饗応したが、東照神君がそのことを思いだし、春日下総守、同左衛門尉、松野摂津守らに、比企政員の子孫がどうしているか尋ねたが、誰も在所を知らず、答えられなかった。

比企義久は慶長十六年（一六一一年）駿河に於いてこの話を伝え聞き、遠州浜松で目安書を差し出し、この事を言上した。

するとすぐにお召があり、仕えることになり、慶長十九年と二十年、二度の大阪城攻めの陣にも参加した。

元和二年（一六一六年）に秀忠公に仕え、寛永九年（一六三二年）より家光公にも仕えたが、寛永十九年（一六四二年）八月六日六十一歳で亡くなった。

法名蓮香院光月居士

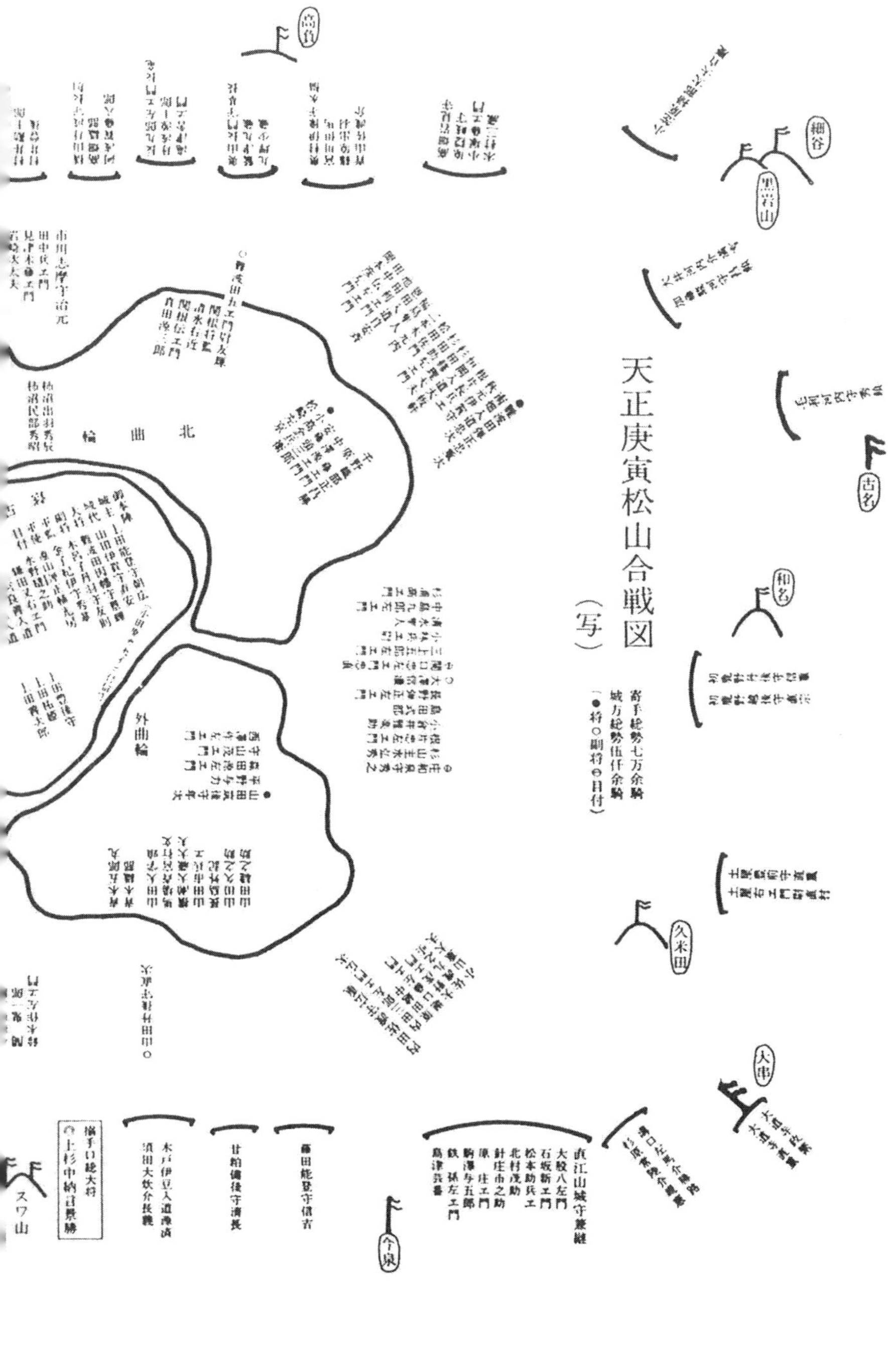
天正庚寅松山合戦図
（写）
寄手総勢七万余騎
城方総勢伍仟余騎
（●将○副将◎目付）
北曲輪
外曲輪
細谷
黒岩山
古名
和名
久米田
大串
今泉
スワ山
直江山城守兼継
大股八左門
石坂新エ門
松本助兵エ
北村茂助
針庄市之助
原 庄エ門
駒澤与五郎
鉄 孫左エ門
藤田能登守信吉
甘粕備後守清長
木戸伊豆入道元斎
須田大炊介長義
搦手口総大将
◎上杉中納言景勝
市川志摩守治元

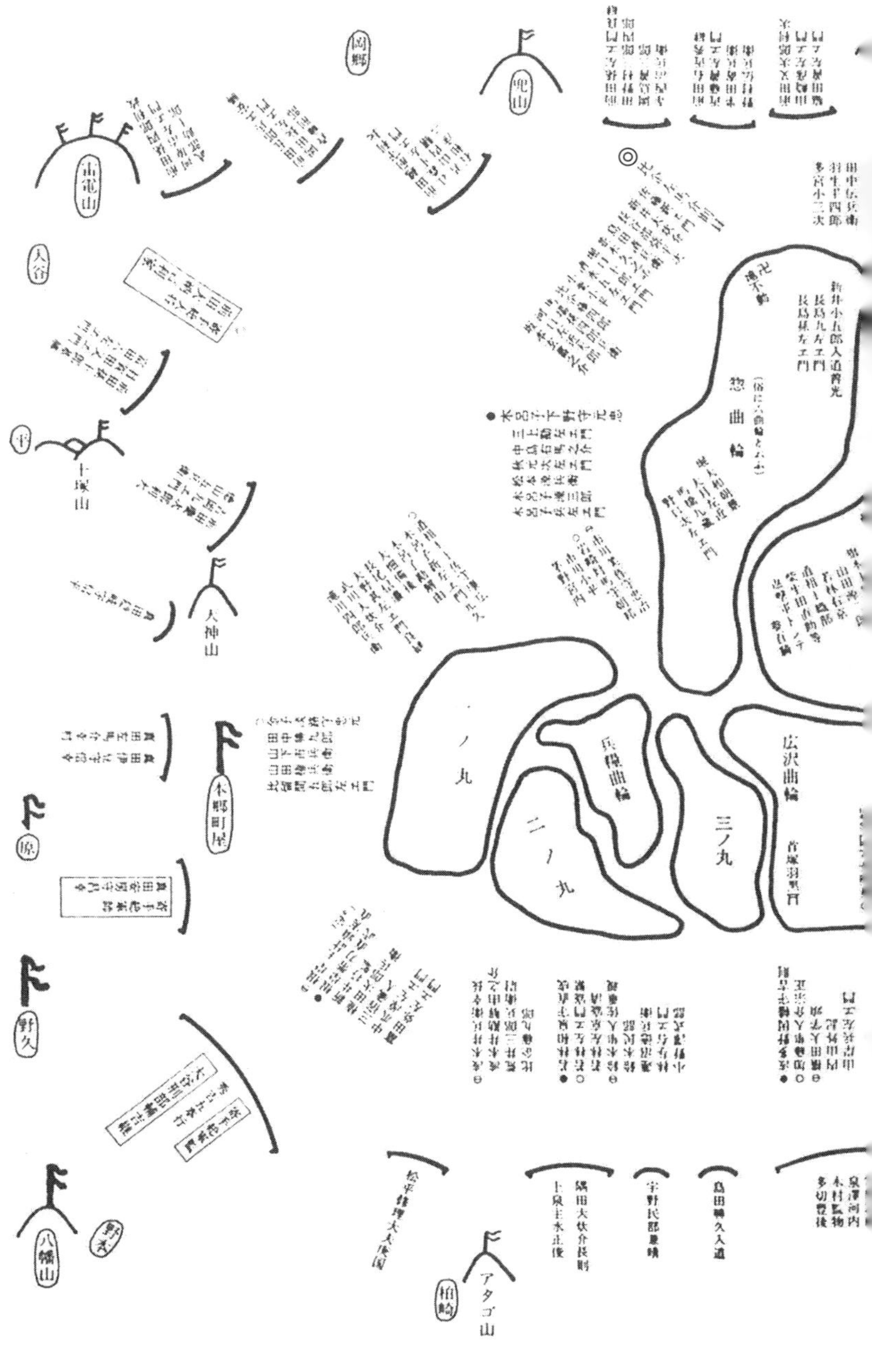

東松山市発刊東松山市の歴史（上巻）より

◎印は編集書き込み

比企重員

寛永元年（一六二四年）に大御所（注1）に召しだされ奉公し、寛永九年（一六三二年）に家光公に仕え「大御番」（注2）を勤める。その後、慶安元年（一六四八年）より家綱公に仕えたが、寛文十年（一六七〇年）六月に病気により小普請組に入る。寛文十一年（一六七一年）十月六日に六十四歳、病にて亡くなった。

法名泰雲院澤道全厚大居士

注1）ここで言う大御所とは家康は既に亡くなっているため秀忠のことである。

注2）大御番とは旗本を編成した常備兵力のことを言う。

比企久員

承応元年（一六五二年）家綱公に拝謁し、万治二年（一六五九年）七月大御番の役に付き戸田淡路守の組に入る。寛文十年（一六七〇年）まで御切米（注1）を拝領する。そして寛文十一年に父藤右衛門（注2）が亡くなるとその知行を残らず下し置かれ、延宝七年（一六七九年）正月二十九日、大御番組頭組林藤四郎の後役を仰せつかり、同年十二月十九日には五〇〇俵の御加増を拝領した。延宝八年（一六八〇年）三月五日に病のために亡くなった。

法名廣運院殿鐵叟玄機大居士

注1）切米とは江戸時代、幕府・藩が軽輩の士に与えた俸禄米または金銭のこと。

注2）藤右衛門とは比企重員のことである。

比企雅久

延宝八年（一六八〇年）九月七日家綱公にお目見えする。（この時、九歳）

その後、綱吉公より亡き父治左衛門（注1）の知行をすべて下し置かれる。小普請組杉浦内蔵助の組に入る。天和三年（一六八三年）二月十八日、跡目を継ぐように仰せつかる。同年五月二十一日に大御番に御番入りを仰せつかり、六月十三日より北条伊勢守の組にて御番を務める。しかし元禄九年（一六九六年）不調法（注2）があり、改易を命じられ、比企郡中山村に蟄居する。（この時二十五歳）

その後、軽い役でも良いから、なにとぞ召し返してくれるように、上野御門主様（上野寛永寺貫主）や芝増上寺を通して幾度もお願いしたが、ご公儀は取り上げてくれなかった。先祖に対する不孝や子孫のために歎きは尽きなかったが、元禄十四年（一七〇一年）十月十五日病のため亡くなった。

法名雲香院蘭芳了薫大居士

注1）治左衛門とは比企久員のことである。

注2）元禄九年の不調法とはどのようなことなのか。貞享四年（一六八七年）に生類憐みの令が出されているから、この法令に関係することなのだろうか。そこで江戸時代の記録日誌「徳川実記」から徳川綱吉、すなわち常憲院の項を調べてみると次のような記述がある。

元禄九年六月二十三日の項

此の五月十九日小石川門外、城溝のほとりに的矢を負いし鴨飛び来て落ちた。彼鴨射たもの、有のままに訴え出るべし。もし見聞きするものあれば、是も訴え出るべし。かくして他より露見すれば、罪たるべしとなり。（日記）

・元禄九年七月十二日

さきに矢を負いし鴨の事、査険ありしに小普請阿部忠右衛門正堅が召遣う小童の所為露見せり。しかし忠右衛門正堅が知りし事ならざれば、遠慮に及ばざる旨、傳えらる。（日記）

・元禄九年八月二十一日

小普請奉行飯田次郎右衛門伴有、矢を負いし鴨のことにより。偽言を申せしとて大島へ流され。大番比企藤十郎満員は追放たる。是も同じことによりてなり。

このような状況で嘘を言って城内を騒がせたことにより追放されたものであるが、この徳川実記では比企藤十郎の名は満員となっている。比企氏系図では雅久となっており、員の字を使用していない。比企氏が員の字を使用したのは幕府に仕えた武士の時の名のようだ。

すなわち比企満員は武士をやめた後、名を雅久と改めたのだろう。比企氏系図では、以降の比企氏は、その名の一字に久の字を使用している。

またこの事件であるが、徳川実記の三つの記述以外に文献が無く、五月から八月二十一日の比企氏追放までの詳細は不明である。時は五代将軍徳川綱吉の時代である。やはり背景には「生類憐みの令」が強く影響しているのだろう。

しかし主犯は大島へ流された飯田次郎右衛門伴有であり、比企満員の罪は軽いものだったろうが、徳川実記以外の記録がなく詳細は不明である。

このような出来事により比企氏は武士としての家系から離れてゆき、多くは医師として後世に続いて行くのである。

宗久

雅久の弟、であり、改易の後、母と共に中山村に住む。

常久

重久

尚久

貞久

この貞久が、比企氏系図を伝えてきた比企道作である。

智久　比企元作

埼玉叢書比企系図はこの智久が、文政九年（一八二六年）正月九日に病で亡くなったことを記して終る。

ここまで見てきたように、比企氏は江戸時代以降も続いており、近世から現代においても医を持って大きな業績を上げている家系である。またかって比企氏の支配地に安住の地を求めて、その地に定住した比企氏も多いと思われる。しかし前述のように鎌倉時代に活躍した遺児たちについては不明な点が多い。現在いろいろな説が言われているが断定はできない。その後の比企一族について、今後、さらに研究が進み、また新しい資料が発見されることを期待して、この章は終わりたい。

9、比企の尼の頼朝支援

前章「伊豆の頼朝と比企一族」の項で述べたが、頼朝の不遇の時代、伊豆に流人の間、比企の尼は永暦元年（一一六〇年）から治承四年（一一八〇年）まで二〇年間にわたり比企を請所として頼朝を物心両面で支援した。武蔵の国比企郡から伊豆の蛭が島まではおよそ一八〇㎞の距離があり、物資の運搬は相当に困難であったのではないだろうか？　この章では次の視点で比企の尼の頼朝支援を検討してみたい。

◇比企の尼は、どのようなルートで物資を運搬したのか？
◇比企の尼はどのような方法で物資を運搬したのか？
◇伊豆の頼朝へはどのように物資を届けたのか？
◇街道に関所はあったのか？
◇比企から伊豆へ物資輸送の所要日数は？
◇比企の尼は何を運搬したのか？
◇平氏の監視の目はあったのか？

1．比企の尼は、どのようなルートで物資を運搬したのか？

最初に当時の街道について見てみることにする。

平安時代の道

平安時代には、それまでの律令体制の公地公民制度が崩壊し、さらに新しい土地の開拓や開墾が進み皇族、貴族や神社、仏閣による土地の私有財産化、荘園制へと変化していった。そのなかで開拓地や荘園の実質的管理者、すなわち武士が力を持つようになってきた。

五畿七道、すなわち古代の道は律令制から貴族社会の時代に入ると官路としての役割を終える。それに伴い街道沿いに設けられていた駅の役割もなくなり、駅は荒れ果ててゆき駅馬や駅子もいなくなってしまった。そして各地に宿と呼ばれる旅人を対象とした組織が生まれる。この宿では旅人に宿泊施設の提供や、求められれば酒食の提供も行い、宿によっては女性も置いていたようだ。鎌倉時代初期では駿河、遠州、伊豆地方で二十四カ所、存在したといわれる。

このように旅する人の世話が官から民へ変化していった。従って旅をする人は、これらの宿を利用したり各地の豪族や寺社などを頼りにした。どうしても手段のない時には野宿などしながら旅を続けてゆくことになる。しかも街道では荷駄の略奪などもあったようである。

そのような平安時代、律令制の官道として整備された道・街道はどう変化していったのだろうか？　これを本稿の主題である武蔵、相模、駿河の東山道、東海道を中心に見てゆく。

①東山道

当初、武蔵の国は東山道に属していたが、宝亀二年（七七一年）七月太政官奏上により東山道から東海道に変更された。そのためそれまで使われていた東山道の上野の国から南下し国府（現東京都府中市）に到達する道は官道からローカルな道に格下げになった。

しかしこの道は、東山道から南下し武蔵の国の府中を通過して東海道へつなぐ道として日常頻繁に使用された道路であった。武蔵が東海道に編入になったことは相模から武蔵、さらには上、下総への利用がする人たちが増えたと想像される。すなわち言い換えると武蔵の国比企郡を通過する街道はあいかわらず主要な街道であった。

②東海道

律令時代、東海道は三浦半島から東京湾の海上を横断して上総へ渡っていたが、この時代になると、人の往来も多くなり、東京湾岸の湿地帯も乾き始めてきた。そのため東海道は東京湾沿岸部へ道を変更してゆく。

一方箱根越えの足柄路は、延暦二十一年（八〇二年）に富士山の噴火があり、足柄路が通行できなくなり急ぎ筥荷路（箱根路）を造って利用したが、一年で足柄路の復旧とともに再び足柄路が用いられたとの記録がある。足柄路は距離が長いが傾斜が緩く歩きやすかったようだ。『更級日記』（一〇六〇年完成）の作者菅原孝標の娘も寛仁二年（一〇一八年）父に従って上総から京へ帰るのに足柄路を通っている。

注、足柄路とは、沼津から御殿場を通る道で、現在の国道二四六号の道筋である。

注、箱根路とは、芦ノ湖畔を通る江戸時代の東海道の道、現在の国道一号である。

③東海道と東山道のルート

それでは平安時代、平治の乱から頼朝が旗揚げする治承四年（一一八〇年）の頃に比企から伊豆へ行く東山道と東海道はどのようなルートであったのであろうか？

東山道と東海道を結ぶ道筋はいくつか想定できるが、比企郡を通る道は次の2つと推測される。

◆上野高崎→山名→平井→児玉→赤浜→奈良梨→菅谷→鳩山→所沢→国分寺→武蔵府中→関戸→小野路→町田→座間→海老名（相模国府）→足柄山→沼津または三島（伊豆の国府）

これは比企武蔵丘陵の東端を辿る道筋であり、東山道に準ずる道である。比企から武蔵府中までは鎌倉時代には下道と呼ばれ後年には鎌倉街道上っ道と呼ばれる道である。

◆栃木市（下野国府）→佐野→館林→行田→吉見→東松山→坂戸→霞が関→奥富→所沢→国分寺→武蔵府中→関戸→小野路→町田→座間→海老名（相模国府）→足柄山→沼津または三島（伊豆の国府）

木下良著「事典　日本古代の道の駅」（吉川弘文館）より

このふたつのルートも古代の官道ないしは郡衙道を利用した道である。

この二つのルートのうち比企から鳩山方面に出たのか、それとも直接坂戸方面に出たのかは推測のしようもないが、考えられるのはなるべく人目につかないように主街道ではなく旧郡衙道や地方道などを利用したかもしれない。いづれにしても武蔵の国府まで行き、そこから南下して、東海道を国府津まで行ったものと思われる。

2．比企の尼はどのような方法で物資を運搬したのか

次にどのような手段で物資を運搬したか考えてみたい。

平安時代末期の物資の輸送形態はどうだったのだろうか？　律令制の時代には、主要な街道（官道）の各駅毎に駅馬、駅子などが用意され物資の運搬を担っていた。しかし平安時代に入り、それらが廃止されると人々は各自でその運搬手段を考えねばならなくなったのである。そこで当時の輸送手段としては次の３つが推測できる。

①人力　　②牛馬の使用　　③舟運

吉川弘文館発行の新城常三著『鎌倉時代の交通』によると、坂東の地で街道をゆく人々は少なく、

大番役の武蔵武士や荘園領主に租税を治めるために運搬する人々が主流であり、しかも物資の流通は武蔵地域内の運搬が主で、まだ京都まで物資を運ぶような大きな物流網の時代ではなかったようである。

静岡県函南町高源寺に伝わる話として、比企の尼は、比企の地から月に一回物資を運んだという。ではその輸送はどの様な形態をとったのであろうか？

右記の三案、①人力、②牛馬、③舟運の中で、まず③の舟運は用いないであろう。たしかに比企を流れる川、越辺川、都幾川、市野川などは全て荒川の支流で、最終的には東京湾に注いでいる。そこから海路を使用して小田原や沼津などに輸送したのだろうか？　しかし越辺川や都幾川、市野川が舟運としてさかんに利用されるのは江戸時代に入り、江戸と比企の間で物資のやり取りが頻繁に発生してからの話である。

たしかに古代から弥生時代、山梨で産した黒曜石の運搬や沼津や三島で生産された土器、大型の甕「大廓型壺」が水上を運ばれ、関東内陸部に持ち込まれた事実はあり、比企の川沿いの内陸部に津（港）が在ったことは確かである。しかし舟運で輸送するためには河川輸送の船と海上輸送の船、すなわち構造が異なる二種類の船を使用することになる。しかも平安時代末期に毎月定期的に物資を運搬する船便があったとは考えにくい。

それでは比企氏が輸送船を持っていたのだろうか？

比企氏ではないがやはり内陸に居を構えた河越氏の館は荒川の支流入間川に面しており、館跡には川から水路を引き入れて船が着くようにしてあり、港の跡が確認できる。しかしこれも川の船であり、その船で海上交通は無理であったろう。比企氏にしても河川交通ならまだしも海上交通の手段を持っていたとは考えられない。

では②の牛や馬を使用したのだろうか？ これも疑問である。なぜならば律令時代には各駅を経由しながら馬での輸送が行われたが、それを可能にしたのは各駅に替え馬が用意されていたからである。

律令制時代から平安時代に入り、街道の駅馬や駅人が廃止された状況下で、比企から伊豆まで同じ馬や牛が荷物を積んで長い旅をすることができたのだろうか？ 平安時代末期に、街道の途中で牛や馬を交換できるような便宜があったのだろうか？ それは考えられない。しかも前述の『鎌倉時代の交通』によると馬一頭に運搬人一人付かざるを得ず、運搬できる量は、馬一頭で米が六斗、約九〇kg、すなわち米二俵だったそうだ。我々はすぐに現在の馬体を想像するが、当時の馬の馬高（地面から馬の背中までの高さ）は平均で一二〇cm程度だった。現在の馬よりも日本産の馬は、力はあるが相当に小型であった。しかし馬を使用できなかった大きな理由は、馬が貴重品であったこと、また馬は山道を行くのが苦手であった。古代から平安時代になり、地方に牧ができて馬の飼育がおこなわれてきているが、当時の馬はまだまだ貴重な乗り物である。そこでもし馬を運搬の手段として使用する場合には、軍事に使用できるような馬ではなく、駄馬として扱われる馬だろう。しかもその場合にも何頭も連れて行くわけにはゆかず、一、二頭の馬を使い、替え馬もないために、ゆっくりと時間をかけて荷物を運びのために比企から伊豆まで旅をさせたのだろう。

このように考えてくると②の馬も考えられるが、①の人の力、すなわち人が背負って運んだと考えるのが妥当である。人が背負い運べる米の量は多くても二斗、およそ三〇kgだそうだ。これであれば馬の三分の一の量ではあるが、三人で運べば馬と同じである。可能性はある。

街道と輸送方法の次に伊豆半島の頼朝のもとへはどのようなルートで運んだのか検討してみることにする。

3．伊豆頼朝へはどのように物資を届けたのか？

①蛭が島への道

前述したように武蔵の国府を通り、相模の国府津まで来たが問題はその先である。その先の道筋であるが、東海道は国府津から坂本駅を通り足柄道を進んでゆく。しかしこの道を行くと伊豆からは離れてしまい、蛭が島へは遠回りである。しかし道は整備されており沼津までゆけば蛭が島まで山越えをせずに行くことができる。一方、山道であり箱根越えできつくなるが、昔一年だけ使われた箱根路（現在の国道一号）が、ここからスタートする。この道も蛭が島まではやや遠回りだが、箱根権現のある芦ノ湖まで到達することができる。芦ノ湖からは昔から使用されていた箱根権現参拝道を通り、蛭が島までたどり着くことができるだろう。しかし二つの道に共通するのは、伊豆の中心部に入るには遠回りとなってしまうことだ。

そこで三番目の道として距離的にも一番近い伊豆半島東海岸を行く道はどうだろうか？伊豆東海岸沿いは人も住まず、道も無いような辺鄙な場所ではなかったのである。国府津・小田原の先、湯河原の温泉は古くから有名で、万葉集にも歌われている。（注）次頁

またその先、熱海の温泉も八世紀中葉には発見されている。このことから考えると国府津・小田原からは箱根の山越えではなく海岸沿い、または東海岸の伊豆山などの山々の中腹を縫う道で湯河原、そして熱海へと続く道があったとしてもおかしくない。

たとえば吾妻鏡治承四年（一一八〇年）八月十九日の項に、湯河原あたりから北条にやってくる勇士が走湯山を往還の道としていた。そのため狼藉が多く見られたので困っていると伊豆山権現の衆徒達が頼朝に訴えている。

また同じく八月二十五日、頼朝が石橋山の合戦で敗れ、箱根神社に入るが、そこから頼朝は土肥次郎實平や箱根山の別当永実達と、山の案内人を呼んで箱根道を通って湯河原に行く。一方、北条時政は、この状況を他の源氏に伝えるため、山伏の道を通って甲斐国へ向かっている。

このように修験者の道や案内人が居れば通れるような細い山道が伊豆の山中には縦横にあったのだろう。熱海にある伊豆山神社は役小角も修行したと言われる古い神社であり、当然、山伏などの使用した道があったと考えて良い。

海岸沿いに行けば物資を運ぶのに、標高一〇〇〇ｍに近い箱根山の山道を通らなくてすむし、主要街道でもなく人目にもつきづらい。熱海までは入ることができれば、そこからは山越えで伊豆半島の中心部、函南や田方盆地の韮山もすぐ先である。また半島をさらに南下して、伊東市ま

で行けば、そこから山を越えて韮山も近い。頼朝が伊東の八重姫と付き合い、伊東館に住んでいた形跡もあることから、このルートも考えられる。

注：社団法人湯河原温泉観光協会〝ＷＥＢゆがわら〟

万葉集に歌われる湯河原の湯

足柄の土肥の河内に出づる湯の よにもたよらにころが言わなくに

あしがりのとひのかふちにいづるゆのよにもたよらにころがいはなくに

万葉集の中で、温泉の湧き出ている有様を歌っているのは、この一首のみであり、この歌は、巻十四の東歌《あずまうた》の中の相聞歌として、相模の国の歌十二首の中の八首目に出てくるが、「足柄の土肥の河内に出づる湯」という温泉は湯河原であることを、有名な歌人佐々木信綱博士によって考証されている。

この歌の意味についてはいろいろな解釈をされているが、その一つを挙げれば次のようになる。

「湯河原の温泉が、夜となく、こんこんと河原から湧いているが、その湯河原温泉が湧き出るような情熱で、彼女が俺の事を思ってくれているかどうか、はっきり言ってくれないので、毎日仕事が手につかないよ」

湯河原地方は、その頃から土肥《とひ》と呼ばれていた。つまり、大化の新政令が公布された頃は、箱根山の東の麓に足柄の国というところがあり、上・下の二郡に分かれており、土肥郷は、足柄の下郡《しものこうり》に属する五郷の中の一つの郷であった。その範囲は、北は小田原市から、南は熱海市まで、箱根を含む広い地域であった。

しかし、五十戸をもって一郷とした制度から見てその頃の湯河原の人口密度はきわめて低く、せいぜい七戸くらいで、三十人から五十人位の人しか住んでいない未開の地であった。

しかし、この歌が万葉集初期の歌として多分に民謡性を帯びていると思われているところから想像すれば、すでに、湯河原の渓谷には温泉が湧いていたことは勿論、その頃の人々が、その温泉が湧き出る様子を女の情熱にたとえて、酒の酔いに浮かれながら歌った素朴な生活ぶりがほのかに思い出されてまことに懐かしい思いがする。

出典：社団法人湯河原温泉観光協会〝ＷＥＢゆがわら〟

このように幾つかのルートを考えられるが、伊豆半島東海岸を通り、伊豆山などを越えて伊豆の頼朝のもとに物資を運んだと考えるのが妥当である。

では当時、頼朝は伊豆のどこに居たのであろうか。

②頼朝は伊豆のどこに居たのか？

これについては前の章で述べたが、頼朝の主とした住居は、時系列に次の場所である。

第１期　第１期蛭ケ島……永暦元年（一一六〇年）～仁安二年（一一六七年）頼朝十四歳から二十一歳

第２期　第２期蛭ケ島……仁安二年（一一六七年）～承安元年（一一七一年）頼朝二十一歳から二十五歳

第3期　蛭ヶ島・伊東……承安元年（一一七一年）〜安元元年（一一七五年）頼朝二十五歳から二十九歳
第4期　伊豆山、蛭ヶ島…安元元年（一一七五年）〜治承元年（一一七七年）頼朝二十九歳から三十一歳
第5期　北条邸　　　……治承元年（一一七七年）〜治承四年（一一八〇年）頼朝三十一歳から三十四歳

このように頼朝の住居は変遷しているが、物質的な援助を行ったのは第1期、第2期の期間が主であろう。

しかし比企氏による頼朝支援のルートは頼朝が伊豆のどこに居たにせよ国府津から伊豆東海岸経由、伊豆山などの山越えのルートを取った可能性が強いと考える。

4．街道に関所はあったのか？

流人源頼朝に支援物資を届ける場合、途中に設けられた関所を通過することは簡単に出来たのだろうか？

それとも関所は無かったのか？　そこでこの章では関所について考察してみた。

新人物往来社、大島延次郎氏の著作『関所―その歴史と実態』によれば、日本の関所の最初は、三世紀初頭、神功皇后が新羅攻めを行い、都に凱旋する帰途、忍熊別皇子が皇后を打たんとしたために、皇后は弟彦王に播磨と吉備の間に関を造って防がせたのが最初と言われている。

その後、出雲風土記によると都から見て西方、すなわち中国地方の島根、出雲、広島などに関

所ができたようだ。しかし我々にとってなじみ深いのは東北道の「白河の関」、太平洋岸の「勿来の関」であろう。この二つの関に日本海側の「念珠の関」を加えて三つの関で蝦夷との境を形成していたのである。この三つの関は、その後源頼朝が奥州征伐で軍勢を三つに分けた時の各ルート上にある。すなわち頼朝は中道をゆき「白河の関」を、千葉常胤、八田友家らは上道を通って「勿来の関」、そして北陸道の比企能員、宇佐美実政は「念珠の関」を通って奥州に入るのである。

それでは律令時代の関所はどのようだったのだろうか?

当時関所を通過する場合、手形が必要であった。手形の様式は「過所式」と言われ、旅行の目的、官位、姓名、人数、輸送の物資、牛馬の頭数などを記さねばならなかったようである。

この時代の代表的な関は、天下の三関と言われる伊勢「鈴鹿の関」、美濃「不破の関」、越前「愛発《あちら》の関」である。これらの関は七世紀後半に大津の宮を守るために設置されたという。しかしこれらの関も寿命は短く、平安時代に入り廃された。その後、近江「逢坂の関」が出来たが、これも延暦十四年(七九五年)に一度廃され、天安元年(八五七年)に復活した。

このような三関の目的は街道で旅人をチェックすることによって敵や不審者の侵入を防ぐなど軍事的、警察的な治安維持であったが、九世紀に入ると津(港)や河川に於いて通行料や港の船舶の補修料を徴収する関所ができるようになった。このような関は東大寺や興福寺が金儲けのために設けた兵庫の津の外、各地にあったようだ。

では今回対象となる東山道、東海道の比企から伊豆の地域に関して関はあったのだろうか?

足柄については昌泰二年（八九九年）に碓氷峠と共に関所が設けられていたが、この関はいったん廃された。そして天慶二年（九三九年）に平将門の乱を防ぐために、やはり碓氷、足柄の二関を固めるようにとの記述が将門記にある。このように、この時代の関所は必要に応じて設けられていたようだ。

鎌倉時代になると、吾妻鏡において承久三年（一二二一年）に足柄・箱根両関所の防備が問題になっている。このことにより足柄・箱根に関所があったことはわかる。しかしその関所の場所は確定できていない。

一方、料金徴収のための関所が東山道、東海道に設置されていた記録はないが、通行料徴収による安易な金儲けとなる関所の設置は平安時代後期にも東山道、東海道の大きな河川、例えば多摩川、相模川、酒匂川などの渡し場などで川関の津料（河手という）を徴収のために設置されていた。鎌倉時代承久の変前後にも河手の徴収を禁止する禁令も数度にわたり出ている。

関所の歴史を見てくると、比企の尼が支援した二〇年間は、平家一族が全盛を極めており、軍事的な緊張は無かったと考える。そのため軍事的意味での関所は設けられていなかったと考えて良いと思う。しかし通行料目当ての関所は諸所に設けられていたかもしれない。しかし比企を請所として資金的に裕福な比企一族であれば通行は容易であっただろう。

5. 比企から伊豆へ物資輸送の所要日数は？

人が荷物を担いで運搬する場合、比企の地から伊豆の頼朝のところまで何日かけて運んだのだろうか？

比企の地と伊豆の蛭が島までの道は、前の章で検討したように3つのルートが考えられる。そこでこの3つのルートを現在の一般道で距離を試算してみた。

①足柄道ルート　一九七km
②箱根道ルート　一八一km
③湯河原、熱海ルート　一七六km

以上のように、③湯河原、熱海経由の山越えが距離的に一番近いコースになっている。

次に、当時の人の一日にどのくらいの距離を歩けたのであろうか？

幾つかの例を挙げてみよう。

①律令時代の東山道では当時の三〇里、現在の十六kmごとに駅馬と疋夫が用意されていた。

＊十六kmが1区間であった。

②江戸時代の東海道では成人男子は一日に八里から十里、すなわち三二kmから四〇km程度は歩いたようだ。これは時速四kmとして十時間歩き続けることになる。朝早く出て、日が暮れる前に次の宿に入ったのだろう。ちなみに『東海道中膝栗毛』の弥次郎兵衛・喜多八の二人が江戸を出て最初の泊まりは戸塚宿、二日目は戸塚から小田原まで約四〇km、三日目は小田原から箱根まで

約三〇km強を歩いている。
＊当時の成人男子は健脚で、支度を整え旅装で歩く場合には上記のように相当の距離を歩いていた。
③鎌倉時代にも京都と鎌倉の間五〇〇km強を十六日間で歩いたようだ。これは一日に換算すると約三〇kmになる。
これらの事実から一日に三〇kmは歩いたと仮定して、荷物を背負って歩くこと、また伊豆に入ると山道であることを考慮して一日の移動距離を二五kmと仮に設定してみる。すると上記①〜③のルートでの所要日数は
①足柄道ルート　八日
②箱根道ルート　七日
③湯河原、熱海ルート　七日
以上四捨五入した日数だが七、八日と計算できる。往復を考えると運搬する人は、月のうち半分を旅することになる。

6．支援物資の内容は？

比企の尼が頼朝に送付した物資にはどのようなものがあったのだろうか？
①支援物資
◆食糧

最初に考えねばならないのは食料であろう。

ところで伊豆の頼朝は、どれ程の米が必要であったのだろうか？

一年間に人間一人が食べる米の量は、一石と言われている。すなわち一〇斗、一〇〇升、一〇〇〇合である。

従って月に一回一人で運べる量、すなわち前述の二斗（三〇kg）を運べば、ひと月は十分に食べてゆけるのである。当然のことながら運搬は一人ではなく、数人で運んだであろうが、その他の食物なども含めて月に一度の運搬で頼朝のほかに数人の付き人がいても十分に足りたと考えられる。

米以外はどうか？　平安末期の武士は関東の田舎育ちであり、食は都の貴族人のように白米、海産物の干物などではない。おそらく米（玄米）、麦、そば、大豆、大根、ゴボウ、ねぎ、菜っ葉類などを食べていたと考える。

野菜の種類も今と比較すると非常に少ない。それに伊豆は海に近く新鮮な魚貝類が手に入ったと思う。そこから推測すると食料品で比企から輸送したものは米・大豆などの穀類・根菜を中心とする野菜が主体であったろう。菜っ葉や簡単な野菜は家の菜園でも栽培できたであろうが、米は水田と耕作する人が居なければならず、土地を持てない頼朝には難しかったのではないだろうか。

◆衣類

比企地区で綿や麻を栽培し、そこから糸を紡ぎ、木綿や麻布を織って反物にして運んだと思える。そして安達盛長に嫁いでいる丹後内侍や、その家族などが、その反物を衣服に仕立てたと考えられないだろうか。二〇年間の間には武士として恥ずかしくない絹の直垂のような衣装も用意しただろう。

◆紙

比企地区は和紙の産地である。この小川町や東秩父村で生産する和紙の中で楮《こうぞ》だけを使用した和紙は「細川紙」と呼ばれ、その製造技術は、国から「重要無形文化財」の指定を受けており、二〇一四年にはユネスコ無形文化遺産に指定された。小川の和紙つくりは一三〇〇年の伝統を持っており、頼朝が流人でいる時には既に作られていた。

しかも源頼朝は、昼は写経に精を出したと言われているので、写経に使用した和紙も比企郡から運ばれた和紙が使われたのだろう。

その他の物資も運搬されたと思うが、伊豆でも比較的手に入るものもあるため前記のように主要と考えられる物をあげた。

②比企の地の特質

比企遠宗とその妻は、頼朝が伊豆に流されると、比企を請所として京から比企郡に住居を移した。そして夫、遠宗が亡くなった後も尼となった妻、すなわち比企の尼は頼朝を支援し続けるのである。

尼の居住した比企の土地は関東平野の西の端にあり、平野部と低い丘陵とそこに深く入り込んだ谷津で成り立っている。それぞれの谷津の奥には溜池を有しており、その水を灌漑に利用した水稲栽培が古くからおこなわれ、米作りには不自由しない土地である。

そしてこの地を流れる滑川、市野川、都幾川などの河川では砂鉄が豊富に採取できる裕福な土地であった。比企家では、これら比企の資源を使うことにより二〇年にわたる援助が可能になったのだろう。

7．平家の監視

この章の最後に、当時、流人の頼朝に自由に物資を運搬することが出来たか検討してみたい。頼朝支援の旅は長い道中、そして関所や山越えばかりでない大きな困難がある。それは関東に根を張る武士たちの監視である。

平安時代末期、武蔵・相模の地には桓武平氏をルーツとする坂東八平氏や丘陵地帯や台地を開発した武蔵七党と呼ばれる武士団がまだ大豪族とは言えないまでも、地盤を固めつつあった。大きく分けると次の3つのグループに分かれる。
①桓武平氏の流れ秩父氏一族の豪族的武士
②土地の開発などのより登場してくる武蔵七党に属する中小規模の武士
③その他の武士
これらの武士が武蔵、相模にしっかりと根を張っていたのである。そして多くの武士が保元・

平治の乱で源義朝と共に戦うが、義朝の敗戦により各地で平氏の下でしっかりと生き延びてゆき、比企の地から伊豆蛭が島までの間にもこれらの多くの武士が存在し、平家に恩を感じていた武士も多くいたのである。

比企氏は、この武士群の領地を通って支援物資を運搬するのだが、邪魔は入らなかったのか？

その答えのヒントは吾妻鏡にある以下の文章である。

『寿永元年（一一八二年）十月大十七日甲寅、御台所（政子様）と若君（八月十二日誕生）が、産まれた比企の屋敷から幕府御所へ戻った。佐々木太郎定綱・佐々木次郎經高・佐々木三郎盛綱・佐々木四郎高綱の佐々木四兄弟が若君の輿を担ぎ、小山五郎宗政が若君の弓矢を掲げ、小山七郎朝光が刀持ちをした。比企四郎能員は、御乳母夫として贈物を進上した。多くの御家人がいたが比企四郎能員を乳母夫にしたのは、能員の義母「比企の尼と呼ばれます」が、武衛（頼朝公）が生まれた頃、乳母だったのです。それに永暦元年（一一六〇年）伊豆へ遠出（流罪）をした時に、忠節を存じて、武蔵国比企郡を請所として、夫掃部允に連れ添って下向し、治承四年（一一八〇年）の秋まで二〇年間、何かとお世話を申し上げた。今はこのとおり立身出世をしたので、その時の奉公への恩返しをするために聞いたら、比企の尼は甥の能員を猶子にして推挙したので、乳母父になったのだという。』

注）請所とは、地頭や守護などが、一定の年貢の納付を請け負い、代わりにその荘園・国衙領の下地支配

の権限を委任された制度のこと。

この中で太線部『武蔵国比企郡を請所として』はどのようなことなのか？　そもそも頼朝が伊豆へ流されるのは清盛の沙汰による。敗者義朝の家来比企氏が勝手に比企郡を請所として東国に下ることはできない。すると比企郡を請所として比企氏に提供し、頼朝の面倒を見るようにしたのは平清盛だったと考えざるを得ない。

現実的には、当時の武蔵守は平知盛であるので知盛から補任されたと考える。

その場合、比企の土地は、平治の乱までは比企氏の土地であった場合と、源義朝の領地だった可能性もある。その土地を平清盛が、頼朝の食糧の確保の土地として比企氏に残してくれたのである。

話は変わるが、親鸞聖人の伝記によると承元元年（一二〇七年）親鸞が越後へ流される時の記述の中に、

「延喜式の規定によると、流人は貴賤男女大小の別を問わず、平均一日米一升（今の約四合）と塩一勺を給与され、来年の春になると種もみが与えられるが、秋の収穫がすめば、米・塩・種子の支給は一切たたれて、自給自足の農耕生活を強いられるという。」

このように延喜式によると流人にも、一年目は食料が与えられ、さらに食料調達の道が許されているのである。

前述のように平清盛が比企氏に対して「比企郡を請所として提供するので、頼朝の面倒を見る

ように。」と指示があったと考えた場合、比企氏には免罪符が与えられており、自由に比企から伊豆に物資を運搬できただろう。

それにしても長きにわたり、毎月、比企の地から伊豆の頼朝に支援物資を送り続ける比企一族の苦労がしのばれる。そこには当然、比企の尼の二女の嫁ぎ先河越重頼の大きな助力もあったのだろう。

ここまで比企の尼の頼朝支援について、色々な角度から見てきた。ここで前章「伊豆の頼朝と比企一族」と内容が一部、重複するが伊豆の地元函南町に伝わる伝承を記しておきたい。すなわち頼朝を支援していた比企氏はどこに居たのかである。

我々の考えでは最初は比企郡にいたが、その後伊豆の大竹に屋敷を構えて頼朝を見守ったと考えている。

しかし函南町に伝わる伝承ではだいぶ様子が違う。すなわち地元の伝承によると、源頼朝が伊豆に流された時、比企氏は一緒に京都より伊豆へ移った。しかし蛭ヶ島に一緒に住めないために近くの函南町大竹に屋敷を構え、そこで生活をし、頼朝を支援したと伝えられていることである。それは地元に残されている「法国山光明院蓮華寺縁起」の記述（注）や「増訂豆州志稿」の記述などに記されている。

（注）法国山光明院蓮華寺とは、函南町大竹にあった寺である。現在は廃寺となっている。

そこでやや長くなるが函南町誌（上巻）から内容を抜粋してみる。

「増訂豆州志稿」の古墓の項に、

《大竹村日影山に老松一株ありて標す、里俗地頭様と呼ぶ、伝云比企某の墓なりと、按ずるに比企遠宗（掃部允）の妻（世称比企尼）源頼朝を乳養す、頼朝本州配流の日夫妻亦従て寓居せしなる可し、是蓋其縁故の墓ならむ

とあるように、比企氏にゆかりのある者の墓であろうと推測できる。

法国山光明院蓮華寺縁起（廃寺）（大竹・杉山文書）の中にも比企尼に関する記載がみられる。すなわち『時に人皇七十八代二条院平治元年巳卯に佐馬頭源の義朝右衛門右藤原の信頼の謀反にくみし都をかたぶけんと計りしに、王寺も略□なふして義朝の軍敗れ、永暦元年庚辰尾張の国野間の内海に於て討れし時、三男右兵衛佐頼朝十三歳なりしに池の尼公の宥めに依って、當国蛭が小島に流されし時、掃部亮遠宗情有る者にて第一番に膳を奉りしかば、頼朝甚悦び給ひ、肌の守りに所持し給ふ観世音一躯をあたへ給ひ、「汝が領地に安置せよ霊應無比の尊像なり」とありければ、遠宗随喜の涙を流し大竹の邑に小室をしつらひ、彼の観音を納め佐殿の開運を祈りしに、機感まことに唐しからず治承4年庚子、初めて義兵を挙給ひしより壁を砕き、牢を破り、醗龍謄鵬の勢ひに乗じて平氏西海の泡と消え源家一統の世となりぬ。此の時に至って掃部亮遠宗は己に病死し嫡子藤四郎能員と云う者有しに、頼朝、昔の厚情

をよみして能員を判官代となし本領なれば武蔵国比企郡を一圓に賜りて入部せり、是に依て大竹邑をば北条遠江守時政にぞ賜りける。…後略。』

この縁起によると比企庄に住むようになったのは能員の代になって、頼朝から比企庄一円を所領として与えられてからであるということになる。

また、「地頭さんの松」というのがあって古老の中には記憶されている方もある。この松は現在伐られてないが、大竹日影山、飯塚勝氏所有の畑の傍にあったそうで、今はそこに小さな祠が祭られている。「地頭さん」と呼ばれるからには大竹の土地を支配し年貢を徴収する立場にあったわけであり、一時的に大竹を支配し居住していたと思われる。

また居住していたと考える時、「増訂豆州志稿」の次のような記載とも結びつきが出てくる。すなわち石塔の項に、

同村寺屋敷にあり、（伝云往昔此地に仏寺ありて比企能員の妹丹後局暫く閑居すと、按ずるに丹後局は源頼朝の側室と為りて娠るあり、政子の妬ち避け潜に西国に赴く事あり是れ当時の事ならむ）

とある寺屋敷が比企氏の居住地であったのではなかろうかと。

ともかく比企氏については史実か伝説か判断に苦しむところであるが、一応「増訂豆州志稿」や「光明院縁起」「地頭さんの松」と祠の存在、「寶船山高源寺過去帳」に見られる「征夷大将軍二品幕下武皇嘯源大禅定門」という頼朝の戒名、蔵に見られる源家の笹りんどうの

紋章（注1）、頼朝と丹後局とのロマンス、椎の木の伝説（注2）、安産地蔵尊、新光寺再建と八巻庄寄進についての「箱根山縁起」等を数えると無視することもできないので、先に記したように一応取り上げ今後の研究の中で史実と史話伝説の区別をつけてほしいものだと思う。》

函南町誌はこのように記している。ここに掲載の法国山光明院蓮華寺縁起は、さらに続きがあり、そこには次のような記載がみられる。要旨のみ記すと、

「（比企氏の後、北条氏の領地となった大竹村であるが、年月を経て、小田原北条領地となった。しかし一五九〇年、豊臣秀吉の小田原攻めのために村人は小田原城に籠り、村は焼けてしまった。）そして慶長十七年（一六一二年）、相模国一之澤浄発願時の開基木喰僧弾誓上人が、この大竹に巡ってきた。彼は鎌倉時代に比企禅尼が源頼朝から賜った観音像を納めたという小堂の再興を里人に促し、その寺を法国山大光明院金蓮華寺と号すべしと言い残していずこかへ立ち去った。

さらに時移り延宝元年（一六七三年）、蓮誉華空法阿という木喰僧が大竹に廻って来た。彼は、この地が開祖弾誓上人の巡った地と知り、しばらく滞留し、阿弥陀如来像を彫り、その胎内に里に伝わる観音像を納め供養した。この阿弥陀如来像を本尊とする寺が再興され、諸堂が竣工したのは貞享四年（一六八七年）の事であった。その時寺の号も法国山光明院蓮華寺と改めたのである」

（注1）高源寺の蔵には大きな笹りんどうが浮き彫りにされている。

（注2）高源寺の前を旧熱海道が通っているが、高源寺の手前に椎の木洞と云うところがあり椎の木が生え

ていた。ある日源家再興祈願のため高源寺を訪れた頼朝が、この木の下で休んでいると椎の実がバラバラと落ちてきて頼朝の面を打った。頼朝は怒り「花は咲いても実はなるな。」と椎の木に言い聞かせた。するとその後、その椎の木に実はならなかったという。

ここまで伊豆における比企氏の伝承を書いてきたが、ポイントは、

①頼朝が伊豆に流された時、比企氏はともに伊豆に住みついた。そして最初に頼朝に御膳をあげたのが遠宗であった。

②頼朝は感謝の意味で観音像を遠宗に渡し領地に安置するよう言い渡した。比企遠宗は大竹に小堂を作って観音像を祀った。

③頼朝は伊豆の地で丹後内侍との間に子供をもうけた。その子が島津忠久である。

④頼朝が旗上げして平氏を征伐した時、既に遠宗は亡くなっていた。そこで頼朝は感謝の意味で子供の比企能員に比企の土地を与えた。

⑤比企能員は、これより比企に移り、大竹は北条時政の土地となった。

このように整理できるが、伊豆でも史実か、伝承伝説か判断はついていない。埼玉の東松山からは困難であるが伊豆に残る比企氏伝承の課題は、さらに調査が必要であろう。

10、頼朝旗揚げ時の比企一族

前章で述べたように比企一族は源頼朝を物心両面で支援していたのだが、治承四年（一一八〇年）八月の頼朝旗揚げや石橋山の合戦に比企一族の名は出てこない。比企能員や比企朝宗は、母比企の尼が我が子のように面倒を見ている頼朝の旗揚げに参加しなかったのだろうか？　この章では、この点について検討したい。

最初に、頼朝の旗揚げを吾妻鏡の記述から、もう一度、時系列で追ってみたい。

吾妻鏡の記述から

①治承四年四月二十七日、頼朝、以仁王の令旨を受領する。

②五月十日、下川辺行平が頼朝宛てに使いを送り源頼政の蜂起を伝える。

③六月十九日、三好康信（頼朝の乳母の妹の子）は京の様子を度々、頼朝に知らせてくれていたが、今回は重要な内容であるから弟の三好康清を使者として伊豆へ送り「全国の源氏を滅ぼすように指令が出た。頼朝は清和源氏の嫡流なので危険である。早く奥州へ逃げるように。」と知らせてきた。

④六月二十四日、頼朝は、三善康信の話は重大であるから、襲われる前に平氏打倒に立ち上が

ろうとした。そのため各地に散っている昔からの源氏武士たちに宛てて藤九郎盛長を使者に出した。

⑤七月五日、走湯山の住職文陽房覚淵を呼び平氏退治の祈祷を行う。

⑥八月四日、頼朝は北条時政と共に、山木（平）兼隆のいる山木館を攻めるための作戦を練る。

⑦八月六日、攻撃日を十七日の午前五時と決める。また現在の取り巻きの内、特に頼朝に忠誠している武士達（工藤茂光、土肥実平、岡崎義実、宇佐美佑茂、天野遠景、佐々木盛綱、加藤景廉など）を呼んで山木攻めを打ち明けて指示する。

⑧八月十七日、佐々木の四兄弟が雨・洪水で十七日の朝の攻撃に間に合わなかったので、攻撃の日時を十八日に変更した。しかし十七日夜、北条屋敷の下女と婚姻している山木兼隆の雑色が屋敷内で捕えられた。

そこで北条屋敷の雰囲気から襲撃計画が山木館に漏れるのを恐れて、急遽十七日の夜に山木攻めに向かった。十八日の朝には決着がついた。

⑨八月二十日、頼朝は伊豆相模の御家人を率いて相模国土肥郷に向けて出発した。

⑨八月二十四日、しかし石橋山の合戦で敗北する。

⑩八月二十八日、頼朝は真鶴より船で安房へ出発する。

⑩八月二十九日、安房へ上陸する。

以上のように治承四年（一一八〇年）四月、以仁王により平氏追討の令旨が諸国の源氏に出され、伊豆に居る頼朝宛ての令旨は源行家によって四月二十七日に届けられたという。以仁王の令旨が出された後、五月に以仁王、源頼政らが平氏打倒に立ち上がったが失敗し、両者とも命を落としている。

そして頼朝の旗揚げは八月十七日である。三カ月余りの準備期間で旗揚げをしているが、その数日前八月九日の吾妻鏡の記述には、

・治承四年（一一八〇年）八月九日

『近江の国の住人で佐々木秀義という者がいた。平治の乱の時は、義朝の味方と参り、戦場にて武功を立てた。しかし、頼朝が伊豆に流された後も、源氏へのよしみを忘れず、平家の権力に従わなかったので、先祖伝来の佐々木の庄を取り上げられてしまった。そこで息子達を連れて平泉の秀衡（舅の母の夫）を訪ねようと奥州へ向かった。途中、相模の国に来た時に、渋谷重国が佐々木秀義の武勇に感心して、自分の所に引き留めたので、そのまま相模の国に住みついて二十年が経った。その間に息子の定綱や盛綱達は頼朝に仕えるようになっていた。

そして今日、大庭景親が佐々木秀義を招いて私が京都に居る時、平家の侍である伊藤上総介忠清に逢ったところ、忠清が一通の書状を開いて、私に読んで聞かせた。その書状は長田入道（平治の乱で逃げる義朝を殺した人物）の手紙であった。その中に北条四郎時政と比企掃部允が頼朝を大将軍にして、平家に叛逆しようとしているとあった。読み終わって忠清が言うには、「これは尋常なことではない、以仁王の事件もあり、全国の源氏の動きを取り締まるように命令が出ている時にこの書状が届いた。きっと何か問題があるのではないか。早くこれを清盛に見せた

方が良い」。私はこう答えた。「北条時政はすでに頼朝と縁戚を結んでいるので、その意図は分からない。また比企掃部允はもう亡くなっている」。私はこれを聞いて心中穏やかではなくなった。』

と書いている。

この内容からすると治承四年（一一八〇年）八月には比企の尼の夫比企掃部允は亡くなって既にいない。これは比企氏が旗揚げに参加していない理由の一つかもしれない。では比企遠宗の子供たちはどうであろうか？

遠宗の子と考えられるのは比企朝宗と尼の甥である猶子の比企能員である。

さらに吾妻鏡を読んでゆくと、

養和元年（一一八一年）閏二月二十七日に比企四朗能員が木曽義仲に味方した源義広の伴党の首を処理している。

注、この記述が、吾妻鏡に比企氏の名が出る最初である。旗揚げから1年半以上たっている。

寿永元年（一一八二年）十月大十七日、頼家の乳母父として比企能員が選ばれた理由として、「比企を請所として夫掃部允に連れ添って下向し、治承四年（一一八〇年）の秋まで二〇年間、何かとお世話を申し上げた。今はこのとおり立身出世をしたので、その時の奉公への恩返しをするために聞いたら、比企の尼は甥の能員を猶子にして推挙したので、乳母父になったのだという。」このような記述がある。

右記寿永元年の記述をそのまま理解すれば、能員は頼家が生まれた寿永元年（一一八二年）頃に比企家の猶子になったと考えられないだろうか？

従って養和元年、比企能員はまだ比企家の一員ではなく、比企の尼の甥の立場であったので、まだ比企の姓を名乗っていなかったことも考えられる。吾妻鏡の比企能員の表現であるが、吾妻鏡が後世に書かれた日記であるために、便宜上、比企能員と表現したものであろう。

ここで不思議なのは、比企の尼は、何故自分の子供朝宗を乳母父として推薦しなかったのだろうか？　この疑問の答えは、次の事実である。

「朝宗は、遠宗の子ではあるが、比企の尼の子ではなかった。」

注『甦る比企一族』（清水清先生編著）

これが事実で、このために比企の尼が朝宗を乳母父にしなかったとすれば、ここに比企の尼の気の強い、嫉妬心も抱いた素顔の女性像が浮かび上がってくる。

頼朝は、寿永二年（一一八三年）、範頼と義経の木曽義仲討伐軍を京へ送り込むにあたって朝宗を熱田神宮の社家に面会させ東海、京都の情報収集をさせている。

（「熱田神宮文書」頼朝書状案、新編埼玉県史資料編中世古文書1の十五&十六ページ）

さらに元暦元年（一一八四年）七月二十五日の記述に、「七月十日に処刑された故井上太郎光盛（頼朝に謀反）の家来、保科太郎と小河原雲藤三郎達が、降伏して出頭して来た。そこで、頼朝は御家人になるよう命じた。これを比企藤内朝宗が担当をしたという。」

このように比企藤内朝宗が記述に出てくるのは頼朝旗揚げから3年以上も過ぎてからである。何処で何をしていたのだろうか？　素直に考えれば頼朝旗揚げの時は武蔵国比企郡にいたものと考えられるのであるが。

ここまでの状況をまとめると治承四年八月の頼朝旗揚げ時、比企一族は、

①比企掃部允は既に亡くなっていた。

②比企能員はまだ比企家の人間では無く、どこに居住していたのか不明である。

③比企藤内朝宗は武蔵国比企郡に居たか、尼と共に伊豆の頼朝の近くにいた。

④比企の尼は伊豆の頼朝の近くにいた。

このような考え方ができる。

朝宗が、比企郡に居た場合、治承四年、比企の周辺には有力な武士達、畠山氏、河越氏、熊谷氏などがいるが、全て平氏側の人間である。彼らは八月二十六日に頼朝の味方三浦一族を攻め、衣笠城を包囲している。

このような状況では仮に比企朝宗が比企に居ても、頼朝の味方として伊豆や相模に向かい頼朝

軍と合流することはできなかったであろう。

また旗揚げまでの期間で、比企氏に関係する主たる事項は、前述の旗揚げまでのプロセス④で藤九郎盛長が各地の源氏の武将たちに決起を呼びかけに行った事実が述べられている。

藤九郎盛長は頼朝の付き人である。彼は頼朝の従者として、頼朝が伊豆の流人の頃から仕えていた。しかも藤九郎の妻は比企の尼の長女丹後内侍である。この頃、伊豆における頼朝の生活は北条一族と比企の尼と安達藤九郎盛長夫婦によって支えられていたと言ってよいだろう。

それであるならば治承四年六月以降、頼朝の身には平氏による討伐の危険が迫っており、八月の旗揚げ時、比企一族は朝宗も含めて、既に伊豆の頼朝の傍にいたとも考えられる。言い換えると比企一族は、頼朝にとって家族のような一家であり、頼朝一家の傍に居られるような家人家族のような武士であった。すなわち河越氏、畠山氏のように一族郎党を数十人、数百人も引き連れた豪族的な武蔵武士ではなかったと考えられないだろうか？

所領の比企郡に朝宗や農民は居ても、土着の武力を持ち、いざとなれば農地を守るために一所懸命に戦う武士群を抱えてはいなかったか、いても少人数であったと考える。

まとめると比企一族が頼朝の旗揚げに名前の出てこない理由は、以下の理由が浮上する。

①比企掃部允は既に亡くなっていた。

②比企能員はまだ比企家の人間では無く、どこに居住していたのか不明である。

比企能員がいつ比企家に入ったか時期は不明であるが、吉川弘文館発行の『国史大辞典』、比企能員の項で、左記のように比企朝宗が亡くなった後と記している。

「比企能員―？　一二〇三年、平安・鎌倉時代前期の武将。比企藤四郎と称す。父母は未詳。源頼朝の乳母

比企尼の養子。阿波国の人という。義兄比企朝宗が没したのち比企氏を継ぐ。」

③比企藤内朝宗は武蔵国比企郡に居たと思われるが、周囲を平家方の豪族に囲まれ、少人数では馳せ参じることができなかった。

④あるいは比企尼と朝宗は共に頼朝の傍におり、頼朝一家の家族の一員のような立場であった。

この④が正しいのではないかと考える。従って旗揚げ時、比企氏の身内は少人数で、既に頼朝の傍に家族同様に仕えていたので、藤九郎盛長のみが代表で記されており、改めて比企氏の名は御家人の中の記録に留められていないのであろう。

11、比企一族の出自とその性格

比企氏はどのような武士だったのだろうか？　これまで比企氏に関しては各種の本で取り上げられているが、その出自については、多くの文献が、既存の資料を転載するような形で記されており、出自そのものを検討した文献はないようである。また比企一族の性格についても判然としていない。そこでこの章では比企氏の出自と性格について検討してみたい。

1．比企氏の出自

比企氏の出自について、一般的には「比企氏系図」を基にして、藤原秀郷の流れで神奈川県秦野市を根拠とした波多野氏の一派が比企の地に移り比企氏を名乗ったと言われている。

そこで比企氏系図についてみることにする。

鎮守府将軍藤原秀郷五男、鎮守府将軍千常四代後胤相模守藤原公光二男
（佐伯兵庫助従5位下波多野氏の祖）
波多野経範―

源頼信君・頼義君の二代に仕え、頼義君が奥州征伐の時に討死した。

（波多野民部丞従五位下）

波多野経秀――

源頼義君が奥州征伐の時に戦功をあげて高名を成した。

（波多野刑部丞）

波多野秀遠――

（波多野三郎　内舎人　比企氏の祖）

比企遠光――

少年の頃より藤原師實君に奉仕し、藤原師實君死して後、康和年中に武蔵国に下り比企郡に住んだ。

（比企藤太）

比企遠泰――

比企郡に住み比企の荘司（荘園の管理者）となる。

（比企太郎　掃部允）

比企遠宗――

源為義君に仕え、為義君が亡くなった後は発心して佛教に帰依する。為義の菩提を弔う為岩殿山に籠り毎日法華八巻を唱える。保元二年丁丑の年に新たに観世音菩薩坐像を鋳し奉る。旧来の尊像はその体内に納めた。保元三年戊寅の年正月朔日に坐像を寺に納めた。元日これより開帳が始まった。平治以来源家が滅亡するのを歎き、頼朝君が伊豆にいらっしゃる時から、再び食料や衣服を差し上げて奉仕した。遠宗が没すると、遠宗の妻は剃髪して尼となり比企禅尼と称した。

（そして比企遠宗の子には次の朝宗以下四人をあげている。）

朝宗

能員

女（頼朝君の妾𡡉丹後局）

女（笠原十郎左衛門親重妻）

＊このように遠宗の子には女は二人と出ており、内一人が丹後内侍であり、もう一人の娘は笠原十郎左衛門親重の妻とあり、広く知られている河越重頼の妻も伊東祐清の妻もでてきていない。

＊比企氏系図、朝宗以降省略

＊比企氏系図比企郡中山村比企道作氏蔵

埼玉叢書第4巻より比企氏系図―稲村坦元編（文中、漢文を簡易にしている。）

注）埼玉叢書は国書研究会により昭和四十五年に発刊された本で、初めは昭和三年に埼玉県史の編纂に着手するに当たり、県内各方面の資料収録の便宜として計画されたものである。昭和三年には前篇3巻が発刊され、戦後、昭和四十五年に先の3巻を復刊、新に後編3巻を合わせて刊行した叢書である。その第4巻に掲載されている前掲の比企系図は比企氏の子孫、比企道作氏の蔵本より掲載している。

①比企氏系図の出自説（藤原秀郷流れで波多野氏の系統説）

比企氏の出自について一番多く利用されてきた資料は、この「比企氏系図」である。では「比企氏系図」とは、どのような系図なのだろうか。

比企氏系図は武蔵国中山村（現埼玉県川島町）に居住した比企氏の末裔といわれる医師比企道作氏の家に代々伝わってきた系図である。

系図は、江戸時代の比企氏にまで言及しており比企氏を研究する上で有効な系図である。そのため多くの研究者がこの比企氏系図を基に研究をスタートさせている。しかし比企氏系図は、その記述のなかで家康を東照神君と表現している。そのため少なくとも家康が東照大権現と呼ばれる江戸時代初め、元和三年（一六一七年）以降に作られたと考えられる。

この系図については江戸時代に編纂された『新編武蔵風土記』の中でも比企道作氏と比企氏系図のかかわりが記されている。

『新編武蔵風土記』

◇比企郡、中山村（現埼玉県川島町）の項

「小田原役帳に、大草加賀守比企郡中山十七貫文を領せしよしみゆれど、土人はさらに傳えず、又下文に出せし文書によれば、永禄の頃（一五五八年から一五六九年）比企左馬助則員が当所を領せしと見ゆ」

◇金剛寺の項

「比企左馬助則員中興す、境内に則員が墓あり」と記され、「舊家者比企道作、今医を業とす、（中略）道作は（比企判官）其子孫なり、先祖能員より連綿せる系図を蔵す、其略に云比企氏は藤原姓にて、家紋は花菱及び劒酸草なり、其太祖の由て出る所を記さず」とある。

◇下伊草村（現埼玉県川島町）の項

「舊家者藤四郎比企を氏とす、判官能員の庶流なりと云、彼が家に蔵する古き過去帳に淨安居士寛永十五年（一六三九年）九月没す、俗名を藤四郎と云、比企系図に此人の沙汰なし、ただ岩槻より出せし文書一通を蔵す、是によれば天正十七年（一五八九年）の頃、比企藤四郎といへる人、この村の内又下足立慈林村の邊をも領せしと見えたり、是其舊家にて、世々ここに土着せし證なり。」

◇下伊草村―大聖寺の項

「又、千手観音の像一躯を安ず、是は比企判官能員の守本尊なりと云、能員が裔孫、郡中、中山村の人道作といへる者、此像及び比企系図一巻を添えて当寺に寄納せり、巻末に此の観音を納めし始末を記せしが、今は虫ばみてなしと云、観音は銅像にて古色殊勝のものなり。」

このように記されている。

注）『新編武蔵風土記稿』に出てくる金剛寺は、清月山元光院金剛寺といい埼玉県川島町にあり真言宗智山派の寺である。開山時期は不明であるが、天正年間に比企左馬助則員が中興したと言われている。

注）伊草村の大聖寺は、川島町伊草にある真言宗智山派の寺であり、現在も金剛寺の南、さほど離れてい

ない場所に存在している。なおここに記されている千手観音や比企系図一巻は当寺には無いという。

新編武蔵風土記に記述の比企道作氏が伝えた比企氏系図によると比企氏は藤原姓とし、家紋は花菱及び劒酸草としているが、比企氏の先祖のことに関しては、「其太祖の由て出る所を記さず」とあり記していない。

しかし現在伝えられている比企氏系図では、藤原秀郷の後裔とし波多野氏から遠光が別れて比企氏の祖となったと記されている。

次に視点を変えて秦野市市史から波多野氏を調べてみると、興味深い事実が浮かび上がってきた。秦野市史に目を通してみると『秦野市史―通史1、波多野氏の出自と展開』の中で以下のように述べ、藤原秀郷の流れに疑問を呈している。

「秦野地域は、渡来人系の秦氏が治めていた。ところが永保三年（一〇八三年）の後三年の役が終わると、武士としての機運が強まり、秦氏は、渡来系の秦の名を嫌い、波多野を用いる機運が生まれたものと想像される。そして古くから東国一帯に扶植する藤原秀郷流に祖を求め、生粋の武門の後裔として再生することを思いついたのであろう。こうして系図としては最も信頼される「尊卑分脈」は波多野氏を藤原秀郷の後裔に記すのである。

しかし平安時代の人名には一定の決まりがあり、この秩序規則に添って名付けられる。規則に反する人名は恣意的・意図的に付加されたことを示す証拠ともなる。秀郷流波多野氏の起点の祖に疑問がもたれるのは次のような理由からである。」

として次に述べる理由をあげている。

『さらに藤原秀郷流れを後から名乗ったことがわかるのは、波多野経範の名である。古来、貴族などは、親や祖父の名の一字を子につけてゆくものである。藤原秀郷から4代目藤原公光の子供たちは皆、「公」の字を付けている。子供たちは「公脩・公清・公停・公俊・公季・公方・公秀・経範・公郷」と九人いるが、波多野氏の祖と言われる経範の二文字は公光の子供の中では異色で、誰も経や範の字を使用していない。また公光の親や祖父のみならず藤原秀郷流の中に、「経」や「範」の字を使用している人は居ないのである。すなわち経範の名は取ってつけたように突然と現われる名である。』

と記している。


このように秦野市史では波多野氏は、秦野氏が詐称改名したものであり、藤原秀郷の流れは疑わしいとしている。

①—1比企氏系図を基に記されている文献
【中世武蔵人物列伝】埼玉県立歴史資料館編
埼玉県立歴史資料館編の本書でも埼玉県川島町の清月山元光院金剛寺が出している比企氏系図を使用しており、やはり藤原秀郷流れで、相模の秦野地域を所領とした波多野氏から別れた波多野三郎遠光が比企に移ったのが比企氏の始まりと言う。

そして波多野氏は、前九年の役で活躍した波多野経範が祖とされ、河内源氏源頼義の家人として仕えていた。その経範の父が源頼義の相模守補任に際して、その目代となって相模国へ下向したのが波多野氏の起こりと考えられていると記す。

【武蔵武士―そのロマンと栄光】福島正義著（さきたま出版会）

埼玉大学名誉教授福島正義氏による著作の中でも比企氏の出自として、金剛寺所蔵の比企氏系図を使用している。

【比企遠宗の館跡】齊藤喜久江・齊藤和枝著（まつやま書房刊）

齊藤家は埼玉県滑川町和泉三門にある旧家である。比企遠宗は源義朝の命令で、隣の菅谷大蔵館に居住する源義賢を見張るために、この地に館を建てた。その後、比企の乱で一族は滅んでしまったが、この和泉の三門に生き残った者がいた。それが齊藤家の祖先だと言う。

この資料の中では、やはり比企氏系図や後述の比企年鑑を使用しているが、比企氏が比企に居を移した理由として、著者は齊藤家に伝わる伝承として以下のように述べている。

比企氏の先祖藤原秀郷は天慶二年（九三九年）の平将門の乱を鎮圧するなど平安時代中期の武将であり、その子孫は関東の各地に根を下ろして武士となっている。秀郷の流れ波多野氏も現在の神奈川県秦野市に館を造り、ここに住み着いたようだ。波多野氏の系統は河内源氏に仕え、波多野義通は源義朝に仕えている。
そこで源義朝が父親の源為義・弟源義賢と不仲になると、源義朝は比企郡大蔵（現埼玉県嵐山町）に館を構えていた弟の源義賢を見張るため、波多野氏の一族を比企の地に移住させて抑えとした。この一族が比企氏である。

この記述からは波多野氏の一族が比企の地に移住したのは、義賢が都から北関東上野国多胡に移住した仁平三年（一一五三年）から義朝の長男悪源太義平が大蔵館を襲い、源義賢を討った久寿二年（一一五五年）の間になる。
しかしこの時、既に頼朝は生まれており（一一四七年）、少なくとも七歳にはなっている。この頃、比企遠宗夫妻は京に居て、頼朝の乳母として世話に明け暮れていたころではないだろうか。

【比企年鑑】比企文化社
これは東松山市で書店比企文化社を経営されていた大木友造氏により発刊された比企郡内の歴史、工業、政治、産業などを幅広くまとめた年鑑である。初版は戦後、昭和二十四年とその改訂版として昭和二十六年に発刊されている。
比企年鑑の記述
康和二年（一一〇〇年）藤原内舎遠光、比企郡司として京より下り、唐子村比企郡に住して比企氏を併用す。

康和四年（一一〇二年）比企郡司藤原遠光一子を生む。比企太郎遠泰と名ずく。

保安元年（一一二〇年）比企太郎遠泰、父遠光の後を受けて比企郡の少領となる。比企荘司遠泰と称し比企氏を起こす。

天治元年（一一二四年）比企荘司遠泰一子を生む。比企太郎遠宗と称す。

保元元年（一一五六年）保元の乱起こり比企遠宗源氏方として比企の軍兵を率いて参戦す。

保元二年（一一五七年）保元の乱に旧主源房義（源為義の間違い？）の討死を聞いた。比企郡司比企遠宗発心して佛乗に帰し、岩殿正法寺に閑房す。

保元三年（一一五八年）比企遠宗、正法寺に入りて旧主房義（為義の間違い？）の菩提を葬ひしが、観世音像を鋳て其の冥福を祈る。

平治元年（一一五九年）平治の乱に源氏破れ、比企遠宗討死す。その妻故郷に帰りて尼となり甥の能員を養子として比企氏をつがしむ。


この比企年鑑には民間や神社仏閣に伝わる伝承・ご由緒など学術的には信頼性を欠く部分も含まれているので、一概に全部を信じるわけにはゆかないが、ここでは遠光を藤原姓にし、京都から直接に比企郡に下ったこととしている。藤原秀郷や波多野氏は出てこず、比企遠光が比企へ下るところから記している。従って比企氏系図を流用しているか不明である。

②比企氏系図以外の出自説

それでは次に「比企氏系図」以外で、比企氏の出自について述べている文献を調べてみたい。

【東松山市の歴史】東松山市発行―比企氏は藤原北家「藤原魚名」・「藤原利仁」の流れ説

比企郡の中心地、比企氏の地元と言われる東松山市の歴史では、

『武蔵には比企郡を中心に（藤原）利仁将軍伝説が残っていたことが知られるが、これは藤原利仁を先祖と仰ぐ氏族が本郡内に居住していたためではなかろうか。比企氏も能員が「藤四郎」を称したのを初め、『吾妻鏡』には「藤内朝宗」「藤次」など藤原氏を示す例が多く残っているが、直接利仁の子孫であることを示す史料は見当たらない。一般に比企氏は藤原秀郷の子孫とする説が有力で、東国には下河辺・足利・結城・小山・太田など秀郷流藤原氏の豪族が多い。しかし、比企郡には野本・押垂など、同じく藤原魚名の子孫でも秀郷流とは別の利仁流の豪族が居たことが案外忘れられている。『尊卑分脈』でこれを示すと次の通りである。左の系図でも明らかなとおり、野本氏には基員以下、員のつく名前が多い。比企氏の場合も、能員・時員・宗員など員字のつく人名が多いことが、『吾妻鏡』や川島町金剛寺所蔵の『比企氏系図』などで知られる。これは野本・比企両氏の親密な血縁関係をうかがわせるものである。（東松山の野本にある）野本将軍塚古墳に利仁の霊を祀っていたのも、恐らく野本一族の先祖祭だったのであろうが、同じく利仁伝説をもつ岩殿観音と正法寺の再興者が比企能員だという寺伝も、比企・野本両氏がもと同じ利仁流藤原氏だったと考えれば納得がゆくのである。』

東松山市史では、このように尊卑分脈から比企氏と野本氏の関係について論評している。これ

も注目に値する記述である。

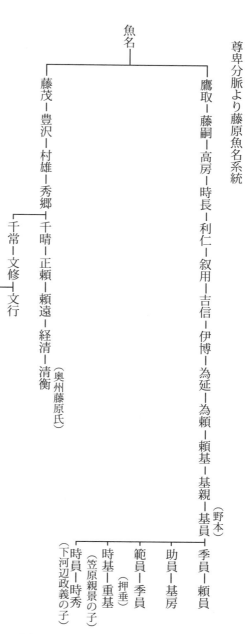

尊卑分脈より藤原魚名系統

魚名
- 鷹取—藤嗣—高房—時長—利仁—叙用—吉信—伊博—為延—為頼—頼基—基親—基員（野本）
  - 季員—頼員
  - 助員—基房
  - 範員—季員（押垂）
  - 時基—重基（笠原親景の子）
  - 時員—時秀（下河辺政義の子）
- 藤茂—豊沢—村雄—秀郷
  - 千晴—正頼—頼遠—経清—清衡（奥州藤原氏）
  - 千常—文修
    - 文行
    - 兼光（小山・結城・大田・下河辺・足利等の祖）

中世の貴族や武士は、子供の名をつけるのに親や祖父の名の一字を与えて名づけるケースが多い。そのため尊卑文脈の中から比企遠宗の「遠」の字のつく家系を調べてみると、やはり藤原魚名の流れ安達遠兼になるのである。この遠兼の兄が藤原盛長、すなわち安達盛長である。すなわち丹後内侍と結婚した安達盛長の甥たちの名に「遠」の字が多く使われているのである。

安達盛長 ― 景盛 ― 義景
遠兼 ― 遠基
　　　 信家
　　　 遠衡
　　　 遠助
　　　 遠弘

このように通字《とおりじ》（親から子などに代々にわたって名前に付けられる字）から調べると、比企氏と比企郡の武士野本氏、さらには安達盛長などが浮かび上がってくる。野本氏の祖、野本基員は保延六年（一一四〇年）に生まれ、貞永元年（一二三二年）に亡くなっている。比企能員と同じ時代を生きていないだろうか。しかし「遠」の通字に関する安達盛長の系図では比企遠光や遠宗とは年代が合わない。遠光や遠宗はさらに時代をさかのぼらないと無理がある。

しかし時代的には合わないが、「遠」や「員」の字は安達盛長の系統や、野本氏の系統に多く出てくるし、丹後内侍は安達盛長に嫁いでいる。これは何を意味しているのであろうか。

以上のように「遠」や「員」の検討、さらには比企氏の地盤、比企郡には将軍塚古墳、利仁神社など藤原利仁の伝承が多く残っている。そのため前述の東松山市の歴史のように、比企氏は藤原氏の流れであっても秀郷ではなく藤原利仁の流れの可能性もあると推測されるのである。

③その他の文献

さらに比企氏の出自について記してある資料を探すと以下の物があげられる。

【愚管抄】（慈円著）四国の阿波の国の出身説

天台宗の僧侶慈円により鎌倉時代初期に著された史論書愚管抄七巻の中、巻第六で、慈円が鎌倉で比企能員が討たれたことを知り、「比企能員は阿波国の者である。」と記している。四国の阿波か房総の安房か？　議論の起きるところである。前述の埼玉叢書の比企氏系図では、比企能員の子、比企円顕の項で比企円顕—伯耆法印、能員が誅された時、二歳であった。母と共に阿波へ流されたが、七歳の時に阿波を出て真言を学ぶために出家し東寺に住んだ。その後に鎌倉山に証菩提院に住す。

この様に記している。ここでは距離的にも、四国の阿波と京都の東寺を示しているようだ。

【鎌倉武士物語】今野信雄著（河出書房）—比企在来の武士群説

筆者今野氏は、比企の郷は低地と河川や沼が続いている。このように川の多いところは井口一幸著『吾妻の国物語』（図書刊行会刊）でも産鉄地であることは明らかである。従って比企氏は代々比企郡に居た産鉄民であり、比企能員が阿波国の出身であるから独特の産鉄技術を身に付けていた。この鉄を産出できたことにより比企氏が鎌倉で出世した大きな要因であったと推測している。すなわち比企氏は比企郡に最初から存在した武士で、単に頼朝に二〇年間物資を送り続けたから出世したのではなく製鉄技術に長けていたために頼朝の部下として出世したのだとしている。

【国史大辞典】吉川弘文館

国史大辞典の比企能員の項で―四国の阿波の国出身説

比企能員‥？―一二〇三年、平安・鎌倉時代前期の武将。比企藤四郎と称す。父母は未詳。源頼朝の乳母比企尼の養子。阿波国の人という。義兄比企朝宗が没したのち比企氏を継ぐ。

ここで注目すべきは比企能員を四国の阿波の国の出としており、「比企朝宗が亡くなった後に比企氏に入った。」と言いきっていることである。

④その他の家系図研究

古来、各家の家系はいろいろな文献にまとめられている。この家系から比企氏の出自を見てゆくことができないだろうか？　そこで現在に伝わる各家系図から比企氏の出自を調べてみた。しかし家系図を調査するには、徳川家康の出自に代表されるように各氏の系図は、後世になって己の出自を正当化するために勝手に藤原姓や源氏姓、平家姓を名乗って系図を自分に都合よく作り変えているケースが非常に多いため内容の把握には注意が必要である。

【尊卑分脈の分析】

家系図検討の資料としては南北朝末期に成立した藤原氏、源氏、平氏などの系図「尊卑文脈」が有名である。尊卑分脈は左大臣洞院公定（一三四〇年〜一三九九年）が編集したと言われているが、この書を見てゆくと、次の点に気付く。

・源頼家の子、一幡の母「若狭の局」を比企判官藤原能員女としてやはり藤原の流れとしている。

・波多野氏は藤原秀郷の流れをくむ一族であるとしている。

このように比企氏に関しては一幡の項で、若狭の局を藤原氏の流れと記すほか、比企氏の家系に関する記述はない。比企氏は家系図まで、北条に時代に抹消されてしまったのであろうか？

【姓氏家系大事典】太田亮《あきら》著（一九三六年）

大正、昭和の姓氏家系の権威者太田亮氏が書かれた『姓氏家系大辞典』の中で、著者太田氏は比企氏の祖についていくつかの記載をしている。しかし比企氏の出自について太田氏は、自分の見解や意見は記していない。しかし当著作の太田氏の記載内容を見ると「比企氏系図」をベースに記載している箇所が多い。

以下は姓氏家系大事典内で比企氏について太田氏が指摘している内容である。

①武蔵国比企郡より起こり、秀郷の後にして、能貴を祖とすると云う。

②一説には小碓尊二十余世の裔健部人上大国、延暦の頃、武蔵の介に任ぜられる、その裔なりと。

③中興武家諸系図に「比企・藤姓」と見ゆ。

④鹿児島外史には「小碓尊《ヤマトタケルノミコト》の裔、二十余世」累代人上と号す。即ち国主の名義なり。健部人上―大国―芳公―宗人―只上―中宗―宗家―宗末―宗躬―宗妙―宗陳―宗職―宗員（掃部允）―遠宗（遠長、また能丈）―四朗能員（実宗員男）」と記している。

⑤あるいは日置氏か。

これは比企の地を、朝鮮からの渡来系の「日置」から変化した名前と捉え、比企氏を日置氏として製鉄や鍛冶の部族として、この地の部族とした考え方であろう。

太田氏は、以降、比企の乱の以降の比企氏の系図についても記している。それは、ここでは省略するが、彼の記述は、各種書物に記されている内容だけを羅列するにとどまっているのである。

太田亮氏が述べている鹿児島外史とはどのような書物なのであろうか？　丹後内侍が島津家初代忠久の母であることは間違いないため、次に鹿児島外史を調べてみる。

【鹿児島外史】伊賀倉源四郎俊貞編

この本は鹿児島県に伝えられた話を編集した本で編者は薩摩藩士族出身の伊賀倉源四郎俊貞。清弘堂より明治十八年に出版されている。この本の冒頭の清弘堂の記述には伊賀倉先生著述と記してあり、出版された明治一八年には伊賀倉俊貞は生存していた可能性が強い。しかも次のページには、伊賀倉俊貞が記したのか清弘堂が記したのか不明であるが、『日本史補うための鳥の跡、心づくしのことを伝えよ』と詠まれており、なかは島津家系図・惟宗家系図・比企家系図で構成されている。すなわち初代島津忠久の父母の系図の記述に重きを置いている。

それではそれぞれの内容を概説してみる。

①島津家系図

内容は、島津について『神代には支那渡と言い、中代には島渡と書く、今の島津である。』と記し、最初に初代忠久から二十七代斉彬までの薩摩島津家の家系が述べられている。

初代忠久と二代忠時の項では、

島津忠久（元祖）：治承三年（一一七九年）二月に生まれる。母は筑後守惟宗広言の女、父は源頼朝、源頼朝が島津忠久に関西の総鎮将として島津家を起こさせたと記している。

島津忠時（二世）：建仁二年（一二〇二年）に生まれる。母は比企武蔵判官能員の女と記している。

②惟宗家系図

島津氏家系の次には「日向の大家惟宗王氏系図」が記され、その系図は、

後漢霊帝―孝獻帝―孝延帝―孝徳帝―山陽帝―惟宗亭―末美―共綱―包材―定材―定宗―孝言―宗言―

基現―廣言（文章生、日向守、筑後守、承元二年一二〇八年十一月七日卒す）

そして惟宗廣言の子に、次のように女子と忠季が記されている。

―女子（母は丹後内侍、頼朝卿の妾）―島津忠久
―忠季（母は畠山の娘、頼朝仰せにより武家となる。若狭守）

このように初代島津忠久は、惟宗廣言と丹後内侍の間にできた娘と頼朝との間にできた子供で、生年は治承三年（一一七九年）と記している。

③比企家系図

島津家、惟宗家の次に比企一族の系図が述べられている。やや複雑になるが、比企一族の系図は記されているままに記すことにする。

武蔵国の王孫比企氏系図
小碓の尊（ヤマトタケルノミコト）の二十余世の後、健部人上
大国（武蔵大介を初めて称す）
芳公（武蔵介）
宗人（武蔵介）
只上（寛平三年八九一年に武蔵大介に任ずる）
中宗（平将門の乱平定に功あり、藤原姓を任じ、武蔵大介となり昇殿を許される）
宗家（武蔵介、源満仲に随し藤原純友の乱〔天慶二年九三九年〕の平定に功あり）

宗末（武蔵介、源頼光に従う）
宗躬（武蔵介、源頼信に従う）
宗妙（武蔵介、源頼信に従い平忠常の乱の平定に功あり、後源氏に従い鎌倉に移り、比企郡司となる）
宗陳（武蔵介、源頼義・義家に従い安倍貞任・宗任を討ち大いに功あり）
宗職（武蔵介、源義家・為義に従い鎌倉の源氏館を守る）
宗員（武蔵介、掃部允、源為義に従う）
遠宗（実は宗員の弟、武蔵大介、掃部允、鳥羽帝の諱（宗仁）を避けて能丈と名を改める。源為義・義朝に随する。源頼朝が比企家で生まれると能丈の妻乳母となる）

系図ではこの遠宗（能丈）に4人の子供が記されている。その4人の子とは、
①二条院丹後（実は宗員の娘、頼朝の乳姉、二条帝の世、勾當内侍に任じ、長橋の局となる。建保三年一二一五年に八十二歳で卒する。）
注、この記述だと、生年は長承二年（一一三八年）となり、頼朝が生まれた時（一一四七年）には十四歳である。
②比企四朗能員（実は宗員の子、頼朝の乳兄、武蔵介）
③川越重頼妻（源義経舅姑、頼家乳母）
④伊東祐清妻（後に平賀武蔵守義信の妻、頼家乳母）

そして長女二条院丹後と惟宗広言の子供が丹後内侍で、彼女は最初、高倉院（在位：仁安元年（一一六六年）～治承五年（一一八一年））の官女となっている。

この丹後内侍が頼朝の妾となり、頼朝との間に島津忠久を産んだことになっており、丹後内侍は嘉禄三年（一二二七年）十二月十二日に六十五歳で亡くなったと記している。

この記述で試算すると丹後内侍の生年は応保二年（一一六二年）となる。しかしこの年に頼朝は十六歳で伊豆に居る。島津忠久の生まれ年が一一五九年ではおかしく、島津系図の一一七九年でちょうど話が合うのである。

しかしこれは信じられるのだろうか？

まずここで言う丹後内侍の母、二条院丹後であるが、実際に居たのであろうか？　もし居たとすれば、頼朝にとっては義理の母である。しかも頼朝が鎌倉幕府を開き、天下を取った後の建保三年一二一五年まで生存している。しかし二条院丹後の名は、吾妻鏡にも、その他、都の貴族の日記にも出てきていない。

既に述べたように島津忠久の一一七九年生年説には無理がある。そのため二条院丹後は、島津忠久を頼朝の子とし、かつ忠久の生年を一一七九年にするために創造された名前であり、その子を丹後内侍とすることにより説明しようとしたのではないだろうか。

鹿児島外史の各家系をみて行くと、各系図の太祖には島津忠久のみ父が源頼朝、母は惟宗廣言の娘として確認できる人をあげている。しかし忠久の父と母については、父惟宗家の太祖は中国後漢の霊帝、母比企氏の太祖は小碓の尊（ヤマトタケルノミコト）であるとして、父母とも貴種の出であるとしている。

これはいかにも島津忠久を尊い由緒ある家系であると言わんがための創作と考えるのが普通だろう。そのために島津忠久の父と母に通ずる惟宗家と比企家も貴種の出と創作して鹿児島外史に掲載しているのである。

【古代氏族系譜集成上巻】宝賀寿男編著

昭和六十年に発刊された「古代氏族系譜集成上巻」古代氏族研究会は、系図集で系図研究の鈴木眞年、中田憲信、太田亮、佐伯有清、田中卓、諸氏の著作・業績を参考にしながら各系図をまとめ、編集した長作である。

編者の宝賀氏は東京大学法学部卒、大蔵省、外務省、経済企画庁、大阪国税局などに勤務した役人である。

この「古代氏族系譜集」の中で、系図研究家である鈴木眞年氏がまとめられた「諸系譜」の中に比企氏の系図が記されている。

比企氏については、第2章皇族系氏族第9節称垂仁天皇裔氏族4阿保朝臣（1）―垂仁天皇の裔で、代々源氏の頭領家に仕える。

なお編集資料は鈴木眞年編「諸系譜」第15冊阿保朝臣第31冊として以下のようにまとめている。

注、鈴木眞年（すずき まとし）は江戸から明治にかけての系譜研究家・国学者である。政府の役人でありながら多数の系譜集を作成し世に送った。

比企氏は垂仁天皇の系図から阿保朝臣、そして比企氏へとつながる系図となっている。

垂仁天皇―息速別命―宇礼葉別命―志利雄別命―木呂子王―須珍都斗王―意保賀斯―曽俾―

日鷲―阿佐古―

書首―深江―黒麻呂―牛養（武蔵少掾）

阿保朝臣人上（武蔵介従五上・延暦三年七九一年阿保姓を賜る）

大国（居武蔵国阿保庄・天長十年八三三年に死す）

宗人

只上（寛平三年八九二年比企郡大領となる）

中宗（源経基に従い天慶三年九四〇年武芝征伐に功あり）

宗家（武州比企郡に住む、源満仲に従う、天慶二年十一月武蔵権守）興世王の謀反を密告した）

宗末（比企郡司・比企右馬允、源満仲に属す）

宗躬（比企太郎、比企郡大領従六下、長天四年源頼信に従い平忠常の乱平定に功あり）

宗妙（掃部允、比企郡少領、父宗躬と共に平忠常の乱平定に功あり）

宗陳（比企擬少領）
宗職（比企少領、従六下）
宗員（掃部允、比企擬少領）（猶子、藤原清郷の男）
遠宗（掃部允、比企郡司）（左馬允藤原有清の男）（妻藤原公員の妹、比企の尼と号す、頼朝公乳母）
—比企朝宗
—比企能員（藤原公員の猶子、実は息子—比企の尼の甥になる）
—女子安子（惟宗廣言との間に忠久、忠孝を生む。その後、藤九郎盛長に嫁し景盛を生む）
—女子（河越重頼妻）
—女子（伊東九郎祐清妻）

この系図は概ね前述の鹿児島外史と似たような流れになっている。
①比企家は垂仁天皇の流れである。
②比企家は阿保性を賜った阿保朝臣人上の末裔という。
③二十六代目比企宗員は猶子で、藤原秀郷の流れ藤原清郷の子である。
④比企宗員の子比企遠宗も猶子で藤原北家良門流藤原定国の子藤原有清の子としている。
⑤比企遠宗の妻比企の尼は藤原公員の妹としている。
⑥比企遠宗の子供は比企系図と同じように長男比企朝宗、猶子比企能員、女子の安子が、惟宗

廣言との間に島津忠久と忠孝を生んでいる。

この安子が丹後内侍なのだろうか？ここでは丹後の呼称は出てきていない。このように比企遠宗の子が島津忠久を生んだと述べていることが、鹿児島外史と大きく異なる。そして二女は河越重頼に、三女は伊東祐清に嫁いでいる。

このように比企宗員以降は養子や猶子など複雑な関係を示している。この点も比企氏の系図を複雑、かつ出自を不明にしている理由であろう。

家系図などの資料検討はこれくらいにして、次に比企氏の出自を考察するための要素として比企一族の性格に注目して検討してみたい。

2．比企一族の性格

◆乳母としての比企家の素養

比企遠宗の夫人は、久安三年（一一四七年）、主人源義朝に三男頼朝が生まれると頼朝の乳母になるが、そもそも義朝と由良御前夫婦は、乳母をつけて三男の頼朝をどのように育てようとしていたのだろうか？

その鍵となるのが上の兄達の生母である。

長男義平の母は誰か？　三浦義明の娘説と京都郊外橋本の遊女説の二つがあり、一方、次男朝長は、波多野義通の妹である。それに比べて頼朝の母由良御前は従四位下藤原季範の娘であり、朝廷にも顔が効く家系で、兄たちの母とは格が違う正妻である。

すなわち頼朝は正妻の息子であるために、彼が、跡継ぎ、すなわち嫡男として考えられていた。長男の義平は、平治の乱の時、待賢門の戦いに於いて、「かう申は清和天皇九代の後胤、左馬頭義朝が嫡子、鎌倉源太義平と申者也…」と名乗りを上げている。しかし実際は、両親の考えは違っており、三男の頼朝が源氏の頭領後継者として育てられるべき立場に居たのである。

従って義朝夫婦は、頼朝を源家の嫡男としてふさわしい人物に育てようと考えたであろう。そのため乳母には、その方針に沿って頼朝を育てられる素養を持った人を選んだと考える。

ではなぜ義朝夫婦は比企遠宗の夫人を乳母に付けたのであろうか。

すなわち父源義朝と由良御前は、比企夫妻が、自分の子供頼朝の乳母として適任な資質・素養を持っていると認めていたのである。

乳母に要求される資質・素養とは何であったのだろうか。考えられるのは次の点である。

①比企家は先祖代々源家に仕える忠実な家人であった。

②比企遠宗の役職掃部允は下級役人であることから。比企家は裕福な家庭ではなく質素な暮らしをしていた。

裕福でぜいたくな生活をしている乳母では、子供をダメにしてしまう。

③比企家は都の生活、宮中の生活を知っていた。

この三つのどれもが乳母に選ばれる重要な要素となるが、特に③が重要であったとみる。

義朝の子、長男悪源太義平や次男朝長は、東国武士の典型である強い力を持った立派な武士に育っている。

しかし頼朝の生まれた時代は、まさに平氏の世が始まろうとしている時代である。すでに十五年前の長承元年に平忠盛が昇殿を許されており、平清盛も殿上人をめざして出世の道を歩み始めている時である。源氏の頭領義朝は、栄進するライバル平家の動向を目の当たりに見ていたであろう。

義朝夫婦は、このような平家の動向から、嫡男の頼朝の教育を考えたのである。具体的には、頼朝を、悪源太義平のような東国の荒々しい強い武士として育てるよりも、自分も含め今までの源氏武士にない殿上人としても生きてゆける貴族的素養を植え付けたかったのである。

成長後の頼朝の行動を見ると、武力は弟範頼や義経、御家人に任せ、自分は政治的に御家人など、人を使うことで権力を確立してゆく。例えば旗揚げの前、北条の館に於いて、共に戦う御家人を一人ずつ呼んでは、その手を握り「お前だけが頼りだ。よろしく頼む。」と、ひとりひとりに依頼している。この行動はまるで武蔵武士らしくない。京の貴族のように政治力を発揮して御家人たちとの絆を強めているのである。

比企家が貴族的な素養があったことは比企遠宗の長女の丹後内侍を見ると理解できる。頼朝の生まれた久安三年（一一四七年）に、丹後内侍は頼朝と一緒に京都で育てられ、成長すると宮中に入り二条院に仕えている。この事からも彼女は宮中での勤めが出来るような貴族的は素養やセンスを持っていた女性であったのである。

吉見系図の中で丹後内侍について、彼女を「無双の歌人」と評している。和歌が詠めることは、宮中人として必須なことである。彼女は素養の高い人物であった。

また彼女が都で知り合った惟宗廣言も自身「惟宗廣言集」や「言葉集」などの歌集を編んだり、また彼の歌は「千載和歌集」などにも取り上げられる著名な歌人である。

このような視点から考察すると比企氏は、武蔵の国で生活をしていたのではなく、都人として育ち、高い教養を身に付けていた一族であり、そのような素養を身に付けられる環境で生活をしていた一族であったと考えて良いであろう。

それは言葉一つをとっても言えるのではないだろうか。今でこそマスメディアの影響で日本全国標準語を話すが、平安時代末期の日本で、人々は、各地方、地方でどのような方言を話していたのだろか？

昭和の時代であるが比企地域の言葉は、俗にいう「べーべー言葉」である。また当時、都人から見たら東言葉は、まるで鳥が鳴いているようにも聞こえるとも言い、下品な言葉であるとの認識があったようだ。東言葉を話す比企の女性と、都の貴族である惟宗廣言との付き合いができるのだろうか。野卑な東女として、軽蔑されてしまうのがおちである。

先ほどの系図の検討でも判るように、比企氏は源氏の主流に先祖代々仕えている。そんな比企氏の性格を見るうえで、比企氏の所領について検討してみる。

それに関して次に仮説が成り立つ。

①比企氏は代々比企の地に自分の所領を持っており、武蔵武士として畠山氏、河越氏などと同じく武蔵西部を領していた。

②比企の地の郡司をしていたが、その土地は自分の物でなく源氏の土地であり、源氏の家人として管理していた。その土地は平治の乱まで源氏の土地であったため、近在の武士も比企の地を狙うことはなかった。そのために比企氏は多くの武士群を家来として持つ必要もなかった。

さらに義朝の代になると、比企遠宗夫妻は都で頼朝養育に専念しており、その土地には数名の家人を置き管理させていた。

③頼朝流人まで、比企氏は比企の地とは関係がなかった。頼朝が伊豆に流されると頼朝の世話をするために平家より比企の地を賜り、比企に移ってきた。

そこで前述の比企氏の性格からすると②か③が妥当ではないかと考える。

比企氏は、他の武蔵武士のように、武蔵の地に先祖が土着し、そこを地盤として生活をしていた武士ではなかった。その証拠に現在比企郡内に、比企氏の館にふさわしい館跡が発見されていない。

また武蔵武士のなかで比企氏だけ他の武士群から孤立しており、桓武平氏、清和源氏、武蔵七党などとは別系統の武士である。その証拠に、比企の変の時に、縁者以外の武蔵武士は、誰も比企氏に味方していない。いや味方どころか、畠山氏のように積極的に敵に回っているのである。比企在来の武士にとって比企氏は、はっきり言って、よそ者であったのではないか。

また比企氏が管理していた土地は、比企郡の中でも、菅谷には畠山氏が、東松山市高坂から坂戸市にかけては児玉党の小代氏などがおり、範囲は狭く、おそらく現在の東松山市の松山台地の一部、おそらく大谷から唐子地帯だけを管理する武士であったのだろう。

このことから比企氏は保元・平治の乱の頃になると②や③の形で実際に比企の地で生活していたのではなく、長い間、都で生活をしていたと考えたほうが自然である。

前述したが頼朝旗揚げの時のみでなく、平安から鎌倉にかけての戦の中で比企氏の武士群の働きが出てこない。すなわち比企氏は自分の身内、一族郎党を引きつれて戦に赴く描写が何処にも出てこないのである。一般的に長い期間その地を治めている武士であるならばそれに伴う武士群が居ても良いはずである。有力武将としては不思議なことである。

鎌倉幕府成立後、比企能員は信濃の国の守護となるが、信濃は「関東御分国」すなわち鎌倉幕府の土地の守護であり、土地自体は能員の所領ではないのである。

そして前章「比企の尼の頼朝支援」の所でも記したが、永暦元年（一一六〇年）頼朝が伊豆へ流された時、比企遠宗夫妻は、比企郡を請所として比企へ移り、頼朝の世話をするのである。この時の武蔵守は平知盛であるので知盛から比企郡の管理を補任されたと考えるのが妥当であろう。

各種の文献では比企氏は藤原姓としていることからして、藤原秀郷流れ、北家の流れ、藤原利仁の流れか、現存する資料だけで決めることは不可能であるが、藤原氏の一族であったことは確かである。そこでいずれの藤原流れかを研究する場合、東松山市史がいう「遠」と「員」の字に基づく考え方から比企の野本氏や安達氏との関係も面白い見方である。

3．まとめ

比企一族の出自を確定することは困難であるが、長い間、源氏の頭領に仕えてきた源氏の家人であり、藤原氏の流れの一族の可能性が強い。そして源氏の家人として比企の一部（松山台地）を管理していたが、少なくても源義朝以降は都に拠点を置き、広く貴族たちとも付き合いを持っていたと考えられる。

比企の尼の夫、比企遠宗も源為義・義朝の親子二代にわたりに仕えていたが、前述のように常時、比企で生活をしてはいなかった。義朝とその妻は、比企氏の持つ素養の豊かさを見込み頼朝の乳母父とした。そのため頼朝を育てるために都で源氏に仕えていたのである。しかし頼朝が１３歳の時、平治の乱が起こり、父義朝は平清盛との戦に敗れてしまう。初陣の頼朝も平家に捕まり、伊豆へと流されてしまう。
平清盛は、比企一族に比企を請所として与え、頼朝の生活の面倒を見させる。このために比企一族は都を離れ、はるばる武蔵の地、比企へと移り、伊豆の頼朝を二〇年間にわたり物心両面で支援してゆくことになったのである。

この章の主題「比企氏の出自」について検討してきたが、比企氏は、日本中世の歴史舞台で、一瞬の輝きを示し、一瞬にして消えて行った一族であるために比企氏の出自を確定することは、現在発見されている資料や文献では非常に困難である。もし北条氏と共に両輪で源家の鎌倉幕府を支え、歴史の流れの中枢にあったならば比企氏についてさらに多くの記録が残されていたであろうと思うと残念である。

12、比企一族の女性達の生年検討

1．生年検討（パート1）

前の章で比企一族の女性たちについて述べてきたが、いったい彼女たちはいつ生まれたのだろうか？

彼女たちの生年について記述した書物は無い。そこでこの章ではいささか乱暴ではあるが彼女らの生年を検討してみた。対象としたのは比企の尼、丹後内侍、二女、三女の四人である。

●丹後内侍の年齢推定

最初に、一番情報量が多いと思われる丹後内侍の生年検討に入りたい。

（1）検討のための情報・条件

①中世の女性の子供を産む年齢は、保立道久著『中世の女の一生』（洋泉社刊）よると十三歳ごろから、また男性は十五歳ごろから結婚の対象となったようだ。

②北条政子は最初の子、大姫を二十一歳で、頼家を二十五歳で生み、実朝を三十五歳で生んでいる。

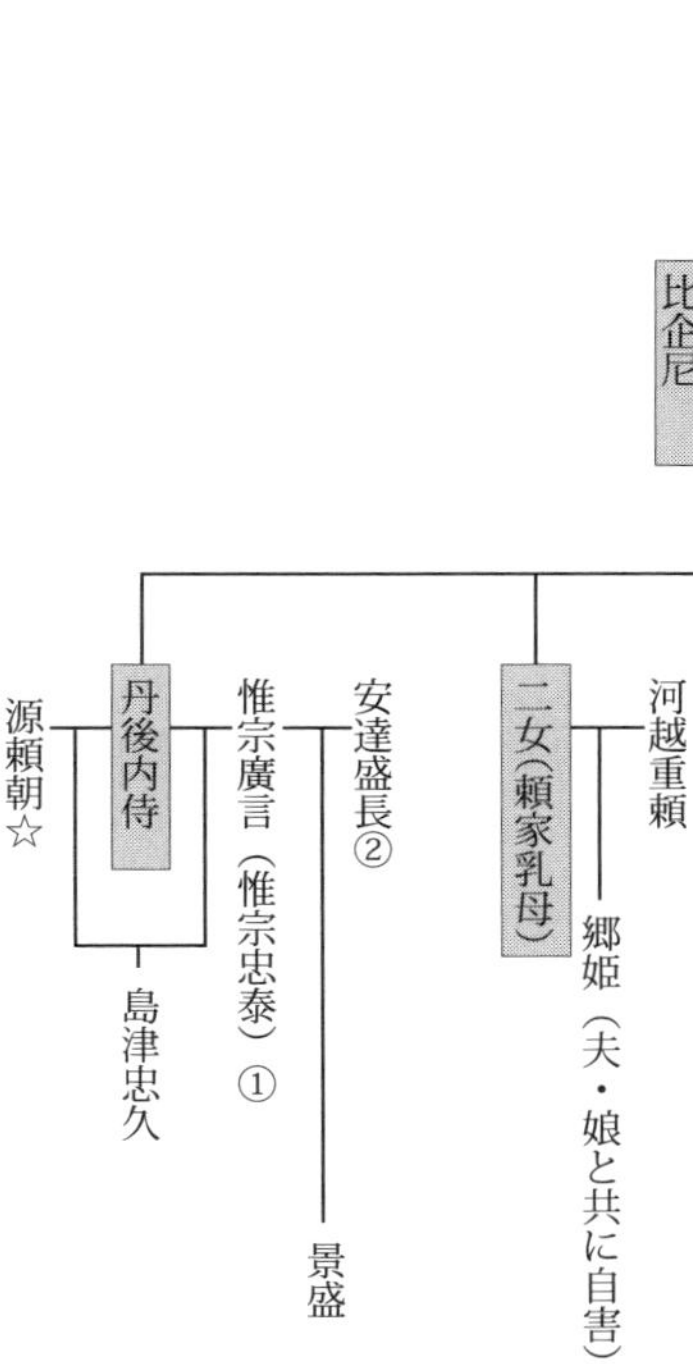
藤原流
比企遠宗
比企尼
源頼朝☆
丹後内侍
惟宗廣言（惟宗忠泰）①
安達盛長②
島津忠久
景盛
二女（頼家乳母）
河越重頼
郷姫（夫・娘と共に自害）
平賀義信②
伊東祐清①
三女
女（頼家乳母）
比企能員（猶子）
時員
若狭局
比企朝宗
越後局
姫ノ前

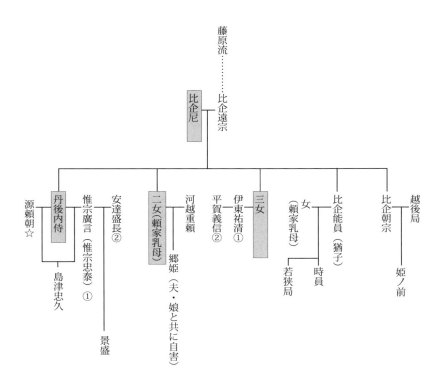

③関係人物の生年月日

・源頼朝　一一四七年～一一九九年
・源頼家　一一八二年～一二〇四年
・二条院　一一四三年～一一六五年（帝位一一五八年～一一六五年）＊丹後内侍が仕える。

注）内侍とは後宮に仕える女官のことである。

・安達盛長　一一三五年～一二〇〇年
・惟宗廣言　一一三二年～一一八九年　島津忠久・忠季の父と言われている。
・惟宗忠康　～一一七九年　惟宗廣言の息子？

注）惟宗忠季は忠久の弟、頼朝により若狭の守護職に任じられ、以降若狭に基盤を置く。

（2）島津忠久について

島津忠久の生年や父親については第5章比企一族の女性達丹後内侍の項で検討した。その内容は次の2つである。

すなわち

①丹後内侍が二条院に仕えていた一一五九年に都で惟宗廣言（または忠康）の子として生まれた。
②仁安元年（一一六六年）頃に伊豆で流人頼朝の子として生まれた。

この条件を基に丹後内侍の生年を検討してみたいが、丹後内侍の生年没年については、九州鹿児島に伝わる伝承に具体的な記述があるのでこの伝承を検証したい。
島津顕彰会が編纂した「島津歴代略記」では、西藩野史（明治二十九年出版、鹿児島私立教育会発行）の記述を述べており、それによると
『丹後局は、長承三年（一一四六年）出生。治承二年（一一七九年）忠久を出産。局は廣言の赴任地、薩摩国日置郡市来で居住していたが、忠久の亡くなった年、安貞元年（一二二七年）十二月十二日、局の好んだ郡山花尾の地に亡くなったと伝えられる。年は八十二歳。』、このように生年と没年を記述している。
この内容からすると
①丹後内侍は、頼朝よりひとつ年上である。
②二条院に仕えたのは、二条院の帝位を一一五八年から一一六五年として試算すると、丹後内侍が十三歳から二十歳の間に仕えたと試算できるが、既に述べたように平治の乱の敗戦により、丹後内侍は都を離れたと考えられるので、実際に院に仕えたのは十三歳から十四歳の頃と考えられる。
③平治の乱（一一五九年）の時には、十四歳である。
④仮に仁安元年に頼朝との間に島津忠久が出来ると、彼女が二十一歳の時となる。
従って丹後内侍の生年没年は、「島津歴代略記」が述べているように、
長承三年（一一四六年）出生。亡くなった年は安貞元年（一二二七年）十二月十二日、年は八十二歳と考えて良いだろう。

●比企の尼の年齢推定

次に比企の尼の年齢を見てみることにする。

比企の尼は頼朝の乳母であるから、頼朝の生まれた久安三年（一一四七年）には乳母が務まるような年齢になっていたと考える。そこで乳母になった年齢を、仮に十六〜三十歳としてみる。すると比企の尼の生まれ年は一一一八年〜一一三二年である。

（1）比企の尼はいくつの時に、娘丹後内侍を生んだのだろうか？

丹後内侍の生年が一一四六年として試算すると、

＊比企の尼が三十歳で乳母となったとすると生年は一一一八年となる。

一一四六年に、比企の尼は二十九歳の時に丹後内侍を生んだことになり、長女としては成立しない。

＊比企の尼が二十五歳で乳母となったとすると生年は一一二三年となる。

一一四六年に、比企の尼は二十四歳の時に丹後内侍を生んだことになり、長女としては成立しない。

＊比企の尼が二十歳で乳母になったとすると生年は一一二八年となる。

一一四六年に、比企の尼は十九歳の時に丹後内侍を生んだことになり、長女として成立する。

＊比企の尼が十六歳で乳母となったとすると生年は一一三二年となる。

一一四六年に、比企の尼は十六歳の時に丹後内侍を生んだことになり、長女として成立する。

この内容から推定すると比企の尼は十六歳から十九歳ぐらいの時に頼朝の乳母となった。即ち生年は一一二八年から一一三一年の間と考えられる。

仮説　比企の尼の生まれ年は一一二八年〜一一三一年である。

●二女の生年検討

二女の子供たちの年令、郷姫と長男重房

比企の尼の二女の年令について述べた資料は無いが、二女の子供達については若干資料がある。それが郷姫と長男重房である。そこで子供たちについてみてみる。

①長男、河越重房は、寿永三年（一一八四年）一月、京都にて、父重頼とともに木曽義仲と戦う、源平盛衰記では、重房、この時十六歳という。十六歳を前提にすると、重房の生まれは一一六九年になる。

②次男、河越重時は郷姫の弟である。年齢の分かる資料はない。

③三男、河越重員は郷姫の弟である。年齢の分かる資料はない。

④娘、郷姫、郷姫は仁安三年（一一六八年）に生まれ、吾妻鏡の記述によると「郷姫は、前から結婚が決まっていた義経のもとに元暦元年（一一八四年）九月十四日に嫁いだ。その時、彼女は十六歳であったという。」

⑤娘、下河辺政義室、一一八五年に下川辺政義は、義経の事件で所領没収されているので、一一八五年に、この姫は、既に政義に嫁いでいる。
なお、余談だが、下河辺政義と河越重頼の娘の子孫は、長谷川氏と続き、後年、長谷川宣以（鬼平こと長谷川平蔵）を輩出している。

それでは次のステップとして、この郷姫の母である比企の尼の二女の年齢推定に移る。

前述のように、次女は河越重頼に嫁いで一一六八年に長女郷姫を生み、翌一一六九年に長男重房を生んでいる。

次女が十三歳以上で嫁いだとすると少なくとも生まれは一一五五年以前と考えられる。
①一一五五年の生まれとすると、先の推定だと比企の尼が二十五歳から二十八歳の時の子と考えられ、前記まとめでの丹後内侍の生年一一四六年に当てはめると二人の年齢差は九歳となり大きすぎる。
②一一五三年の生まれとすると、比企の尼が二十三歳から二十六歳の時の子となる。丹後内侍との年齢差は七歳となる。やや年が離れすぎていないだろうか。
③一一五〇年の生まれとすると、比企の尼が二十歳から二十三歳の時の子となり、丹後内侍との年齢差は四歳となる。
③一一四七年に丹後内侍と年子で生まれとすると、比企の尼が十七歳から二十歳の時の子となり、丹後内侍との年齢差は0歳から三歳となる。

またこの二女は源頼家の乳母を務めている。頼家の生年が一一八二年であるため、乳母を務めたのは二女が三十三歳から三十六歳ごろの時となる。吾妻鏡で、頼家誕生時に、二女が乳付をしたと書かれている。二女が頼家に　おっぱいをやる乳母としては年と取り過ぎていると思うが、乳付けを儀式と考え、乳母グループの一員であったと考えれば可能である。

仮説　二女の生まれ年は一一四七年から一一五〇年を幅としてみる。

●三女の生年検討

既に述べたが、頼朝が伊東祐親の娘八重姫との間に千鶴丸をなし、怒った祐親が頼朝を殺そうとするが、三女と夫伊東祐清の助けによって、頼朝は命を救われている。従って事件の起きた安元元年（一一七五年）に三女はすでに祐清と結婚していると判る。

また安元二年（一一七六年）、所領争いで伊東祐親に恨みを抱いていた工藤祐経は、郎党に伊東祐親を狙わせるが、放った矢は、一緒にいた祐親の嫡男河津祐康に当たり殺してしまう。そのために伊東祐清・三女夫婦は、事件の後、生後間もない河津祐康の子を引き取り育てる。

この後、三女は、祐清と別れ、平賀義信に再嫁し、次男朝雅を生んでいる。それは寿永二年（一一八三年）に伊東祐清が亡くなった後か、それとも祐清が平氏に味方するため亡くなる前に彼とは別れたのかは不明である。

それでは三女の生年は、三女が十三歳以上で一一七五年より以前に伊東祐清に嫁いだとすると、少なくとも生まれは一一六三年以前と考えられる。

①一一六三年の生まれとすると、先の推定だと比企の尼が三十三歳から三十六歳の時の子供となる。
丹後内侍との年の差は十七歳となり、二女との年の差は十三歳から十六歳となる。
従って年齢が離れ過ぎており、成立しない。

②一一六〇年の生まれとすると、比企の尼が三十歳から三十三歳の時の子供となる。
丹後内侍との年の差は十四歳となり、二女との年の差は十歳から十三歳となる。
従って年齢が離れ過ぎており、成立しない。

③一一五七年の生まれとすると、比企の尼が二十七歳から三十歳の時の子供となる。
丹後内侍との年の差は十一歳となり、二女との年の差は七歳から十歳となる。
従って年齢が離れ過ぎており、成立しない。

④一一五四年の生まれとすると、比企の尼が二十四歳から二十七歳の時の子供となる。
丹後内侍との年の差は八歳となり、二女との年の差は四歳から七歳となる。

⑤一一五一年の生まれとすると、比企の尼が二十一歳から二十四歳の時の子供となる。
丹後内侍との年の差は五歳となり、二女との年の差は一歳から四歳となる。

⑥一一四八年の生まれとすると、比企の尼が十八歳から二十一歳の時の子供となる。
丹後内侍との年の差は二歳となり、二女との年の差はマイナス二歳から一歳となる。

この事から三女の生まれは④と⑥の間

仮説　三女の生まれは、一一四八年から一一五四年の間である。

三女はその後、平賀義信に再嫁し、子の朝雅を生んでいる。平賀義信と三女は頼家の乳母父を務めているが、頼家は一一八二年の生まれであり、三女が平賀義信に再嫁した年を、頼朝旗揚げの年治承四年（一一八〇年）とすると、再嫁して二年目に頼家の乳母を務めたことになる。前述の生年の幅で考えると、三女が頼家の乳母になるのは二十八歳から三十五歳ぐらいである。

以上で、比企一族の女性たちの年齢考証のパート1を終わる。ここで今までの仮説を整理してみよう。

仮説　比企の尼の生まれ年は一一二八年から一一三一年である。
仮説　丹後内侍の生まれ年は長承三年、一一四六年である。
仮説　二女の生まれ年は、一一四七年から一一五〇年の間である。
仮説　三女の生まれ年は、一一四八年から一一五四年の間である。

この後は具体的に４人の生年を並べて、その整合性を次のパート２で考察することとする。

頼朝伊豆へ										頼朝、亀の前と付き合う、さらに八重姫との間に千鶴丸誕生							77頼朝・政子婚姻 78大姫誕生			挙兵		頼家誕生												
60	61	62	63	64	65	66	67	68	69	70	71	72	73	74	75	76	77	78	79	80	81	82	83	84	85	86	87	88	89	90	91	92	93	94
14	15	16	17	18	19	20	21	22	23	24	25	26	27	28	29	30	31	32	33	34	35	36	37	38	39	40	41	42	43	44	45	46	47	48
4	5	6	7	8	9	10	11	12	13	14	15	16	17	18	19	20	21	22	23	24	25	26	27	28	29	30	31	32	33	34	35	36	37	38
																										86	87							
比企一族比企へ移り、その後、伊豆の大竹へ移る。																										この頃頼朝・政子比企邸にて月見観菊の宴								
38	39	40	41	42	43	44	45	46	47	48	49	50	51	52	53	54	55	56	57	58	59	60	61	62	63	64	65	66	67	68	69	70	71	72
37	38	39	40	41	42	43	44	45	46	47	48	49	50	51	52	53	54	55	56	57	58	59	60	61	62	63	64	65	66	67	68	69	70	71
36	37	38	39	40	41	42	43	44	45	46	47	48	49	50	51	52	53	54	55	56	57	58	59	60	61	62	63	64	65	66	67	68	69	70
35	36	37	38	39	40	41	42	43	44	45	46	47	48	49	50	51	52	53	54	55	56	57	58	59	60	61	62	63	64	65	66	67	68	69
34	35	36	37	38	39	40	41	42	43	44	45	46	47	48	49	50	51	52	53	54	55	56	57	58	59	60	61	62	63	64	65	66	67	68
33	34	35	36	37	38	39	40	41	42	43	44	45	46	47	48	49	50	51	52	53	54	55	56	57	58	59	60	61	62	63	64	65	66	67
32	33	34	35	36	37	38	39	40	41	42	43	44	45	46	47	48	49	50	51	52	53	54	55	56	57	58	59	60	61	62	63	64	65	66
31	32	33	34	35	36	37	38	39	40	41	42	43	44	45	46	47	48	49	50	51	52	53	54	55	56	57	58	59	60	61	62	63	64	65
30	31	32	33	34	35	36	37	38	39	40	41	42	43	44	45	46	47	48	49	50	51	52	53	54	55	56	57	58	59	60	61	62	63	64
29	30	31	32	33	34	35	36	37	38	39	40	41	42	43	44	45	46	47	48	49	50	51	52	53	54	55	56	57	58	59	60	61	62	63
こ奉仕																																		
忠久誕生（父は惟宗廣言）						66	忠久誕生（父は源頼朝）																											
	家族で比企へ移る。その後伊豆にて頼朝と過ごす																									86	頼朝、病気の丹後を見舞う							
												安達盛長に嫁ぎ、息子景盛を生む																	89	広言死す				
21	22	23	24	25	26	27	28	29	30	31	32	33	34	35	36	37	38	39	40	41	42	43	44	45	46	47	48	49	50	51	52	53	54	55
20	21	22	23	24	25	26	27	28	29	30	31	32	33	34	35	36	37	38	39	40	41	42	43	44	45	46	47	48	49	50	51	52	53	54
19	20	21	22	23	24	25	26	27	28	29	30	31	32	33	34	35	36	37	38	39	40	41	42	43	44	45	46	47	48	49	50	51	52	53
18	19	20	21	22	23	24	25	26	27	28	29	30	31	32	33	34	35	36	37	38	39	40	41	42	43	44	45	46	47	48	49	50	51	52
17	18	19	20	21	22	23	24	25	26	27	28	29	30	31	32	33	34	35	36	37	38	39	40	41	42	43	44	45	46	47	48	49	50	51
16	17	18	19	20	21	22	23	24	25	26	27	28	29	30	31	32	33	34	35	36	37	38	39	40	41	42	43	44	45	46	47	48	49	50
15	16	17	18	19	20	21	22	23	24	25	26	27	28	29	30	31	32	33	34	35	36	37	38	39	40	41	42	43	44	45	46	47	48	49
14	15	16	17	18	19	20	21	22	23	24	25	26	27	28	29	30	31	32	33	34	35	36	37	38	39	40	41	42	43	44	45	46	47	48
								68	郷姫誕生															84	郷姫上洛				89	郷姫死す				
									69	重房誕生															85	夫重頼・嫡男重房死す								
																						82	頼家乳母											
20	21	22	23	24	25	26	27	28	29	30	31	32	33	34	35	36	37	38	39	40	41	42	43	44	45	46	47	48	49	50	51	52	53	54
19	20	21	22	23	24	25	26	27	28	29	30	31	32	33	34	35	36	37	38	39	40	41	42	43	44	45	46	47	48	49	50	51	52	53
18	19	20	21	22	23	24	25	26	27	28	29	30	31	32	33	34	35	36	37	38	39	40	41	42	43	44	45	46	47	48	49	50	51	52
17	18	19	20	21	22	23	24	25	26	27	28	29	30	31	32	33	34	35	36	37	38	39	40	41	42	43	44	45	46	47	48	49	50	51
16	17	18	19	20	21	22	23	24	25	26	27	28	29	30	31	32	33	34	35	36	37	38	39	40	41	42	43	44	45	46	47	48	49	50
15	16	17	18	19	20	21	22	23	24	25	26	27	28	29	30	31	32	33	34	35	36	37	38	39	40	41	42	43	44	45	46	47	48	49
14	15	16	17	18	19	20	21	22	23	24	25	26	27	28	29	30	31	32	33	34	35	36	37	38	39	40	41	42	43	44	45	46	47	48
13	14	15	16	17	18	19	20	21	22	23	24	25	26	27	28	29	30	31	32	33	34	35	36	37	38	39	40	41	42	43	44	45	46	47
12	13	14	15	16	17	18	19	20	21	22	23	24	25	26	27	28	29	30	31	32	33	34	35	36	37	38	39	40	41	42	43	44	45	46
11	12	13	14	15	16	17	18	19	20	21	22	23	24	25	26	27	28	29	30	31	32	33	34	35	36	37	38	39	40	41	42	43	44	45
10	11	12	13	14	15	16	17	18	19	20	21	22	23	24	25	26	27	28	29	30	31	32	33	34	35	36	37	38	39	40	41	42	43	44
9	10	11	12	13	14	15	16	17	18	19	20	21	22	23	24	25	26	27	28	29	30	31	32	33	34	35	36	37	38	39	40	41	42	43
8	9	10	11	12	13	14	15	16	17	18	19	20	21	22	23	24	25	26	27	28	29	30	31	32	33	34	35	36	37	38	39	40	41	42
															75	夫伊東祐清と共に頼朝を助ける																		
																							83	伊東祐清死す										
																				80	頼朝挙兵後、3女再嫁する													
19	20	21	22	23	24	25	26	27	28	29	30	31	32	33	34	35	36	37	38	39	40	41	42	43	44	45	46	47	48	49	50	51	52	53
18	19	20	21	22	23	24	25	26	27	28	29	30	31	32	33	34	35	36	37	38	39	40	41	42	43	44	45	46	47	48	49	50	51	52
17	18	19	20	21	22	23	24	25	26	27	28	29	30	31	32	33	34	35	36	37	38	39	40	41	42	43	44	45	46	47	48	49	50	51
16	17	18	19	20	21	22	23	24	25	26	27	28	29	30	31	32	33	34	35	36	37	38	39	40	41	42	43	44	45	46	47	48	49	50
15	16	17	18	19	20	21	22	23	24	25	26	27	28	29	30	31	32	33	34	35	36	37	38	39	40	41	42	43	44	45	46	47	48	49
14	15	16	17	18	19	20	21	22	23	24	25	26	27	28	29	30	31	32	33	34	35	36	37	38	39	40	41	42	43	44	45	46	47	48
13	14	15	16	17	18	19	20	21	22	23	24	25	26	27	28	29	30	31	32	33	34	35	36	37	38	39	40	41	42	43	44	45	46	47
12	13	14	15	16	17	18	19	20	21	22	23	24	25	26	27	28	29	30	31	32	33	34	35	36	37	38	39	40	41	42	43	44	45	46
11	12	13	14	15	16	17	18	19	20	21	22	23	24	25	26	27	28	29	30	31	32	33	34	35	36	37	38	39	40	41	42	43	44	45
10	11	12	13	14	15	16	17	18	19	20	21	22	23	24	25	26	27	28	29	30	31	32	33	34	35	36	37	38	39	40	41	42	43	44
9	10	11	12	13	14	15	16	17	18	19	20	21	22	23	24	25	26	27	28	29	30	31	32	33	34	35	36	37	38	39	40	41	42	43
8	9	10	11	12	13	14	15	16	17	18	19	20	21	22	23	24	25	26	27	28	29	30	31	32	33	34	35	36	37	38	39	40	41	42
7	8	9	10	11	12	13	14	15	16	17	18	19	20	21	22	23	24	25	26	27	28	29	30	31	32	33	34	35	36	37	38	39	40	41

2．生年検討（パート２）

パート１の結果をもとに生まれた年の可能性を検討し、絞り込みを行った

主要出来事																										頼朝誕生										政頼つ
1100年代		23	24	25	26	27	28	29	30	31	32	33	34	35	36	37	38	39	40	41	42	43	44	45	46	47	48	49	50	51	52	53	54	55	56	5
源頼朝の年齢																										1	2	3	4	5	6	7	8	9	10	1
北条政子の年齢																																				
比企の尼	出来事																											1147年から都にて頼朝の乳母を務める								
			可能性の範囲1123年から1132年																																	
	第1案	1	2	3	4	5	6	7	8	9	10	11	12	13	14	15	16	17	18	19	20	21	22	23	24	25	26	27	28	29	30	31	32	33	34	3
	第2案		1	2	3	4	5	6	7	8	9	10	11	12	13	14	15	16	17	18	19	20	21	22	23	24	25	26	27	28	29	30	31	32	33	3
	第3案			1	2	3	4	5	6	7	8	9	10	11	12	13	14	15	16	17	18	19	20	21	22	23	24	25	26	27	28	29	30	31	32	3
	第4案				1	2	3	4	5	6	7	8	9	10	11	12	13	14	15	16	17	18	19	20	21	22	23	24	25	26	27	28	29	30	31	3
	第5案					1	2	3	4	5	6	7	8	9	10	11	12	13	14	15	16	17	18	19	20	21	22	23	24	25	26	27	28	29	30	3
	第6案						1	2	3	4	5	6	7	8	9	10	11	12	13	14	15	16	17	18	19	20	21	22	23	24	25	26	27	28	29	3
	第7案							1	2	3	4	5	6	7	8	9	10	11	12	13	14	15	16	17	18	19	20	21	22	23	24	25	26	27	28	2
	第8案					本命案とする			1	2	3	4	5	6	7	8	9	10	11	12	13	14	15	16	17	18	19	20	21	22	23	24	25	26	27	2
	第9案									1	2	3	4	5	6	7	8	9	10	11	12	13	14	15	16	17	18	19	20	21	22	23	24	25	26	2
	第10案										1	2	3	4	5	6	7	8	9	10	11	12	13	14	15	16	17	18	19	20	21	22	23	24	25	2
丹後内侍	出来事																																			
																			可能性の範囲1140年から1147年																	
	第1案																		1	2	3	4	5	6	7	8	9	10	11	12	13	14	15	16	17	18
	第2案																			1	2	3	4	5	6	7	8	9	10	11	12	13	14	15	16	1
	第3案																				1	2	3	4	5	6	7	8	9	10	11	12	13	14	15	16
	第4案																					1	2	3	4	5	6	7	8	9	10	11	12	13	14	15
	第5案																						1	2	3	4	5	6	7	8	9	10	11	12	13	14
	第6案																							1	2	3	4	5	6	7	8	9	10	11	12	13
	第7案																						本命案とする		1	2	3	4	5	6	7	8	9	10	11	12
	第8案																									1	2	3	4	5	6	7	8	9	10	1
2女	出来事																																			
																							可能性の範囲1141年から1153年													
	第1案																			1	2	3	4	5	6	7	8	9	10	11	12	13	14	15	16	17
	第2案																				1	2	3	4	5	6	7	8	9	10	11	12	13	14	15	16
	第3案																					1	2	3	4	5	6	7	8	9	10	11	12	13	14	15
	第4案																						1	2	3	4	5	6	7	8	9	10	11	12	13	14
	第5案																							1	2	3	4	5	6	7	8	9	10	11	12	13
	第6案																								1	2	3	4	5	6	7	8	9	10	11	12
	第7案																									1	2	3	4	5	6	7	8	9	10	11
	第8案																										1	2	3	4	5	6	7	8	9	10
	第9案																											1	2	3	4	5	6	7	8	9
	第10案																												1	2	3	4	5	6	7	8
	第11案																													1	2	3	4	5	6	7
	第12案																											本命案とする			1	2	3	4	5	6
	第13案																															1	2	3	4	5
3女	出来事																																			
																								可能性の範囲1142年から1154年												
	第1案																				1	2	3	4	5	6	7	8	9	10	11	12	13	14	15	16
	第2案																					1	2	3	4	5	6	7	8	9	10	11	12	13	14	15
	第3案																						1	2	3	4	5	6	7	8	9	10	11	12	13	14
	第4案																							1	2	3	4	5	6	7	8	9	10	11	12	13
	第5案																								1	2	3	4	5	6	7	8	9	10	11	12
	第6案																									1	2	3	4	5	6	7	8	9	10	11
	第7案																										1	2	3	4	5	6	7	8	9	10
	第8案																											1	2	3	4	5	6	7	8	9
	第9案																												1	2	3	4	5	6	7	8
	第10案																													1	2	3	4	5	6	7
	第11案																														1	2	3	4	5	6
	第12案																															1	2	3	4	5
	第13案																													本命案とする			1	2	3	4

3、生年検討（まとめ）

パート1、パート2と比企氏の女性たちの年令を推測してきた。その内容をまとめると、幾つかの可能性の幅はあるが、以下を本命とした。

1、比企の尼一一三〇年生まれ、十七歳で長女丹後内侍を生み、十八歳で頼朝の乳母を務める、その後二十一歳で二女を、二十四歳で三女を出産する。

2、長女の丹後内侍は一一四六年に生まれ、十三歳頃、惟宗廣言と付き合う。その後、平治の乱後、惟宗家と別れ比企の尼の居る比企郡に移り住むが、母と共に伊豆の頼朝の世話をするために伊豆に赴く。この地で青年の頼朝と付き合い、後に頼朝の家人安達盛長に嫁ぎ、安達景盛を生む。

丹後内侍が島津忠久を生むのは、二つの説が考えられる。

①京で惟宗廣言との間に、十四歳の時である。

②平治の乱後、伊豆へ移り頼朝と付き合っていた二十一歳の時である。

3、二女は、一一五〇年に生まれ、武蔵の有力豪族河越重頼に嫁ぎ、一一六八年十九歳で郷姫をもうけている。一一八二年三十三歳の時に、頼家の乳母となる。しかし義経の事件で、一一八五年三十六歳で夫重頼と長男を亡くすが、その後も、河越の所領を守っている。

4、三女は、一一五三年に生まれ、伊東祐清に嫁した。しかし頼朝旗上げ後、夫祐清は父祐親と共に平氏の側に立つ。そのため彼女は祐清と離別して比企の尼の元に戻る。母のもとに戻った三女は源氏の平賀義信に再嫁し、平賀朝雅を生む。そして一一八二年二十九歳の時に頼家の乳母となるが、建仁二年（一二〇二年）四十九歳で亡くなった。

以上のまとめであるが、これらの生年も数年の差異はあると思う。なおこの項では比企の尼の実子唯一の男子、朝宗について触れていない、それは朝宗が比企の尼の子どもではないという説もあるので、ここでは検討から除外した。

比企氏を訪ねる旅

ここまでの章で、比企氏についての考察は終わり、ここからはのんびりと比企氏ゆかりの伝承や遺跡の残る地を巡る旅を書いてゆくことにする。

《埼玉県》

1、東松山市大谷《おおや》地区

埼玉県東松山市は人口九万人、秩父山系から続く比企丘陵が関東平野に開ける松山台地にある。市内をラスベガスやテヘランと同じ北緯三十六度線が通っており、電車で池袋まで一時間弱、東京への通勤圏にもなっている。大谷地区は、東松山市の北部に広がる田園地帯である。

東武東上線を東松山駅にて下車、改札口を出て東口に降りる。東松山駅は、赤レンガ模様のしゃれた駅舎である。

この駅舎の屋根の上にある塔は、大正十二年設立の松山

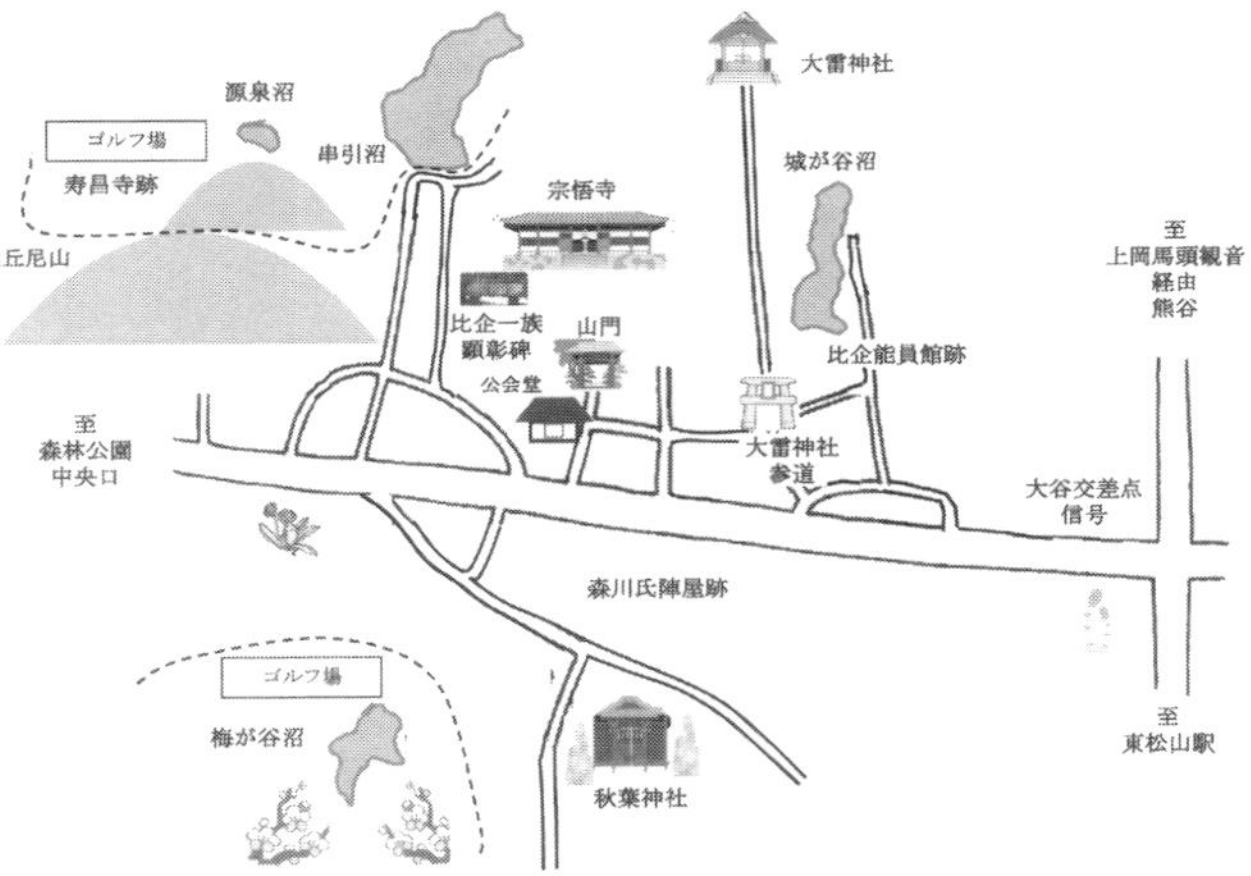

中学（現松山高校）の校舎の塔が模式化された物である。駅東口からは北にまっすぐ伸びる「ぼたん通り商店街」を進み、市役所を左に見て五㎞ほど行くと大谷と記された信号のある交差点に着く。この辺りが大谷である。大谷は若狭の局が隠れ住んだと言われ、比企氏に関する伝承・史跡が多く残る。

①扇谷山《せんこくさん》宗悟寺《そうごじ》（曹洞宗）

大谷の交差点を左に曲がり五〇〇ｍほど行くと右手に宗悟寺への参道が開けている。宗悟寺は、趣のある参道と山門のある寺院である。言い伝えによると、北条氏の謀略により夫頼家を殺害された若狭の局は、その遺骨を抱いて比企郡大谷村へ逃れた。そして村の西方の比丘尼山に庵を結び、村の名と頼家の法号をとって「大谷山寿昌寺」を建立し、夫頼家の霊を弔ったという。

寿昌寺は、天正二十年、徳川家康の関東転封に伴い、大谷の地を知行した旗本森川氏の菩提寺となる。

扇谷山宗悟寺

宗悟寺境内の比企一族顕彰碑

森川金右衛門氏俊は、寺を比丘尼山から現在の扇谷に移し、寺の名を「扇谷山宗悟寺」と変えた。森川金右衛門氏俊の法号は『桐蔭宗悟居士』と云う。宗悟寺には、若狭の局が夫頼家の菩提を弔ったと伝わる頼家公の位牌と頼家が殺されたため、その苦しみを鎮めるために祈願した「蛇苦止観音」を今に伝えており、境内には、地元の有志による比企一族顕彰碑が設置されている。（注）ご位牌・蛇苦止観音は通常公開されていません。

また寺の背後には森川氏累代の墓も置かれている。なお森川氏の江戸屋敷は本郷にあったが、昭和四十年（一九六五年）まで、そのあたりは森川町と呼ばれていた。現在は文京区本郷となっている。

②比丘尼山と寿昌寺跡

扇谷山宗悟寺の西方約五〇〇ｍの所に、「比丘尼山」と呼ばれる女性的な美しい山がある。その昔、比企遠宗の妻比企の尼が、夫遠宗亡き後、尼となって草庵を結んだ所と伝えられている場所である。

また、「郡村誌」には、この比丘尼山について、「高一丈周囲八町、村の西にあり、往時源頼家伊豆国修禅寺に於いて薨せし時、若狭の局遺骨を奉し此村に来り、遺骨を葬り庵を結び居住せしにより、庵を修善寺と呼び比丘尼山と呼ぶと口碑に伝う…」

若狭の局が建立したと伝える「大谷山寿昌寺跡」は、この草庵址

比企丘山

に程近い北の小高い丘陵で、その麓に源泉沼と言う沼がある。この辺から南は、今でも主膳寺と呼ばれる地域である。

またこの比丘尼山には横穴墓古墳が掘られており市指定史跡となっている。

③城ケ谷と比企能員館跡
宗悟寺の東、雷電山の真南にある奥深い谷が、いわゆる城ケ谷で「埼玉県史」や「埼玉の神社誌」には、ここに比企能員の館があったと記しており、口碑もそのように伝えている。

しかし、残念ながら、これまでに館跡は発見されていない。確かに、この地は鎌倉の比企ケ谷によく似た地形で、中内出と呼ばれる最も早くから開かれた地域にあり、谷の北から東に連なる丘陵には、多くの住居跡とその祠が残り、黒色の見事な骨壷二個が発見されている。なお明治年間には、その一角で立派な鎧兜と銘刀二振りも発見されており、近くには「天下屋敷」と呼ばれる屋敷跡や井戸などが残っていたそうである。このあたりは、比企の乱後、若狭の局に従って落ちて来たと伝える頼家の側近の子孫が住み、現在も続いていると云う。

④梅ケ谷と若狭の局
宗悟寺の南約四〇〇ｍの所に梅ケ谷がある。ここは若狭の局が年老いて隠棲した所と伝えられている。

この谷は、東方から南西へと丘陵が続き、汲めども尽きない清らかな泉の湧く、暖かい日だまりの地で、昔から梅の古木の多い美しい花園であったと言う、夫を失った若狭の局が、比丘尼山の草庵から移り、静かに余生を送るのに絶好の地であったと思われる。

⑤伝説「若狭の局と串引沼」

宗悟寺の西、比丘尼山に隣接して、東の谷の奥深く、串引沼という大沼がある。「郡村誌」には、この沼を「奇比企沼」と記しており、次の様な伝説が伝わる。

「その昔、比丘尼山の草庵に住み、夫頼家の菩提を弔っていた若狭の局は、祖母比企の尼の勧めで、心の迷いを去る為に、鎌倉より持参し肌身離さず持っていた夫頼家からおくられた鎌倉彫の櫛を捨てようと心に誓いました。

夜の明け染めた早朝、朝の勤行を済ませ、祖母の比企の尼と二人連れだってこの沼に行き、頼家形見の櫛を沼に投げ入れました。櫛はかすかな水音を残して沼底深く沈み、その姿が見えなくなりました。

その時若狭の局はもちろん、比企の尼の両眼からも涙がとめどなく流れ落ちていました。

時は元久二年（一二〇五年）七月半ば、丁度、夫頼家の命日に当たる日であったと云います。」

この様な悲しい伝承が残っている。

⑥秋葉神社

宗悟寺から道を挟んで南、小高い丘の上に秋葉神社と云い、火伏の神様として信仰を受けている神社がある。江戸時代の領主森川氏は、この神社を江戸本郷の屋敷に分祀し、守り神としていた。ある日、江戸を火の海にし、ことごとく焼き尽くしてしまうような大火事が起こった。しかし森川氏の屋敷だけは火の難を逃れたそうである。そのため火伏の神として有名になり、この大谷の秋葉神社は、松山の町からもお参りする人が増え、そのお参り道が、今も「秋葉道」として残っている。

⑦須加谷と菅谷観音堂

秋葉神社の東側は、菅谷《すがやつ》と云われており、ここには比企西国三十三札所菅谷観音堂がありました。この観音堂には、蛇苦止観音が祀られていました。若狭の局は、頼家を殺され悲嘆にくれ、それはあたかも体を蛇に巻き付かれたような苦しみでありました。そこで、この蛇による苦しみを鎮めるため蛇苦止観音をつくり、ご祈願をしていました。観音堂は、今は廃寺となり、蛇苦止観音は、現在、宗悟寺に祀られています。また、この地は現在、須加谷《すかやつ》と呼ばれています。

⑧鎌倉と類似の名前

比企・大谷地区には、比企氏の居た鎌倉の地名と同じような地名が数多く残っている。いくつか例を挙げてみよう。

滑川　鎌倉市内にも滑川《なめりかわ》が流れているが、この地にも滑川《なめがわ》が流れている。
主膳寺　前述のように比丘尼山から南が、伊豆の修禅寺と字は異なるが、主膳寺と呼ばれる地域である。
扇谷　宗悟寺の山号になっているが、ここの地名であり、鎌倉と同じ扇谷が使われている。
腰越　小川町のある地名、鎌倉とは異なり山あいにある地域である。
大蔵　嵐山町にあり、鎌倉街道大蔵宿、また源義賢の大蔵館が在ったことでも有名である。

この大谷地区の比企氏を巡る旅は、車ではなく歩いて回るのがおすすめである。周辺はのどかな田園地帯であり、道沿いの小川には、メダカが戯れている。足に自信ある方は、大谷の交差点からさらに西へ進むと明治百年を記念して造られた「森林公園」の中央口に着く。比企氏散策と併せて森林公園で遊ぶコースを設定するのも良いだろう。

2、東松山市高坂地区

高坂地区には坂東十番札所岩殿山正法寺、岩殿観音がある。この岩殿観音にも比企氏に関係する伝承が残っている。

①岩殿山正法寺《しょうぼうじ》・岩殿観音

東武東上線高坂駅を降り、西口をでる。そこからまっすぐ西へ進み、大東文化大学への道をたどると、鎌倉公方足利基氏が陣を置いたと言われる「足利基氏館跡」の看板が出てくる。そこで館跡に向かい細い道を右へ折れる。しばらく進むと右側の小高い丘に「足利基氏館跡」がある。案内板も出ているが、現在はゴルフ場の土地になっている部分が多い。そのため全容を把握することは難しいが、物見やぐら跡や堀などが観察できる。

岩殿山正法寺に伝わる絵図によると、この基氏館跡の一帯を比企判官領地としており、そのため基氏館跡を比企氏の館跡とする説もある。

館跡を過ぎると、そこは坂東十番札所岩殿山正法寺の阿弥陀堂である。まわりには緑泥片岩で出来た板碑が多い。阿弥陀堂の前に赤い橋のかかる小さな池がある。この池が坂上田村麻呂の伝承を残す「鳴かずの池」である。

『坂東十番岩殿山のあたりに、いつからか世にも恐ろしい悪竜が住みつき、真夏に雪を降らせたり、寒中に雷鳴をとどろかせたりした。

そのため穀物は実らず、また折々に村へ出て村人を食らい、田畑を荒らしまわるので付近の村人たちは困っていました。多くの豪傑が悪竜退治に向かいましたが、誰も無事に帰って来ません。そのうちこの悪竜の住む土地に、坂上田村麻呂と云うえらい将軍が、家来を連れて蝦夷征伐に行くために通りましたので、村人たちは、この将軍に悪竜を退治してくれるように頼みました。将軍は村にとどまり、悪竜退治の策を練りました。

そして三日目、六月一日だと言うのに、身を切るような寒さ、まわりには雪が積もっていました。将軍は、雪の中、ただ一人で岩殿山に分け入って行きました。高い山に登って、しばらく目をつむって心を込めて岩殿山の観音様に「村人を救うため、悪竜退治を救すけたまえ。」と祈りました。するとはるか彼方に唯一ヶ所雪の積もっていないところが見えました。「あれこそ悪竜の住み家だ。」と将軍は、弓に矢をつがえヒョウと切って放しました。大矢が、その地に突き刺さりますと、空は掻き曇り、山は鳴り、どこからともなく一陣の風が吹くと、右の目に大矢を刺した悪竜が飛び出してきました。そこで将軍は、二の大矢を左の目に向かって放たれました。二の矢も左の目に刺さり、悪竜は目が見えずに暴れまくります。将軍はすかさず剣を抜いて、悪竜と対峙して悪竜を切り刻み殺しました。さらに、その首を切り離し、大きな穴を掘ってそこに埋め、二度とこの世に現れないように石で蓋をしてしまいました。

その場所は、その後、水が溜まり池となりましたが、その池には蛙が住まないので、村人たちは「鳴かずの池」と呼ぶようになりました。』

「鳴かずの池」の西側、九十九川に架かる惣門橋を渡ると岩殿観音の参拝道が始まる。参道沿いの民家のたたずまいは江戸時代に多くの参拝者を迎えた当時の雰囲気を残している。その参道に並ぶ家々には昔使われていた屋号が書かれており、それを見ながら歩くのも楽しい。参道の途中から左手に細い道を入り、やや登ると比企能員追福のための「判官塚・比企明神」が祀られている。以前は別の場所にあったが、大東文化大学の構内になるため、ここに移築したという。

この判官塚と比企明神の由来について、移築記念碑に次のように記されている。

「判官塚は比企判官能員の追福のため、築きしものと言い伝う。その由来は詳ならずと新編武蔵風土記稿に誌されている。……建保六年（一二一八年）頃、岩殿山に居た能員の孫、員茂は、観音堂の東南の地、南新井に塚を築き、能員の菩提を弔ったという。何時の時代か比企大神として祭り崇め、参拝するようになり今日に至ったもの。このたび、大東文化大学キャンパス開発造成工事に伴い構内となるため、氏子一同相計り現在地に遷し祭る。」

これは氏子総代戸井田敏氏の選文と言う。

比企明神にお参りし、又もとの参道に戻り、先に進むと、正面、階段の上に、仁王門がある。そこから階段が観音堂の境内まで続いている。仁王門の右側が岩殿山正法寺である。

仁王門には愚禅和尚の筆になる「巌殿山」の額がかかっている。ここに居る仁王様は二代目で、先代は運慶の作だと言う。

仁王門をくぐって階段を上るとすぐ左側に、比企能員供養塔がある。以前は仁王門の裏に建てられていたというが、碑は緑泥片岩で出来た板碑である。上部は欠損しているようだが、正嘉元年（一二五七年）この寺の僧たちが、能員供養のために建立したと言う。しかし刻まれた碑文の中に「左金吾」の文字が見える。

すなわち「奉為当寺前別当左金吾前門覚西」と刻まれているのである。

そのため東松山市史では、次のように記す。

「吾妻鏡では、出家した頼家を『左金吾禅室、左金吾禅閣』などと記している。これらの点からみて、右の正嘉元年の碑は、頼家の死後五〇余年を経て建てられた追福碑であり、覚西はその法号と考えられる。但し、覚西が『先別当』と記されているのが気がかりであるが、能員が鎌倉の岩殿観音を勧進し、比企氏の氏寺としたのであれば、比企氏に関係の深い頼家が初代の別当にまつり上げられてもおかしくないと思う。」

このように頼家の追福と考えているが、『甦る比企一族』の編著者清水清先生は、岩殿山に近い東松山市下唐子の戸井田家より発見された同家の過去帳に「徳本院左琴吾禅門覺西」なる人物がおり、この人物が岩殿山の住職になり、正嘉元年（一二五七年）に八十五歳で病没しているので、この碑は、亡くなった左琴吾禅門覺西のために、宗徒たちによって建立されたもので、比企氏とは無関係だろうとしている。

岩殿観音

碑を見て、さらに階段を上がり境内に着く、右手に鐘楼がある。この鐘楼は、元禄十五年（一七〇二年）に比企郡野本村（現東松山市野本）の山田茂兵衛の寄進で建立されたと伝えられる茅葺き屋根の建物で、東松山市内、最古の木造建造物であり、市の有形文化財となっている。鐘楼の前から、いま来た参道を見下ろすと参道がまっすぐに伸びており往時がしのばれる景観である。

境内正面には観音堂があり千手観音をお祀りしている。観音堂は、寺伝によれば養老二年（七一八年）に、沙門逸海が四十八峰、九十九谷といわれた岩殿山の山腹の崖を削り、千手観音像を岩窟に納めたのが草創であるという。この岩壁は今でも観音堂を取り囲むように高くそびえている。岩壁には昔からたくさんの仏様が彫られていたが、長い年月の間に多くが崩れてしまった。

岩殿観音は鎌倉時代、源頼朝の命で比企能員が復興したと言われており、もともとの千手観音は頼朝の妻北条政子の守り本尊だったと言う。しかし現在、祀られている本尊千手観音坐像はその相好端正なお姿から室町時代の作と伝えられている。

このように歴史の長い名刹であるが、観音堂は、幾多の戦火や火災にあい、天明期の建物は現在の4倍の大きさであった。その天明期の観音堂も火災で焼失したが、大銀杏の木には、その時の焼け焦げがある。現在の観音堂は明治十一年（一八七一年）に飯能市より移築再建されたものである。

観音堂の左には樹齢七〇〇年以上と言われる大イチョウの木がそびえ、毎年十二月初めには、葉を黄色に染め、節くれだった老樹の根元を、一面黄金色に染める。この頃になるとカメラマンや黄金の葉見物の人で大いににぎわう。

また岩殿観音のある通称物見山には県立のピースミュージアムがある。これは「戦争の悲惨さ平和の尊さ」を後世に伝えるための博物館である。博物館の展望台は高さ一四八mにあり、そこから見る関東平野は見事である。空気が澄んでいれば新宿高層ビル、東京スカイツリーなども見ることができる。

この岩殿観音には、比企氏にまつわる「クツワムシの伝説」が伝わっている。

クツワムシの伝説

「ある秋の夜、ここ岩殿山正法庵に、尼僧姿の女性が供の者と訪ねてきた。これは鎌倉から落ちてきた比企能員の妻（実際は能員の嫡男時員の妻という）であった。庵主は恩人であるこの尼僧を守るために小さな庵を貸して匿った。しかしこの庵の周りには、季節柄たくさんのクツワムシがいた。そこで庵主は寺男に命じて、岩殿山のクツワムシを残らず根絶やしにしてしまった。理由は、クツワムシは敏感な虫で、人の気配を感じて鳴き出すからである。虫が鳴いては庵に人がいることが知れてしまうと考えて行ったことであった。この配慮によって能員（時員）の妻は無事に男児を出産した。」

3、吉見町

吉見町は比企の東部に位置する町である。比企丘陵の前面には、関東平野が開かれ東京湾まで広がっており、東松山との境には、室町から戦国時代、関東を二分・三分した戦いの中心となった「武蔵松山城」がある。そこからは、はるかに新宿や池袋の高層ビルが遠望できる。その他吉見町には、六・七世紀の横穴墓「吉見百穴」などがあり、多くの観光客が訪れている。この町の名所を訪れるには、東武東上線東松山駅からバスかタクシーが便利である。

①岩殿山光明院安楽寺

通称、吉見観音と呼ばれ親しまれている坂東十一番札所である。

創建は、聖武天皇の御世七四一年頃、僧行基上人が観音を彫り、岩屋に納め、石にて扉をしたのが最初と伝わる。その後、坂上田村麻呂が、東征のみぎりこの観音を訪ね、岩戸（殿）山安楽寺の号を得たと言う。

吉見観音は、天文六年、小田原北条氏綱が、扇谷上杉の居城河越城を落とし、さらに武蔵松山城を攻め、周辺の寺院をことごとく焼きはらった時、本堂など多くの伽藍もすべて灰塵に帰した。

しかし十七世紀初頭、杲慶（鏡、＝ゴウキョウ）が三重塔や伽藍を再建、中興し、江戸時代には坂東札所めぐりで多くの参拝人が訪れ繁栄した。

吉見観音には本堂、三重塔、山門の三つの県指定文化財があり、本堂内には、左甚五郎の作と言われる「野荒しの虎」の彫り物が掲げられている。

また吉見観音は源範頼の伝承でも有名である。

『吉見系図』によると源範頼は、父義朝が池田宿（磐田市）の遊女に産ませた子であると言われ、出生後、藤原範季を養父として遠江国蒲御厨（浜松市）で育ったため、蒲の冠者、蒲殿と呼ばれる。

吉見観音

その後、義朝が平治元年（一一五九年）平治の乱で敗れると、蒲御厨も安全ではなく範頼は、頼朝の乳母比企の尼の指示で武蔵国に移り安楽寺（吉見観音）で稚児僧として生活し、成人したと伝わる。源頼朝が旗揚げすると、範頼もこれに従い、義経と共に西国に平氏を追って活躍する。なお範頼の妻には、安達盛長と比企の尼の長女丹後内侍の子がなり、この婚姻により比企氏とも縁続きになる。

しかし義経同様に範頼も頼朝から疎まれるようになり、建久四年（一一九三年）修善寺に幽閉され死ぬ。修善寺に範頼の墓があるが、範頼の死には種々な説があり、範頼は修善寺では死なず、越前へ落ち延びてそこで生涯を終えた説や武蔵国横見郡吉見（吉見町）の安楽寺（吉見町）に隠れ住んだという説、また埼玉県北本市に住みそこで亡くなったなど諸説ある。

②息障院

吉見観音周辺は現在、吉見町大字御所という地名であり、吉見御所と尊称された範頼にちなみ名付けられた土地と云う。この御所の地に範頼館跡と言われる「息障院」がある。息障院の周囲には堀が巡っており、館の跡を思わせる。

息障院では、山門の彫刻が見事である。日光東照宮や熊谷妻沼歓喜院の彫刻を担当した彫刻師軍団の流れ、東松山市箭弓稲荷神社の彫刻

も手掛けた飯田岩次郎が彫刻を担当したと言う。

また『尊卑文脈』『吉見系図』などによると、比企尼の嘆願により、範頼の子の範圓・源昭は助命され、慈光寺に入り、その子孫が吉見氏として続いたとされる。

4、川島町

川島町も比企氏にかかわる遺跡が残る地域である。とくに戦国時代以降の比企氏は、比企系図に見られるように、この川島町中山を中心として居を構えていたようである。川島とは、読んで字のごとく、荒川、越辺川、入間川など川に挟まれた町であり、実り豊かな穀倉地帯である。

①清月山元光院金剛寺

金剛寺を訪れるには、車が便利である。国道二五四号線からやや西に入ったところに、こんもりとした森に囲まれて金剛寺はある。電車を利用すると東武東上線北坂戸駅で降りて、タクシーとなる。

金剛寺は、比企氏の出自の所で記したが、「比企氏系図」が伝わっている寺で、本尊の阿弥陀如来は鎌倉時代の作であり、膝裏墨書銘があり、願主は「比企左馬助藤宗則」とある。

金剛寺は比企一族の菩提寺であり、金剛寺が出されている小冊子には比企系図をベースとした系図を載せている。

本堂右手裏には、比企氏四代の墓、比企家十五代比企則員、十六代比企義久、十七代比企重

久、十八代比企久員を含む歴代の墓があり、墓地の周囲には、掘割が残り、比企氏の館跡と思われる姿をとどめている。また境内に比企氏の位牌堂である大日堂がある。大日堂の天井には狩野派の画風と伝えられる龍が描かれている。

伝説「位牌堂の龍」（金剛寺発行の金剛寺と比企氏より要約）

『金剛寺の境内に、比企氏の位牌堂ができ、京都から有名な絵描きが来て、ひと月あまりも泊り込んで天井に龍の絵を描いた。その龍は、あまりにもよくできており、まるで生きているようであった。そんなある秋、田んぼの稲もみのり、刈入れが近くなった頃、「金剛寺の龍が、田んぼに出て稲を食い荒らしている。」、「長さは三間もあって、胴は醤油樽ぐらいだ。」、「龍の通ったあとは、稲がすっかり倒れて、道ができている。」などうわさが広まり、龍の被害は、あちこちに広がった。

そこで何とかしなくてはと、寺の方丈さんと比企の判官様が相談した。百姓たちも集まってきた。そこでやむをえず龍神を鎮める方法として、堂の前で祈祷をすることになった。川越の

金剛寺

金剛寺の比企氏歴代の墓

仏具店から、急きょ天蓋が取り寄せられた。方三尺の金箔の天蓋は、龍の頭をかくし、口と目をおおった。金剛寺方丈さんの錫杖経の声は晩秋の境内に響いた。

龍の被害は、その後ぱったりと途絶えた。ところが恵比寿講の頃から、天蓋を取り付けた大工の弥助がのどの腫物で、高熱をだして苦しみだした。そしてとうとう師走の半ば、苦しみ続けて死んでしまった。

人々は、またしても、忘れていた龍の祟りを思い出したと言う。』

②大聖寺《だいしょうじ》

大聖寺は、金剛寺の南、圏央道を挟んで反対側にあり伊草小学校の西にある寺院である。「新編武蔵風土記」によると、中山村の医師、比企道作が、自家に伝わる比企氏の家系図「比企系図」と比企能員の守り本尊千手観音像を大聖寺に納めたとある。しかしどちらも現在大聖寺には伝わっていない。

5、小川町

小川町には比企氏の一族、仙覚律師をたたえる碑が建立されている。小川町は埼玉県西部、秩父山系に入りかけた盆地であり、この地で梳かれる和紙は一三〇〇年の昔から梳かれている和紙である。碑が建立されている場所は東武東上線小川町駅から西に歩いて十五分程、小高い丘の上にある。この丘は室町期に築城された「中城」の城跡である。城跡に入るには歩いて上るのが良い。城跡だけに土塁や堀が目につく。
頂上にある仙覚律師顕彰碑は、仙覚律師保存会により、昭和三年（一九二八年）に仙覚律師の偉業をたたえて建立された。碑の撰文は国文学者の佐々木信綱、書は岡山高蔭である。佐々木信綱は石碑建立の思いを歌に込め次のような歌を残している。

新墾の道をひらきし功とわに麻師宇の郷の名はとこしえに
にいはりのみちをひらきしいさおとわにましうのさとのなはとこしえに

ここに詠われているように、仙覚律師は小川町麻師宇の里で、「万葉集注釈」を完成させたと言われている。

碑の見学が終わったらおいしい日本酒はどうだろうか。小川町は、武蔵丘陵から流れ出る清流が流れる町である。地下水も醸造に適しており古くから酒醸造が盛んである、現在でも晴雲、帝松（松岡醸造）、武蔵鶴の三つの蔵元がある。松岡醸造では「比企の三姫」と名付けた「丹後の局、若狭の局、姫の前」の酒を出荷している

6、ときがわ町

ときがわ町は、武蔵丘陵の西側に開けた山際の町で、林業で栄えた町である。このときがわ町

の都幾山に、坂東九番札所「慈光寺」がある。

鎌倉杉本寺を一番として始まる坂東三十三札所は、相模の国で八番まで廻り、ここ比企郡の慈光寺が九番札所となっている。慈光寺は車での訪問が良い。電車だと八高線の明覚駅になるが、そこから慈光寺までは山を登る道になるためタクシーを使わざるを得ない。

前節でも述べたが、頼朝は、この慈光寺に奥州征伐の戦勝祈願をしている。ここで少し長くなるが頼朝と慈光寺の関係を述べておきたい。

都幾山慈光寺

この寺の創建は白鳳二年（六七三年）僧慈訓が都幾山に登って千手観音堂を建て観音道場とし、白鳳九年には役小角が来て西蔵坊を設けて修験の道場としたと伝えている。慈光寺は奈良時代に唐僧鑑真和上の高弟釈道忠上人が第一世となって創立したもので、その後桓武天皇延暦二年（七八三年）最澄（伝教大師）が釈道忠の付託を受けて天台密教の教えを弘通することになり、以降台密の教えを修める学徒と役小角の流れをくむ行徒の二つの派が修行する女人禁制の道場として、又観音霊場として繁栄を極めた。特に清和天皇の勅願により「天台別院一乗法華院」として、また関東地方屈指の山岳仏教寺院として繁栄し、多くの人々の信仰を集めた寺院である。この慈光寺は中世に入ってからも鎌倉幕府源頼朝に深く尊信され、比企氏とのゆかりも深い寺であった。

頼朝は、奥州征伐の勝利を祈願するため、武蔵国慈光寺に日頃信心している愛染明王像を送り、別当厳耀並びに衆徒らに勝利を祈祷させるよう命じている。

また都幾山慈光寺と源頼朝との歴史的な関係は、吾妻鏡では頼朝の奥州征伐を契機として初見されるが、同条文後には、頼朝が伊豆に流人中の治承三年（一一七九年）三月二日に両者の接触がもたれていたことが明記されている。源頼朝は安達盛長を御使として、御署名入りの洪鐘を鋳造して伊豆国より当山へ御寄進されたというのである。

慈光寺には、頼朝が土地を寄進した建久二年（一一九一年）の源頼朝寄進状が、今に残っている。頼朝の庇護を受けたせいか、華麗優婉な装飾経として有名な国宝「慈光寺経」がもたらされて伝来している。これは、後鳥羽上皇を筆頭とする藤原兼実一門が結縁のため書写した「法華経」の一品経である。

その他、吾妻鏡によると、鎌倉で行われた数々のご祈願の式に慈光寺の僧侶が数多く参会している。

慈光寺のご本尊は千手千眼観音立像である。寄木造り、漆箔、彫眼、像高二六五㎝のご本尊であり、県の指定文化財になっている。その他、宝物殿の中には源頼朝の寄進状など数々の貴重な遺物が展示されている。また鐘楼や観音堂にも「格天井」の絵や「夜荒しの名馬」など数々の見どころがある。

慈光寺は、山中にあるため植物群も豊富で、季節になるとシャガの花や、桜、モミジなど四季を通じていろいろな花が楽しめる。さらにこの慈光寺から5分ほど奥へ進むと、関東最古の禅寺と言われる霊山院が静かにたたずんでいる。ここを訪れて静かに鳥の声を聞くのも良いだろう。

《静岡県》

7、頼朝流刑、そして頼家最期の地伊豆

暑い七月の早朝、我々は関越道東松山インターに入った。目的は伊豆の修善寺で開催される「頼家祭り」の見学と、頼朝や文覚上人、そして比企の尼が旗揚げの相談をしたという函南町高源寺、その他頼朝、政子、頼家などの伝承が残る伊豆の各地を歩いてみようと考え、朝、早い出発となったのである。

源頼家は頼朝の長男に生まれ、比企氏の乳母たちによって成長し、頼朝亡き後、建久十年（一一九九年）に二代将軍となるが、北条氏により、彼らの一族が乳母をした弟実朝を将軍にして、自らの勢力を伸ばそうとの画策にあい、建仁三年（一二〇三年）将軍職を追われて伊豆国修善寺に護送されるが、翌年の元久元年（一二〇四年）七月十八日、北条方の兵によって殺害されてしまう。その殺害の様子は慈円作『愚管抄』によると、頼家は入浴中を襲撃され、激しく抵抗したが、北条の兵は頼家の首に紐を巻き付け、急所（ふぐり）を押さえてようやく刺し殺したという。この時、頼家が襲われた湯が、修禅寺の前に架かる橋「虎渓橋」の下、桂川の河原にあった「筥湯」と言われている。

「頼家祭り」は頼家の命日、七月十八日に近い休日に開催される祭りで、「源頼家」とその妻「若狭の局」、息子の「一幡」や頼家公の家臣「十三士」に扮した人々が、温泉街で仮装行列を行い、途中、十三士の墓、頼家の墓にて墓前供養を行う祭りである。なお若狭の局役には、毎年、比企氏の故郷東松山市から女性が派遣されている。

我々はこの祭りに間に合うように出発した。幸いにこの時間帯は、交通量もまだ少なく順調に伊豆半島に入った。修善寺着は八時二十分である。これから行列のスタートする十一時まで、修善寺の町や修禅寺を見学することにした。しかし我々だけの散策は心もとなく、「修善寺町ふるさとガイドの会」の上杉さんに町のご案内をお願いすることにした。上杉さんはご高齢であるが、お元気で、お達者な方である。さらに彼は地元育ちであり地元の古い観光資源を大切にし、知識が豊富な方だ。

修善寺は弘法大師が開いたと言われる温泉で有名であるが、修禅寺参拝でにぎわっていた町でもある。町は桂川に沿って開かれており、川の左岸に修禅寺が建立されている。上杉さんの案内だと、現在の桂川右岸に沿っている細い道が、昔、人が通った参拝道であり、現在、車の主要道となっている左岸の道は馬などが通った道と云う。そのため か川の左岸に馬湯と呼ばれる馬専用の温泉まであったそうだ。

①不越坂

その昔、修善寺に入るには、大仁方面から狩野川の蛇行に沿った国道一三六号（現下田街道）を通り、本立野から国道と別れて、城山（二四八m）と嵐山（二四一m）の間を通る峠越えの道「不越坂」を越えて、修善寺の町に入ったそうである。この道が、現在の桂川右岸の参拝道に続く道である。上杉さんによると『この不越坂は、「こえじざか」と呼ばれると言う。理由は、若狭の局が、夫頼家が殺された後、泣く泣くこの小道を逃げ、「ああ、私は悲しい思い出の修禅寺には二度と来ない。だからこの坂は再び越えない」と言ったことから名づけられた。』と云う。夫、頼家亡き後、若狭の局は、頼家の遺骨を抱え、位牌を作り、供養した後、泣く泣く不越坂を越えて、比企の地に逃げてきたのだろう。麓から見上げると不越坂の方向は、真夏の太陽に照らされた緑の山が佇んでいるだけであるが、なぜか悲しい気分になる修善寺の山々であった。

しかし距離的にも離れている伊豆の修善寺と東松山大谷の両地域に、若狭の局生存の伝承が八〇〇年の時を経て伝承されていることに感慨深いものがある。

②十三士の墓跡地

不越坂の説明の後、旧参拝道の道沿いにある「十三士の墓の跡地」に案内して頂いた。この墓は、源頼家の家臣十三人が、頼家が殺された六日後に再起を期して謀叛を企てたものの、挙兵前に発見され殺されたために、その家臣の霊を祀ってあるという。しかし平成十六年、十月九日、伊豆に上陸した台風二十二号の影響で、参拝道が破壊され、十三士の墓は、別の場所に移されたと言う。墓の跡地は、参拝道から嵐山の方向に、民家の間を通り、少し登ったところに在った。途中、倒木が道をふさいでいたが、それらを乗り越えてたどり着いた跡地は桂川を見下ろす見晴らしの良い場所である。

またこの辺りは頼家が庵を結んだところと言われ、「御庵洞」と呼ばれている地域である。

③指月殿、頼家墓、十三士の墓

旧道に戻り、次に向かったのは、現在の「十三士の墓」、「頼家の墓」、「指月殿」である。旧道の山側にこれらの史跡は並んでいる。頼家の死を知った北条政子は、我が子のあまりにも悲惨な死に方に、涙を流し悲しんだという。

政子は「(頼家より前に、修善寺で殺された)源範頼は、少なくとも刀を取り、武士らしく戦って死んだ。しかし我が子、頼家は刀も持たせてもらえず、しかも入浴中にフグリを取られて殺された。」と嘆いたそうだ。

そこで政子は、修善寺の地に「頼家の墓」、「経堂=指月殿」、「釈迦堂」を建立して、頼家の菩提を弔ったと言う。「経堂」には、中国宋時代の一切経(経・律・論の三蔵をはじめ、すべての仏典を収録した大蔵経)の数千巻にも及ぶ経典を納めてあったが、江戸時代になり、徳川家康が幕府の安泰を願って、全国から経典を集めた時に、この経典も提出され、芝増上寺に贈られたそうである。

現在、唯一、残っているのは放光般若波羅蜜経の第二十三巻で、昭和三十三年四月十五日付で静岡県書籍文化財に指定されている。この経は、修禅寺の宝物殿に収蔵されているが、巻末、豆州修禅寺の墨印の欄外に「為征夷大将軍左金吾督源頼家菩提 尼置之」とやや右上がりの墨書があり、北条政子の直筆とされている。

この当時の政子は、まだ四十八歳である。頼朝との最初の子、大姫の許婚《いいなづけ》源義高が、頼朝により殺されてしまった時も、また今回の頼家の暗殺の時も、彼女は事前には中止させず、事後に激しく悔やんでいる。

政子のここまでの人生は頼朝への女としての愛、大姫や頼家に対する母の愛のみが目立つ。その後、承久の変で、東国武士団をまとめるような尼将軍としての力強さはどこにも見られない。

さて話をもどそう。

この指月殿は伊豆最古の木造建築と言われている。なお指月とは経典を意味する。堂の正面にかかっている「指月殿」の扁額は、中国は元の名僧一山一寧《いっさんいちねい》の書といわれ、これは複製であるが、実物は修禅寺本堂に保存されている。現在、指月殿の中には、二〇三㎝の寄木造り『釈迦如来座像』と『仁王像』が祀られている。

指月殿

指月殿の左、やや小高くなり「頼家の墓」が建てられている。しかしちょっと目には、墓の前にある供養塔に目が行ってしまう。この供養塔は、元禄十六年（一七〇三年）頼家の五百回忌にあたり修禅寺十六世筏山智船《ばっさんちせん》和尚が建てた供養碑だそうだ。供養碑の裏側に三つ並ぶ石塔の真ん中の五輪石塔が頼家公の墓である。両脇の左右の墓は若狭の局と一幡の墓と言われるが、定かではない。

この頼家の墓の左の広場に、平成十六年に移された「十三士の墓」がある。広場の端に、新しい石塔が、並んで建てられている。

④修禅寺

ここまで見学した時点で、そろそろ「頼家祭り」の行列の出発時刻十一時が近くなってきたので、修禅寺の本堂へと移動した。修禅寺は正式な呼称を「福地山修禅萬安禅寺」と云う。大同二年（八〇七年）、弘法大師に依って開創され、その後約四七〇年間は真言宗として栄えたが、その後、臨済宗を経て、現在は曹洞宗の名刹である。

暑い中を歩いてきた。涼しい修禅寺本堂にて、しばし休憩である。この寺のご本尊は、檜の寄木造り、大日如来坐像である。ご本尊は承元四年（一二一〇年）に仏師実慶により作られた仏像である。昭和五十九年四月、この像を解体修理した時、像の胎内から錦袋に入った毛髪が見つかっている。この毛髪は、北条政子が息子頼家供養のために納めたと言われている。しかしこの当時、妻が夫のために髪を納めることはあっても子供のために髪を納めることはないのではないか？このような議論がなされたそうである。そこで毛髪を調べたところ血液型O型とB型の髪、かつ女性の髪と判った。その後の調査でO型の髪が政子のものと判明した。

涼しい本堂で、このような話に花を咲かせたところで、行列出発の時間が近づいてきた。そこで上杉さんとは、本堂を出た所でお別れし、我々は、頼家祭りの行列を追うことにした。

⑤頼家祭り

行列に参加し仮装する人々は、修禅寺の本堂に隣り合う建物内で、十時から着替えが始まる。

修禅寺山門を出る武者行列

十一時近く、皆の着替えが終わると、修禅寺四十三世住職吉野真常氏、修禅寺僧侶、檀家さん、頼家、若狭の局、一幡、十三士、その他関係者が境内に揃い、修禅寺本堂をバックに全員記念写真である。記念写真が終わると、境内に入る山門が閉じられる。そこで私たちは山門前の石段下で、皆が出てくるのを待つことにした。

マイクを持ち、浴衣を着た女性が、山門の前に立つと、厳かに山門が開かれ、行列の一行が出てくる。最初に十三士の面々、十三士のメンバー紹介が浴衣の女性によりなされる。

それによると十三士が身に付けている甲冑は、紙で作られた鎧だという。甲冑の出来は素晴らしく、遠くから見ると、とても紙とは思えない出来栄えである。しかしこの暑さ、すでに三十度は越えているだろう。皆、汗が止まらない。

続いて若狭の局と一幡が二人で登場する。前に記したように、若狭の局は、埼玉県東松山市の女性である。鮮やかな朱色に金模様の入った着物をまとっている。また一幡は、地元の小学校一年の男の子だそうだ。続いて頼家役の男性、この方も修善寺の役所の方だと言う。かくして紹介が終わると、いよいよ行列は出発である。太鼓や護持会会員、墨染の衣の僧侶達を先頭に、四十三世住職吉野真常氏、頼家、若狭の局、一幡、十三士、関係者と続く行列は、修禅寺山門を降りると左折して渡月橋を渡る。渡月橋から、まっすぐに十三士の墓に上がってくるのであるが、暑い中、大変である。

この十三士の墓の前で、慰霊のための読経が行われる。読経が終わると頼家はじめ、若狭、一幡が手を合わせて、十三士の慰霊は終わる。そしてしばらく休憩の後、右手上にある頼家の墓に向かう。そこでは頼家、若狭、一幡が墓前に参り、献花をして、すべての墓前供養は終了する。

この後、行列一行は、虎渓橋を渡り、修禅寺へと戻りすべての行事が終了するのである。仮装、着付けの時間から行列の時間を入れると三時間以上の時間である。真夏の暑い太陽の下での、頼家と十三士への慰霊の行事、改めてご苦労様、お疲れ様と言いたい。そんな気分で、我々は修禅寺を後にして、次の目的地、頼朝流人生活の調査に向かった。

⑥韮山郷土資料館と山木館

まず向かったのは韮山郷土資料館、江川太郎左衛門邸の裏側、韮山城跡の下にあるこぢんまりとした資料館である。館内には山木遺跡からの発掘品など展示されているが、我々の目的は山木兼隆館跡や北条時政邸の跡地である。さすが地元だけあって頼朝がどのように山木館を攻めたのか、図入りで解説されている。これによると狩野川の氾濫原を横切るのは難しく、遠回りに二手に分かれて山木邸を襲ったと図示されている。直線で攻めるには狩野川の氾濫原で深田が多く無理だったそうである。そこでこれらの資料で目指すポイントの目安を付けて、まずは山木館へと向かった。

⑦山木館

山木館は距離的には資料館からすぐである。しかし皆目方向がわからない。しかしそこは韮山である、資料館の駐車場に、観光ボランティアガイドのご婦人がいた。大いに助かる。山木邸跡までご案内して頂いた。そこは資料館から東へ路地を入り、右に折れ、さらに左に折れた小路の突き当り。しかも民家の門の中に入っていった。

そう山木邸は個人の家の中にあるのである。その門を入ると右手に人家、左手が梅林になっており、梅林の中の一本の梅の古木の下に「兼隆館跡」と刻印されたひと抱えもある石が置かれていた。石の裏にも丸く文様のような模様が刻まれていたが判別できなかった。山木館の場所は、さすがに屋敷が在ったように石垣が積まれ、狩野川の氾濫原から数メートルは高い、山にかかった場所である。これならば川が氾濫しても大丈夫であろう。

山木館を出て、元の資料館へ戻ったが、よく見れば資料館前の交差点に、「山木判官平兼隆館跡」の案内板が出て

山木館跡

いた。土地勘がないのは恐ろしい。またこの場所から、北条時政邸の方を見るが、韮山城の丘が邪魔で見通しは効かなかった。資料館駐車場で案内をしてくれたガイドのご婦人に礼を言い別れたが、彼女は韮山中学の生徒の時に、山木遺跡発掘を手伝ったそうだ。やはり地元の人は強い。その土地の情報に強い。有難い人たちである。

⑧蛭が島

山木館跡から、頼朝が流刑されたと言う「蛭が島」へ向かった。一㎞ほどの距離である。今から五〇年ほど前、一度訪れたことがあるが、当時は田んぼの中に、ぽつんと一個の石碑が立ち、蛭が島と記されていただけであった。現在は、石碑も数多く立ち、休憩所や、頼朝と政子が寄り添い富士を眺める像なども建てられている。また周囲には人家も多い。

この場所は、観光的には良いであろうが、歴史的に見ると、やはりここに頼朝が長い間住んでいたと考えるには無理がある。頼朝ほか少人数で、しかも数年は居たかもしれない。そこで我々は早々に切り上げて、願成就院へと向かった。

蛭ヶ島に立つ頼朝・政子の像

⑨願成就院

願成就院は蛭が島から国道一三六号をやや戻るように南へ車で五分程、西側にある。願成就院は、文治元年（一一八九年）北条時政が、頼朝の奥州藤原氏討伐の戦勝を祈願して建立したと言われる高野山真言宗の寺である。

境内には、北条時政の墓、また室町時代、堀越公方であった足利茶々丸の墓などあるが、圧巻は本堂内に安置されている国宝の仏様である。

本堂には国宝「阿弥陀如来立像」、国宝「毘沙門天像」、国宝「不動明王像」、国宝「矜羯羅童子《こんがらどうじ》像」、国宝「制迦《せいたか》童子《どうじ》像」、などが並ぶ。

これらの仏様は全て、鎌倉時代、運慶の作である。運慶がまだ若く三十五、六歳の頃の作と言う。どれを見ても武蔵武士に似ている素晴らしい彫刻である。また本堂裏の宝物殿には、写真などでなじみが深い北条時政像や嘉禄元年（一二二五年）政子の七回忌追福菩提のために、北条泰時が奉納した「政子地蔵菩薩像」などもあり、興味が尽きない寺院である。

この願成就院は、奥州藤原氏が建てた「毛越寺」を模し

願成就院

て造られており、その昔、山門を入ると大きな池があり、その池の中島に架けられた橋を渡って参詣するというもので、藤原時代特有の寺院様式であったと言うが、現在は山門と本堂のみが残されており、池などの跡地は住宅になっている。堀越公方と言われた足利茶々丸の墓は本堂左手の木の下にある。

我々は、境内にある北条時政、茶々丸の墓に手を合わせて願成就院を後にした。

⑩北条時政邸跡

願成就院の裏山、そこに北条時政邸はあったと言う。願成就院からは大きく守山八幡宮の山裾を回って、裏に向かうと狩野川に面した山の麓に、時政邸があったと言う。今は「政子産湯の井戸」があるが、全域が公園になっている。この北条邸も、山木邸同様に、狩野川から、小高い丘陵にある。やはり水害を恐れてのことであろう。室町時代の堀越御所跡も隣合せている。

ここまで踏破して既に午後三時を回っている。そこで伊豆に別れを告げて三嶋大社に向かうことにした。

⑪三嶋大社

三嶋大社、言わずと知れた伊豆の国の一の宮であり、頼朝が源氏再興を祈願した寺とも言われている。境内には頼朝と政子の腰かけ石などもあり、立派なご社殿の神社である。

我々が三嶋大社に着いたのは三時四〇分、四時までに入館すれば宝物殿を拝見できる。そこで

三嶋大社

三嶋大社の頼朝・政子腰かけ石

急いで参拝、調査がうまくゆくように祈願して宝物殿へと急いだ。実は宝物殿に所蔵されている重要文化財「紙本墨書般若心経」を見るのが目的である。この般若心経は、建仁三年（一二〇三年）八月十日、源頼家が自身の病気平癒を祈願して自筆の般若心経を奉納したものである。

修禅寺ガイドの上杉さんもおっしゃっていたが、頼家の書いた般若心経の書は、立派な書であり、決して世間で云うような蹴鞠に狂って政治を投げ出したようなバカ殿様の書ではないと言う。そこで宝物館へ駆け込んだが、残念、今日は展示していないと言う。見られないならば仕方がない。宝物殿の隣にある売店で、福太郎餅とお茶で喉を潤し、力をつけて三島市内の本日の宿へと向かった。時間はまだ四時を少し回った所であった。

閑話休題

今日の修善寺は暑かった。しかも朝早く三時に起きて遠路、伊豆へ来たため、さすがに疲れたようだ。明日は、いよいよ高源寺や伊豆山神社へと向かう。そこで英気を養いたくなった。やはり冷たい酒である。日本各地、その地には、その地の名酒がある。それも旅の楽しみ。そしてこの夜、飲んだ酒は、三島市ではなく掛川市にある㈱土井酒造場の特別純米酒『開運』であった。大吟醸や吟醸酒も良いが、どうも各酒蔵の個性が出しにくい気がする。その点、純米酒や、昔の呼び名だが2級酒は、酒蔵毎に味が異なり、個性ある酒が楽しめる。『開運』もスッキリとしてコクがありおいしい酒であった。しかし明日の調査もある。ほどほどの量でやめておいた。

8. 静岡県函南町

東海道線が丹那トンネルを西へと抜ける出口は静岡県函南町にある。函南町の背後には箱根の山塊がそびえており、南は伊豆半島の中央部田方盆地に繋がっている。伊豆の蛭が島からも近い場所である。この町の近くには北条氏康が築城したと言う「山中城」がある。山中城は、北条氏の城づくりを代表する障子掘りの堀をもつ城である。また国指定史跡「柏谷横穴群」、これは六世紀末から八世紀末頃までの二〇〇年の間に営まれた静岡県内最大の横穴墓群である、古くから「柏谷の百穴」と呼ばれている。

一夜が明けて、七月十六日㈫八時二〇分、三島を出発した。函南町の高源寺へ行く。

今日は平日であり、通勤する車で道はやや込み合っていたが、昨日とは、うって変わって涼しい日である。ほぼ順調に函南の町に入り、函南駅を過ぎ細い道に入る。ナビを頼りに高源寺を目指したが、どこをどう間違えたか函南のゴルフコースへ入ってしまった。道が違うようだ。山道に入り畑で働いているお婆さんに道を聞くと、全然違うらしい。あわてて車をバックさせ、函南駅近くまで戻り、人に聞いた。結局、曲がる道を一本間違えたようだ。この間違いは前夜の酒のためではない。高源寺へは二年前にも来ている。曲がる道こそ違え、その時にも道に迷ってしまった。それだけ高源寺は、山の谷あいを奥へ入った判りづらいところにある。

①寶船山高源寺

高源寺は、函南町桑原にある古刹である。江戸時代に編纂されたこの豆州誌稿によると箱根権現の神領であり、箱根権現を大箱根、桑原を小箱根と呼んだそうである。高源寺は、この桑原の奥にあった小箱根権現の奥ノ院であり、文武、聖武、嵯峨諸帝の勅願寺であった。

寺は現在も静かな山あいにひっそりと建っている。今は曹洞宗の寺院である。

高源寺に九時三〇分に到着した。到着と同時に、ご位牌堂に於いて、高源寺山下ご住職の読経で、源頼朝公、島津忠久公、比企禅尼の慰霊を行った。谷深い静かな木立の中に読経の声が流れて行った。

その後、山下住職と比企氏について話が弾み、最後は境内に出て、参道などをご案内いただいた。

高源寺の参道は、高源寺と刻まれた石柱、そこから木々に挟まれた石畳が始まり山門に着く、山門は今から八〇〇年ほど前に立てられたと言い、勅願寺らしく門には菊の紋章が、いくつも彫られている。山門に掲げられた額は「寶船山」と読める。

山門とそれに続く苔むした石畳を少し登ると左側に、比企の尼の供養塔宝筐印塔が石の上に置かれている。その先には鐘楼、そして雰囲気のある小路が境内まで続き、本堂に着く。

高源寺の創建は、およそ一二〇〇年前に弘法大師によって開基されたと言う。しかし建久元年（一一九〇年）山火事により伽藍をすべて焼失してしまった。

その後源頼朝により元の姿で復興され、寺号も「長久寺」から「寳船山高源寺」と源の字を入れた寺名に改めた。この時から寺紋が「笹りんどう」になった。その後二回の火災にあったが、原図どおりに復元されたと言う。

高源寺は、伊豆に流刑中の源頼朝が、乳母比企の尼の計らいで、やはり伊豆に流刑の文覚上人と源氏再興のため密議をした寺といわれ、頼朝は、山木攻めに、敵から近い北条館ではなく、この高源寺で旗揚げをし、軍勢揃えを行ったとの伝承もある。

しかし吾妻鏡によると「討ち入り予定の前夜、山木館の者が、北条館へ女を訪ねてきていた。そのため北条館の物々しさが山木側に漏れるのを恐れて、その日のうちの夜に山木館を攻めた。」とあるので、やはり北条館から攻め込んだと考えたほうが妥当だろう。

山木館を落とした頼朝は、ここ高源寺で兵揃えをし、石橋

うっそうとした高源寺

比企の尼供養塔

山へ向かう時には、源氏勢力も三〇〇騎と多くなり出陣してゆくのである。

比企の尼の頼朝支援の章で記述したが、「伊豆の頼朝」によると比企の尼は、頼朝支援のため高源寺の近くの大竹に屋敷を構え、武蔵国比企郡から大竹の屋敷を経由して頼朝を支援したと言われている。今も大竹の比企館跡には不動尊が祀られていると言う。

地元の伝承として、安達藤九郎盛長と丹後の内侍の娘と頼朝との間に生まれた子が島津家初代、島津忠久であると伝えられている。

高源寺本堂には比企禅尼、源頼朝、島津忠久の位牌が、新たに作られ祀られている。頼朝旗揚げの軍議は高源寺にて行われたと言う。そのために本堂には、怪しいものが近付いた時に対応するための隠れ天井窓、縁の下に窓を作り、寺の裏から裏山伝いの逃走路も作られていたと言う。

高源寺

また比企の尼は、北条時政の山木攻めの時には、頼朝の妻、政子を高源寺で一時休養させて、伊豆山神社に避難させたと伝わる。このように高源寺は頼朝や比企氏に関係が深い寺である。

高源寺は、時間があれば、まだまだゆっくりしたい寺であるが、次の予定もあり、十時三〇分にご住職にお別れした。

②比企氏大竹屋敷

二〇一四年の調査では場所が判らなかったが二〇一五年七月に再度調査をしたところ調べる伝手が見つかった。それは函南町教育委員会より「かんなみ仏の里美術館」の館長をされている鈴木勝彦氏をご紹介して頂いたからである。

早速私たちは七月十八日、台風十一号による雨、風を気にしながら「かんなみ仏の里美術館」へ向かった。函南町桑原地区の山あいを進むと左手に新しい美術館が見えてくる。

この美術館は、桑原の里人の厚い信仰に守られてきた平安時代の薬師如来像や鎌倉時代の阿弥陀如来像・脇侍仏など町民の貴重な財産である文化財の散逸を防ぎ、後世に保存継承するために二〇〇八年に建てられた美術館である。

幸い雨にも降られず約束の時間前に鈴木館長にお会いすることができた。

さっそく大竹屋敷について聞いてみると、

『大竹に「地頭さんの松」という古松があった。この松の場所に比企氏は屋敷を構えていた。この松は、今は切られてないが、「飯塚家」所有の畑の傍らにあった。』と言う。

さらに鈴木館長は、その飯塚家の弟さんを呼んであるという。そこで早速、飯塚さんに面会するべく車に乗り込んだ。しばらく走ると、そこで待っていて下さったのは飯塚貢氏であった。地頭さんの松は、彼のお兄さんの家の畑の際にあったという。

私たちはさらに山の中腹の畑へと向かった。この山が大竹日影山である。お兄さんの家の庭を通り、さらに道を登ると畑が切り開かれていた。圃場整備で昔とは若干形状は変わったと云うが、南北に巾二〇m、長さ五〇mほどの畑である。

大竹と言われるように周りには竹林が多い。畑からは北東方面のみが開けており、はるかかなたに小田原北条氏の名城「山中城」のある箱根西麓の尾根が望める。

この高台に比企氏は屋敷を持ったのだろうか?

もし山の下に屋敷を構えれば桑原川も流れ、水にも不自由しない。川沿いには箱根権現への参拝道も通っている。当時、この辺りは人も住人も少なく、さびしい場所であったのだろう。なぜこんな山の上に比企氏は屋敷を構えたのだろうか? 最初に浮かんだ疑問である。

考えられる理由としては、

①比企氏は蛭ヶ島にいる罪人頼朝の支援のために隠れるように人目に付かない山の上に屋敷を構えた。

②大竹日影山の上から、今は木が茂って見えないが樹木が無ければ南の方向に、田方盆地が広がっており頼朝の居る蛭ケ島が望めそうである。比企氏は、毎日、頼朝の無事を祈ることができたかもしれない。

高台にある畑の傍には小さな祠が祀られていた。この祠が比企一族を祀るという「地頭さんの祠」である。

しかし祠の扉を開けて中を見ると大正三年二月吉日の日付で、風により倒れた老松「地頭さんの松」を供養する旨を記した石板が入っていた。時代の流れと共に祀る対象も変遷したのだろうか？

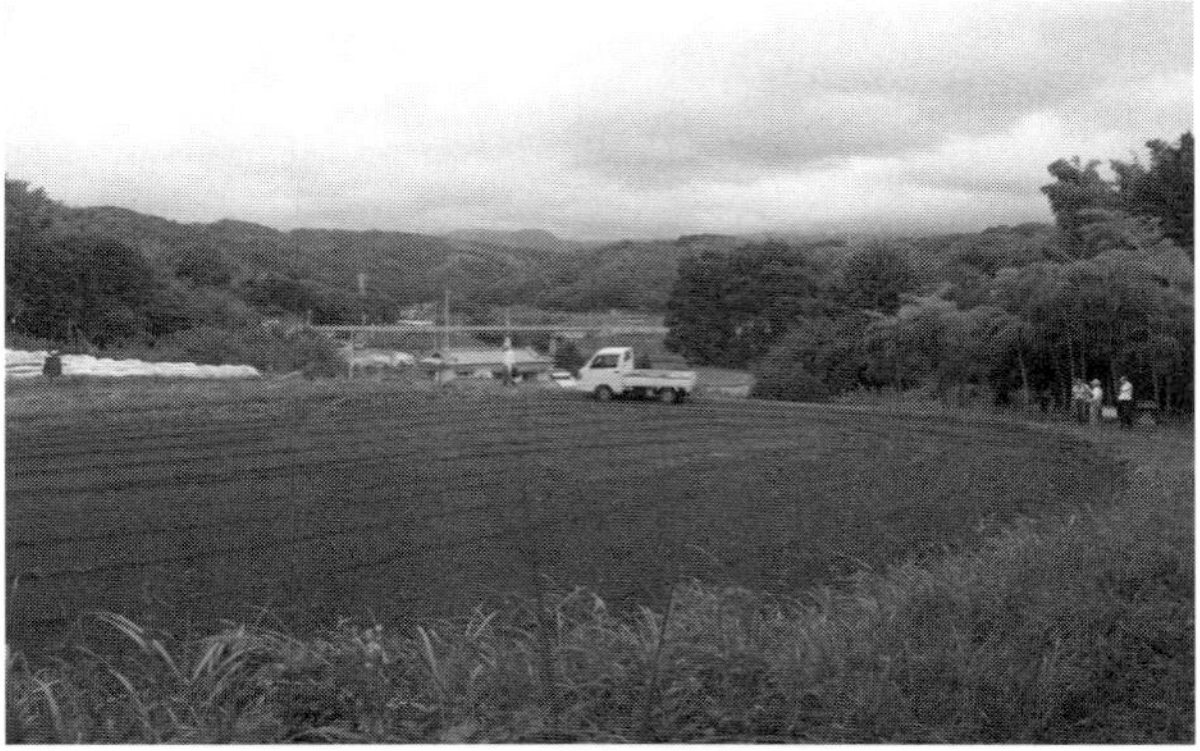

写真の自動車が止まっている所に「地頭さんの松」が生えており、祠はそこにあったという。
彼方の山並みの上に「山中城」がある。

畑の傍にある比企氏を祀るという祠

文献「伊豆の頼朝」の記述によると、
「比企屋敷跡を見るに、丹那燧道工事の出土を盛り上げ見分け困難だが、石垣の残存を確認、
その屋敷前に小窟不動尊が祀られている。」と記されている。

牛頭観音像

今は廃寺となっている蓮華寺

そこでこの小窟不動尊の石碑について飯塚氏に聞いてみると丹那トンネルの開削時、出された「ズリ（岩屑）」の処理のためだいぶ地形も変わっているが、桑原川の対岸にあるという。

そこで山を下り大竹屋敷にあったという不動尊を探しに行った。桑原川に架かる橋を対岸に渡るとそこに数体の観音様が祀られている。この観音様は丹那トンネルの工事のズリ運びで使役されて亡くなった牛たちを供養する「牛頭観音像」だという。この観音様の前のあぜ道を右に入っていった突き当りに上に昇る手すりがある。不動尊はその上に安置されているとの事であった。しかし残念ながら道は夏のつる草が繁茂しており、とても登れる状態ではなかった。もし不動尊の側に崩れかけた石垣等が残存していれば、こちらが比企大竹屋敷で、山の上は比企氏のお墓との解釈もできるが、調査は後日とならざるを得なかった。

今回、私たちは比企遠宗が頼朝からもらった観音像を安置したと伝わる法国山光明院蓮華寺にも行ってみた。この寺は既に廃寺となっているが、小さな社と墓地も残されており、開基蓮誉華空法阿上人の墓も残されていた。この社の中に安置されていた仏たちは「かんなみ仏の里美術館」に移されているが、その中に観音像を胎内に納めたという阿弥陀如来像は含まれていない。行方は判らない。

ここまで調査して、もう昼に近く、我々は「かんなみ仏の里美術館」に戻り、美術館を見せて頂いた。美術館は、鎌倉時代、実慶作の重要文化財阿弥陀如来像、行基作の薬師如来像から地元で信仰されてきた素朴な仏たちなどが展示されており、見ていて飽きない一見の価値ある美術館である。ぜひ訪問することをおすすめしたい。

9、静岡県熱海市

熱海市は温泉で有名であるが、伊豆での地理的位置からすると、箱根、函南、三島、伊東方面への入り口となる場所である。現在の自動車道だけでみると判りづらいが、山越えを考え、修験道の道で考えれば、伊豆に入るのに非常に便利なところにある。我々の次の目的地は湯河原と熱海の間、伊豆山の麓にある「伊豆山神社」である。

伊豆山神社

①伊豆山神社

伊豆山神社と云う呼称は、明治になってからの呼び名であり、それまでは神仏習合の社で伊豆大権現、走湯大権現と呼ばれていた伊豆の呼称発祥の社である。

創建の年代は、はるか悠久の昔で残されていないそうであるが、仁徳天皇が勅願所としてから清寧、敏達、推古、孝徳、後奈良帝などの勅願所であったそうだ。古くは役小角をはじめ、弘法大師、多くの山嶽仏教徒や修験者が入峰して修行を積んだ霊場でもあった。世界遺産になった富士山に初めて登頂して富士山信仰の大本を開いた末代上人は伊豆山の僧であったという。

伊豆に配流となった頼朝は源家再興を伊豆山に祈願し、鎌倉幕府創設後は、篤く伊豆山を崇敬し、箱根権現と共に二所と称して、幕府最高の崇敬社とし厚く保護したそうである。この二社と三嶋大社を入れて三社を参拝することを二所詣でと云い、頼朝が始めたと言われている。

また伊豆山神社は、政子と頼朝の縁結びの社でもある。頼朝と政子が付き合っていることを知った北条時政は、平家を恐れて、政子が頼朝と付き合わないように自邸に閉じ込めてしまう。しかし政子は、頼朝を慕い彼のいる伊豆山神社へと逃げるのである。この政子の行動は吾妻鏡に政子の言葉として記述されている。

静御前が鶴岡八幡宮で義経を慕い舞踊った時、頼朝は静の舞に激怒するが、政子がなだめて、

「父の北条殿が、平家を恐れて私があなたと逢わないように押し込めてしまいました。しかしなお私はあなたが恋しいので真っ暗な闇夜の中、激しい雨に打たれ、道に迷いながらもあなたの所（伊豆山神社）に逃げ込んだのです。また石橋山の合戦では、私は一人、伊豆山神社であなたのことを心配していたのです。」

このように述べて、貞操堅固な静の心持を褒め、さらに舞も素晴らしかったのだから、褒めてあげるべきだと頼朝に直言するのである。

我々が伊豆山神社に着いたのは十一時、函南の高源寺から山伝いに三〇分で到着した。

伊豆山神社の駐車場に車を停めて、神社に入るのだが、そのためには目の前の長い階段を昇ら

なければならない。日頃、平地の散歩はしているのだが、階段では使う筋肉が違うようだ。駐車場から本殿前までは一八九段である。しかし海岸の伊豆山浜から昇ると八三七段あるそうである。やっと境内にたどり着き、まずは参拝、その後社務所に顔を出した。伊豆山神社のご案内は神社職員の原口女史にお世話になった。

境内の案内板にあったが、伊豆半島一周の修行道「伊豆辺路」が開かれたのは古く、仁徳天皇のころに蘭脱仙人によって開かれたそうである。

また伊豆山からは修験者の道が山越えで各地に通じており、箱根権現、函南、三嶋大社などに、また伊東まで下れば、そこから山を越えて伊豆平島の真ん中大仁の方へも通じていたそうである。これらの道を使用して、頼朝は自由に伊豆の中を歩き回れたのだろう。

境内に入ると参道があり正面がご社殿である。ご社殿の前には、ご神木の梛（ナギ）の木がそびえている。

ご社殿には、新しく塗装を施した龍や波に鯉、波に犀などの彫刻が目に鮮やかである。今回の解体修理で社殿彫刻の彫り師は「波を彫らせたら日本一」と言われた「波の伊八」こと安房国出身の宮彫刻師「武志伊八郎伸由」であることが判明したそうだ。

ご社殿左側には頼朝・政子腰かけ石がある。三嶋大社と異なり、こちらはベンチシートの椅子である。頼朝は政子の肩に手をまわして腰かけたのかもしれない。社殿右側には伊豆山郷土資料館がある。この資料館には銅造走湯権現立像や鉄製の経筒などがあるが、我々の眼を引いたのは

伊豆山神社頼朝政子腰かけ石

政子が頼朝の一周忌に奉納したと言う「法華曼荼羅」である。これは政子が自分の髪を切って、その毛髪を合わせて曼荼羅の文字にしたと言われている。

この「法華曼荼羅」の素地は鎌倉時代の物と云い、ＮＨＫの調査によると文字に使われている政子の髪の血液型はＯ型で、前述した修禅寺のご本尊大日如来の胎内に納められていたＯ型の女性の髪と同じ毛髪であったと云う。

伊豆山神社の境内は見晴らしがよく、伊豆山浜の海岸、その向こうには熱海の海が広がっている。天気が良ければ初島まで見えるそうだ。

この高台に立ちながら、我々の話は頼朝の安房渡りの話になった。通説では頼朝は真鶴岬から小舟で安房の国へ渡ったとのことであるが、真鶴岬では、海流が相模湾を循環しており、小舟を漕いで房総半島まで行くのは難しいという話である。そういわれると私も二年前の経験を思い出した。ちょうど真鶴岬に着いて海を見ると海岸に沿って幅広く海が濁っていたのである。但し沖の方はきれいなブルーであった。ちょうど昼時であったため岬の寿司屋に入り話を聞くと、昨日までの大雨で濁った川の水が海に流れ出て、南へ下ってきたとのことであった。この海流では湾岸沿いに流されてしまい、安房を目指して湾を東に漕ぎ出すのは難しいようだ。

それでは頼朝が何処から安房へ渡ったのか？　原口女史によると、

「当時伊豆山神社には八百人もの僧兵がいた。また一九八九年、伊東沖の海底火山で騒がれていた頃、熱海湾の南の海底三〇ｍほどの処に、沈んだ港の跡が発見された。そこから熱海には大きな港があったと考えられる。これらの事実から推察すると、頼朝は石橋山で負けてしまったが、伊豆山神社の僧兵が真鶴まで頼朝を迎えに行き、無事に伊豆山神社まで助け出されたのである。そして熱海の港から言い伝えられているような小舟ではなく、甲冑を着けた武士を運べるような大きな船で安房へと移動したのであろう。熱海からならば海流が東の安房方向へ流れている。」と云う。

この説は、我々にも十分に納得出来る考えであった。

このような話をしているうちに昼を廻り、ここで原口女史とはお別れをした。ここから山越えで二所詣の最後、箱根神社に向かう。ここからは十国峠を越える山道である。

《神奈川県》

10、神奈川県箱根町

さすが山の上、気温は二十三度を指している。山道ではエアコンを停めて自然の冷気を車内に入れて走行するのが気持ち良い。途中箱根新道を過ぎる。比企郡から伊豆に入るのには、この箱根新道も一つのルートではあるが、やはり北に偏りすぎている。比企一族は、支援物資を伊豆山越えで、頼朝のもとに届けたと考えているが、ますますその感を強くする。道が下り坂になると芦ノ湖畔「関所跡」を通過する。箱根神社はもうすぐである。

箱根神社

①箱根神社

箱根神社も伊豆山神社と同じように江戸時代までは神仏習合であり箱根権現と称していた。明治になり箱根神社と称するようになった。神社は芦ノ湖の湖畔にあり、駒ケ岳山頂に奥宮がある。

創建は明らかではないが、古代より山岳信仰の霊場であった。『筥根山縁起』では、孝昭天皇の時代、聖占仙人が駒ケ岳をご神体として宮を開いたのに始まりであり、天平宝宇元年（七五七年）、万巻上人が現在の地に宮を創建して僧・俗・女の三体の神を箱根三所権現として祀ったと伝えている。

我々が箱根神社に入った時は午後一時を廻っていた。さすが平日なのに観光客が多い。しかし日本人よりも外国の家族連れが多いようだ。ご社殿に参拝し、次に宝物殿に向かった。しかし宝物殿には頼朝や政子に関する資料の展示は無かった。

吾妻鏡には、頼朝は、旗揚げ後、山木館を落としたが、石橋山の合戦で敗北し、この箱根権現の別当に助けられ、やっと安房の国に渡ったと記している。

鎌倉時代以降、頼朝はじめ東国の武士の崇敬を受けた神社である。しかし豊臣秀吉の小田原攻めで戦火にあったが、徳川家康に保護されてまた繁栄を取り戻したと言う。

気温は二十一度、非常に涼しい。真夏の暑い比企に戻りたくないが、我々の二所詣も終わった。時間の都合もあり帰途につく、帰路も交通渋滞には巻き込まれず順調に走り、秩父連峰に夕日が沈むころ無事に東松山へ着いた。

11、神奈川県鎌倉市

鎌倉市は、歴代源氏が拠点としていた町であり、頼朝が幕府を開いてからは武士の都として発展した。この町で源頼朝、比企氏、北条氏、熊谷氏、畠山氏、梶原氏など将軍と御家人たちとの微妙な抗争が勃発し、比企氏が滅ぼされたところである。

①日蓮宗本山比企が谷

長興山妙本寺

鎌倉若宮大路、郵便局の角で東に曲がると道は小さな川を渡る。この川が滑川である。滑川を渡ると左手の道正面に妙本寺の総門が見える。この門をくぐると妙本寺である。総門のすぐ脇には幼稚園が併設されている。

妙本寺は鎌倉市内中心部にあるが、鶴岡八幡宮などの観光名所と異なりひっそりとしている。この寺は、比企氏の生存者、儒学者比企大学三郎能本が、「比企氏の乱」で死亡した能員夫婦及び比企一族の菩提を弔うため、自分の屋敷の土地を日蓮上人に提供し、法華堂を創建したことによる。日蓮上人は、文応元年（一二六〇年）比企能本の父・能員と母に「長興」、「妙本」の法号をそれぞれ授与し、この寺を「長興山 妙本寺」と名付けた。妙本寺は日蓮宗最初の寺である。

寺の場所は谷津と称するように、境内は山に挟まれた地域で一歩なかに入ると、うっそうと木々が生い茂り、静寂に包まれる。境内の奥、正面には祖師堂がある。祖師堂の前に比企氏一族の墓、乱の時、一幡が着ていた小袖が見つかったため、この地で一幡君も死んだとして建てられた一幡之君袖塚、祖師堂の左には仙覚律師の碑、さらにその奥には四代将軍頼経の正室竹御所（媄子）

祖師堂

比企一族墓

竹御所の墓

の墓などがある。また妙本寺総門を入り、左手に細い道を取ると突き当りに若狭の局の霊を祀った「蛇苦止明神」がある。
鎌倉を訪問したら、ぜひ訪れたいお寺である。

《鹿児島県》

二〇一六年十二月初旬、丹後内侍の調査のため、島津公の地元九州を四日間のスケジュールで訪問した。着いた鹿児島空港は小雨であった。計画した本日の訪問先は、鹿児島市郡山町の花尾神社、東俣町の一之宮神社、本城町の花尾神社である。早速、空港でレンタカーを借りて鹿児島市郡山町へ向かった。

郡山町にある花尾神社の境内で、郷土の歴史を調べ、町おこしにも活躍されている郡山地区「ふるさとを学ぶ会」事務局長の河野誠郎氏と待ち合わせ、花尾神社をご案内いただいたうえ、河野氏のご紹介で貴島吉宣宮司さんにもご挨拶させて頂いた。のみならず調査最終日には追加調査としていちき串木野市もご案内いただけることになった。

12、鹿児島県鹿児島市

①花尾神社（郡山町）

花尾神社の参道は稲田の中に立つ赤い大鳥居から始まる。鳥居をくぐり、さらに進むと多くの木立に囲まれた静な参道となる。参道の右側に丹後局の墓、左側に丹後局御荼毘所があり、参道の突き当りに「さつま日光」と呼ばれる極彩色の華麗な彫刻に彩られたご社殿が建立されている。

花尾神社の創建は、建保六年（一二一八年）忠久公が頼朝公の尊像を祀ったのが最初と伝えられ、古くは厚地山権現、花尾権現などと呼ばれた。この神社のご祭神は、清和天皇、主神に源頼朝と丹後局、従祀神に僧永金《ようきん》を祀る由緒ある神社である。

現在は神として祀られているが、江戸時代には本地を加えて源頼朝は阿弥陀如来、丹後局は観音菩薩、永金は薬師如来として崇められていた。

社宝として「頼朝公御真筆」・「頼朝公毛髪入れ」・「丹後局愛用の刀剣」・「丹後局愛用の御鏡」・「源頼朝公御笏」などが伝わる。

毎年九月二十三日に行われる「秋の大祭」では、「花尾の太鼓踊り・太平の獅子舞・岩戸の疱瘡踊り」などが催される。またこの大祭に合わせて、旧鶴丸城から花尾神社までの十七・五㎞を歩くイベント、「蟻の熊野詣で」にちなんで、「蟻の花尾詣で」と呼ばれる仮装行列も行われ、丹後局に扮装した女性が輿に載り、武者行列が行われる。

最初にこの神社のご由緒を三国名勝図会に記されている「花尾大権現廟記」より要約してみる。

『花尾大権現廟は、始祖忠久公により創建され、三柱の神様をお祀りしている。中は「鎌倉右大将頼朝公」、右は「丹後の御局」、左は「永金阿闍梨」である。文治元年（一一八五年）忠久公は薩隅日三州の守護職となり、この国に下った。正治元年（一一九九年）正月十三日、頼朝公が鎌倉にて亡くなられた。そのため忠久公は建保元年（一二一三年）、花尾山の麓に堂宇を建てて、頼朝公の尊像をご安置され百世不毀の廟と定められた。丹後局は忠久公の生母である。嘉禄三年十二月十二日に亡くなられると、遺骸は、ご遺命により、花尾山の麓に葬られた。僧永金は、花尾に平等王院という寺院を開山し、丹後局が帰依していた徳の高い名僧である。そのため建保六年（一二一八年）に頼朝公の尊像の両脇に丹後局と永金の像を安置し、三霊を合祀して花尾権現としてお祀りした。』

花尾神社社殿

このように花尾神社は、頼朝、丹後局、永金を祀り、島津家の代々当主により手厚く保護されてきた神社である。

現在のご社殿は、江戸時代正徳三年（一七一三年）建立と推定されているが、嘉永五年（一八五二年）には幕末の名君島津斉彬公により大修理が行われている。この時の大工頭は、棟札によると名工「阿蘇鉄矢」であり、ご社殿内部は朱色に塗られ、拝殿・幣殿・祝詞殿の天井には、嘉永六年（一八五三年）に能勢一清によって描かれた一七〇種四〇一枚の花々の絵が色鮮やかに残っている。また祝詞殿左右には門守人「右大臣・左大臣」の座像が安置されていたが、この右大臣像の垂れた脚に描かれている紋は、文献資料「さつま日光　花尾神社」によると、「外雪唐花」とみる公家閑院家の紋章といわれる。

また拝殿の内部には、多くの扁額が掲げられているが、琉球と行き来があった島津家らしく、江戸時代に琉球国より奉納された四枚の扁額も飾られている。

②丹後局の墓

丹後の局は、忠久公より郡山の厚地村と東俣村を湯沐の地として賜ったので、居住地の市来から、時々この両村を訪れていた。このため丹後局は「私が、亡くなったならば花尾山の麓に葬るように。」と遺命した。

現在の墓は、参道を右に入ったところにあり、石柱に囲まれた立派な多宝塔で、笠石文様には島津氏の家紋が数多く掘られている。丹後局の神号は「嬰丹瓊御統姫命《あやにみつるひめのみこと》」、多宝等の隣に「御苔《おこけ》石《いし》」と呼ばれる小さな石塔が有るが、これが元の丹後局の墓と言う説もある。この「おこけ石」についた「御苔」を貰うと安産になるとの言い伝えがあり、お守りとして持ち帰る人が後を絶たないと言う。

現代になると丹後局は忠久の生母として安産・子育ての神様として、人々の崇敬を受けているのである。

③丹後局御荼毘所・御灰塚

花尾神社参道の左側、一段下がった場所にこの塚はある。ここは丹後局を荼毘に付した場所といわれ、建てられている塚は、御灰塚として二十代島津綱貴公の時、元禄二年（一六八九年）に建てられたという。

石の高さ二m強、六面からなる塚である。石碑の左に嘉禄三年、右に丹後局の命日十二月十二日とある。この石碑六面の上部には一面ごとに地蔵菩薩の像が刻まれていたというが、現在に残る塚には残っていない。

明治の廃仏毀釈時に削り取られてしまったと言う。

④丹後局御腰掛石

花尾神社の参道が始まるあたりにある石である。丹後局が、市来より来訪する時しばしこの石に腰掛けて休息したと言う。丹後局は、嘉禄三年（一二二七年）十二月十一日に厚地村の花尾神社に参詣の折、疲れたと言って傍の石に腰かけてそのまま眠るように息を引き取ったと伝わる。

花尾神社と周辺部見学の後、河野氏とは別れて近くにある丹後局ゆかりの神社を訪ねた。

丹後局墓

おこけ石

丹後局御腰掛石

丹後局荼毘所・御灰塚

⑤一之宮神社（鹿児島市東俣町）

一之宮神社は樹齢二～三〇〇年の大樹に囲まれた神社である。

境内にある説明文によると、祭神は、主祭神に島津忠久、副祭神は丹後局・惟宗廣言、それに妙見権現神・湯屋権現神・高尾の神・鎮守の神・南方の神が合祀されている。創建は不詳であるが、推定で約五百数十年前とされているが、三国名所図会には、この地の地頭、村田肥前守経安が、延徳三年（一四九一年）三月二十七日に再興したとある。さらに享保十一年（一七二六年）二十二代島津継豊が再興し、天明六年（一七八六年）に二十五代島津重豪が重興したと言う。

一之宮神社

花尾神社（本城町）

拝殿には島津重豪・斉宣その他琉球使者からの献額等がある。東俣の産土神として昔から崇敬され、春秋の祭りには祈願の太鼓踊りや感謝の大相撲が奉納されて賑わったという。

⑥花尾神社（鹿児島市本城町）

郡山町の花尾神社と同名の神社である。祭神は丹後局であり、吉田郷土史によると昔は高牧山の上に丹後局の分身として祀ったが、参拝困難なために元禄十二年（一六九九年）現在の地に移したという。

このように丹後局を祀った神社が、幾つか存在するのは、時代の流れと共に、島津家本家から、多くの分家に別れていく過程で、子宝に恵まれ子孫繁栄を祈るために、花尾神社から安産・子育ての神として丹後局の御霊が分祀されていったようだ。

13、鹿児島県いちき串木野市・日置市東市来町

花輪神社をご案内いただいた河野誠郎氏から有難い申し出を受け、この調査の最終日に、当初の計画になかった「いちき串木野市」及び「日置市」に残る丹後局の遺跡をご案内頂いた。

まず両地域について「郡山史談第7号」から河野氏の文章を抜粋してみたい。

【市来・東市来】

市来・東市来は、ともに古くは市来院と呼ばれ、宝亀年間（七七〇～七八〇年）から市来氏が郡司となって支配していた。

市来氏には「大蔵姓」と「惟宗姓」とがあり、最初にやって来たのは大蔵姓市来氏である。宝亀年代（八世紀後半）に大蔵政房が初めて薩摩に下向し、市来院郡司となって世系《せいけい》をつないでいた。ところが四代家房が早世し、後家の市前御前が跡を継ぎ、のち寛元二年（一二四四年）七月十九日に外孫の惟宗政家を養子として市来院郡司職を譲った。以来、惟宗姓市来氏が市来院の領主として代々相続し、この政家から惟宗姓の市来氏が始まっている。

寛正三年（一四六二年）に、十二代久家の代に至って、島津立久《しまづたつひさ》との戦いに敗れ、政房以来六九〇余年にして市来家は没落し嫡流家は滅亡した。

その後、島津氏にその支配が移り、地頭が置かれた。天明四年（一七八四年）に市来郷と改め、川上、湊、大里、湯田、養母、長里、伊作田、神之川と八つの村に分けられ庄屋が置かれた。島津家始祖島津忠久《しまづただひさ》公の生母丹後局《たんごのつぼね》と、市来郷とは関係が深く、来迎寺跡に残されている丹後局の墓や、市来氏の居城であった鍋ヶ城には、惟宗広言の墓と伝えられている墓が、八〇〇年近くになる現代まで残されている。

市来郷吏の提出した文書には、「惟宗広言《これむねひろのり》は丹後局とともに薩洲に下向し、鍋ヶ城に居る」等とある。また、惟宗姓市来氏の系譜に「惟宗民部大夫広言、晩年、忠久公に従いて薩洲に下向し、市来院を領して城に在り。因（よ）りて子孫、世々之を伝へ……」とある。

このように市来氏は島津氏に滅ぼされてしまったが、惟宗家は代々この地を有していたのである。

河野氏とは鹿児島市郡山支所で待ち合わせ、雨上がりのさわやかな朝を、一路、国道三号線を経由して鹿児島本線市来駅に向かった。

①丹後局舟着場跡

鹿児島本線市来駅は、東シナ海に面した名勝吹上浜の北のはずれ、海岸から九〇〇mほど内陸に入ったところにある。この駅前の広場に面して、市来町教育委員会が平成元年三月に建てた「丹後局舟着場跡之碑」と記した石碑があり、石碑には次の文が記されている。

『この碑の西方弐百米の所に、石に囲まれた、一本のハマヒサカキがある。ここは丹後局舟着き場跡と伝えられている。島津家の伝承によると、初代忠久は、源頼朝の乳母比企尼の女丹後局が、頼朝の愛を受けて産んだ子とされている。その忠久が薩隅日三州の守護職となり薩摩に下った時、生母丹後局も同行し、その乗船が、この地に着いたと伝えられている。』

この説明のように、駅前から二〇〇mほど離れた所、人家に囲まれて舟着場跡はあった。しかしそこにたどり着くための道が無く、隣家の裏庭を通らせて頂いて船着場跡に到着した。そこには大きな石が置かれ、側にハマヒサカキが生えていた。十二月の今日、小さな白い花がびっしりと付いている。そのハマヒサカキに隠されるように船着き場の標が建っている。その側には小さな水路がある、おそらく浜へと続く水路が伸びていたのであろう。

三国名勝図会の市来の条に次の様に記述されている。

「丹後局御下向の時、薩摩渡瀬《わたらせ》に着き給ひしに、原野松林の間に一帯の砂磧《しゃせき》相連り、海上の風景殊《こと》に勝れ、地形鎌倉に酷似し南方の赤崎浜は鎌倉の由井ヶ浜に似たれば、鍋ヶ城に居を定められ、鎌倉の七社並に厳島《いくつしま》明神その他の社寺を処々に建立し給へり。」又郷史の説に「鍋ヶ城の所在地を大里と呼ぶは御里の訛唱なり」と言われている。

市来駅前の丹後局船着場跡の碑

丹後局船着場跡の碑

②大里の厳島神社

船着場を見学した後、戻るように国道三号線を下り、大里の厳島神社に向かった。神社は国道三号に面して祀れている。祭神は三座で、市杵島姫（イチキシマヒメ）、田心姫（タゴリヒメ）、湍津姫（タギツヒメ）という。

この三柱の女神は宗像氏の祀る三神で、航海の安全をつかさどる神々である。境内にご由緒が刻まれた石碑が設置されていたのでその文章を次に記す。

『厳島神社は、市杵島姫命《いちきしまひめのかみ》、田心姫命《たごりひめのかみ》、湍津姫命《たぎつひめのかみ》の宗像三神が祀られてある。創建は建久七年（一一九六年）、島津忠久公の生母丹後局が鎌倉から薩摩へ下向の海上で台風にあい、三神に祈って無事にこの地に着かれた。鍋ヶ城に住まわれた局は、先ず此処蒲牟田屋敷に三神を勧進して、木彫りの舟と薙刀を奉納されたという。創建以来約八〇〇年、旧十一月二十日を祭日として崇敬されてきた。氏子は下手一円、市来郷、串木野、羽島、川内、入束、市比野等に在住する。』

言い伝えでは、この社に丹後局が納めた一尺余の船があったと言うが、これは判らなかった。祭神の市杵島姫命・田心姫命・湍津姫命は宗像三女神《むなかたさんじょじん》で、宗像三女神は、宗像大社（福岡県宗像市）に祀られている。宗像大社は現在、全国の六二〇〇余りの神社で分祀がおこなわれている。宗像地域の人々の信仰も厚く、交通安全の神様として近郷からの参拝者も多い。

田心姫神は海の民を悩ませる海上に発生する霧に、湍津姫神は潮流の激しく早い様子に、市杵嶋姫神は神を祀るという行為に由来したものと考えられている。

三国名勝図絵によると、丹後局七社と言われる神社が記されている。これは、すべて大里地域にある。伝承では、丹後局が鍋ヶ城におわした建仁三年（一二〇三年）に、鎌倉の七社を勧請したという。七社とは鶴岡八幡宮・御霊大明神・今熊権現・産湯稲荷大明神・包宮大明神・日吉山王社・安楽権現社である。

大里の厳島神社

③来迎寺墓塔群―丹後局の墓

厳島神社からさらに三号線を下り、右の山あいの細い道を入ってゆく。道しるべが少ないので判りにくいが、いちき串木野市大里に来迎寺墓塔群がある。笹や竹に囲まれた林の中に突如として墓石の群れが出現する。このなかの立派な塔が丹後局の墓と伝わる。墓の高さは二m以上あるだろうか。周りは石の玉垣で囲まれ、墓には文永十二年（一二七五年）と刻まれている。

また周辺には市来氏歴代の墓石、また僧侶関係の墓とみられる墓が整理され、並べられている。

＊来迎寺とは

当時曹洞宗・竜雲寺の末寺、丹後局建立と伝わる。明治三年（一八七〇年）に廃仏毀釈により廃寺となった。来迎寺跡墓塔群は、昭和四十二年三月三十一日に県指定文化財に認定されている。

河野氏は、来迎寺《らいごうじ》跡地の島津忠久の母・丹後局墓とされる墓石（いちき串木野市指定史跡）は、「文永十二年（＝一二七五）四月廿二日」の銘から、丹後局ではなく市来氏関係者の墓か供養塔と考えられている。

来迎寺墓塔群　丹後局墓

④鍋ヶ城跡と惟宗廣言墓

来迎寺墓塔群を後にした私たちは、国道を横切り、細い道を丘の上へと上って行った。頂きに着くと突然目の前が開け畑地が広がっている。ここが鍋ヶ城の跡である。鍋ヶ城はその名のように鍋を伏せたような丘の上にある。この畑地の真ん中に一本の木と、その下に石塔が建っている。これが丹後局の夫惟宗廣言の墓と伝わる。

鍋ヶ城跡

鍋ヶ城跡の惟宗廣言墓

⑤湯田の稲荷神社

薩摩で一番古い稲荷神社と云われ、この神社を勧進したのは丹後局と言われている。以下、神社境内の説明版にある由緒を記す。

『島津忠久公の母である丹後の局が、強い風雨の中で産気づかれた際、摂州住吉大社にある稲荷神社の神の使いであるキツネが、灯りをともして出産を助けた。その御心霊の加護により誕生された霊験を偲び、薩摩守護職に任用された折、創建されたと伝えられる。一説には承久三年（一二二一年）と言われ、鹿児島最古の稲荷神社で、稲荷信仰の発祥の地である。代々島津家は当社を氏神として厚く尊崇された。なお誕生のみぎりの雨風は産後の不浄を流し、以来、事に臨んで雨が降るのを「島津雨」と言って、吉兆と喜ぶことになった。旧社地は国道三号線沿い、今も一本鳥居が残っている。現鎮座地には天和三年（一六八三年）九月遷座された。地元市来郷の郷社として広く崇敬され、三月三日のお田植え祭りには、世襲の親牛・子牛の田圃劇で社頭は賑わう。平成二十六年十月由須原八幡神社を合

湯田の稲荷神社

祀して現在に至る。』

祭神は「稲の神・倉稲魂之命」・「道開きの神・猿田彦大神」・「学問や踊りの神・宮毘姫之命」である。

稲荷神社の境内には、仁王像をはじめ、日置市指定文化財が多く現存しており、裏山の椎の木の根元には、国の天然記念物に指定されている「ヤッコソウ」が自生する。

⑥丹後の局腰掛石
東市来の丹後局が腰掛けて休息をとったと伝えられている腰掛石は、長里にある。鶴丸城の城内に通じる大手口近くの（現JRの東市来駅の近く長里）古市を流れる江口川の近く、住宅街の中の個人の庭先にある。

なお丹後局の腰かけ石と呼ばれる石は、この他にもあると言われている。


このようにして鹿児島の調査は終了したが、河野氏のご案内など得る物の多い旅であった。やはり地元の方は知識が豊富である。なおこの項は河野氏より頂いた、ふるさとを学ぶ会発行「郡山史談第7号」に寄稿された河野誠郎氏の文を多く引用させて頂いている。

《福岡県》

14、福岡県うきは市

これより調査旅行の二日と三日目に訪問した福岡県うきは市の伝承・遺跡について記してみたい。うきは市は福岡県が大分県と接する県境にある。鹿児島より九州自動車道・大分自動車道を使用して、うきは市に向かった。うきは市は柿の名産地でもあり、高速道を走る車窓からも多くの柿園を目にすることが出来る。大分自動車道の杷木インターチェンジで降りて、最初の目的地うきは市浮羽町小塩の小椎尾神社に向かう。浮羽町小塩地区は山間を流れる小塩川を挟んだ地区である。細い山道を進むとV字型に切れ込んだ谷の底に小塩川の流れが見え隠れする。

小塩地区は、「ほたるの里」としても有名で、毎年六月には「小塩ホタル祭り」を開催している。また小塩の石工は、徳川時代初期から小塩の茶臼山の石（山北石）を加工し、筑前・筑後・肥前各地の鳥居・狛犬・灯籠などの石造物を作っている。

小椎尾神社は、小塩川の川沿いの山の中腹を走る道路沿いにある神社で、参道には立派な石造りの燈籠などが並び、見るからに由緒ありそうな神社である。

この神社の前で、今日ご案内いただく宮司の安元紀雄氏と待ち合わせである、安元氏は浮羽町三春にある三春天満宮の宮司さんでもある。ご挨拶も、そこそこに神社をご案内いただいた。私の訪れた十二月初旬は、この地域の多くの神社で秋祭りが行われるそうである。有難いことに安元宮司さんもその祭礼の合間を抜け出してご案内を頂いたのである。

①小椎尾《こじお》神社

小椎尾神社はもともと小塩川をさらに上流に行ったところにあったが、創建後、洪水により社殿が流失したため、寛文五年（一六六五年）に現在地に移され再建されている。

小椎尾神社は記録によると、今から八〇〇年程前の元久年中（一二〇五年）、時の領主越生越前守広斉《ひろなり》が春日明神三神（刀剣・武勇の神）（国土平定の神）（知恵・思慮の深い神）を現在の小塩本宮のところ（現小椎尾神社より五〇〇ｍほど小塩川上流の地）へ、越生明神として勧請したものだと言われている。

この小椎尾神社の旧神像が置かれた敷板に刻まれた銘文が既に述べたように丹後局の伝承のもととなっている。

小椎尾神社参道入り口

小椎尾神社

小椎尾神社を見学さ

せていただいた後、小塩川上流へ移動、洪水で流される前、元小椎尾神社の跡に建てられた小塩本宮を見学させて頂いたが、現在、小塩川は、その場からはるか下を流れており、洪水で、ここまで水が上がって来たのかと思うと自然の力の激しさに驚くばかりである。

旧神像敷板銘板

小塩本宮

②岩屋観音堂

小椎尾神社から小塩川に沿って道を下ると山側に大きな岩壁がそそり立つ。この岸壁の窪みを利用して掘り込まれている岩屋が、岩屋観音堂である。

岩屋観音堂に建てられている説明版によると、

『源頼朝に寵愛されていた丹後局は、頼朝の死後、越生越前守広斉に伴われてこの地に来住し、後に仏門に入って「比企尼」となり開岩山妙仙庵（現岩屋観音堂）を建て、頼朝たちの冥福を祈ったといわれています。

谷の向こうの原区には、「比企尼《びくに》様』といって数基の供養塔なども保存されています。

うきは市教育委員会』

この説明のように小塩川を挟んだ対岸には、丹後局が住んでいたと言われる場所も残されてい

岩屋観音堂

阿弥陀如来坐像（浮羽歴史民俗資料館）

るという。

またこの観音堂に安置されていた阿弥陀如来像は、修理されて、今は、うきは市立浮羽歴史民俗資料館に展示されている。そこで一目見ようと資料館を訪問しようとしたが、あいにくと今日は月曜日、資料館は休館である。そのため市内に一泊し、翌日資料館とうきは市立図書館を訪問し調査を継続することにした。

③浮羽歴史民俗資料館

どこの町でもそうだが、地元の歴史を調査し展示している資料館があると、その町の人々のふるさとを愛する気持ちが伝わってくる。開館時間を待ち、早速入館した。

目的の阿弥陀如来坐像と僧形像二体は、きれいに修復され資料館の二階に展示されていた。また小椎尾神社旧神像敷板に彫られていた銘文も写真として残され展示されている。

資料館見学後、事務所内で、いらっしゃった方に、訪問事前調査で、是非今回お会いしたかった地元小塩の郷土史家佐藤力氏について伺ったところ、残念ながら既に亡くなられたとの事であった。非常に残念であったが、さらに良く聞くと、今応対して頂いている方、その方は福岡県文化財保護指導員をされている佐藤好英氏、実は佐藤力氏の息子さんだったのである。

そこでさらなる情報を得ようと、この地に丹後局の墓はあるのかと聞いたところ、墓は無いという。その代わりにお話しいただいたのが八大竜王尊徳之碑のご由緒であった。

④八大竜王尊徳之碑のご由緒

『小塩に住み、頼朝たちの菩提を弔っていた丹後の局は、ある日突然に姿を消してしまった。局は、小塩川の上流竜王淵に身を投げたのである。村人たちは、局を助けようと水を掻い出そうとしたが、水は尽きず、ついに見つからなかった。すると黒雲にわかにわき起こり、一匹の龍が天に昇って行った。以降この淵は、雨乞いの場所となった。村人たちは丹後局の霊を慰めるために「八大竜王尊徳之碑」を建てた。』

この碑は、平成二十四年の大水で流されてしまい、今は無いという。そこで資料館を出て近くにある、うきは市立図書館で市史などの調査を継続した。うきは市での調査終了後、往路と同じく、高速道路を走り鹿児島へと向かった。

それにしても浮羽町の丹後局の伝承は、地理的にも唐突であり、この伝承の背景を調査することは非常に困難である。九州の他の地域にも埋もれた丹後局の伝承が眠っているのだろうか？

今回九州地方を調査して、ますます強く感じたのが、既に述べているように、勝者の歴史が歴史であり、敗者の歴史は伝承に残るのみである。どの地の、どの伝承も否定はしたくない。そこには八〇〇年前より延々と続く人々の息吹き、生活があるのである。このようなことを思いながら、九州調査を終えて鹿児島空港より帰路に着いた。

最後に、今回訪問できなかった遺跡のいくつかを挙げてみたい。

①平泉町毛越寺の千手院境内にある五輪塔、義経妻子の墓と言われる。

②神奈川県厚木市小野にある小町神社は、小町神社縁起には次のように伝えている。

『その昔鎌倉時代丹後内侍という世にもまれな美人がおり、ひそかに源頼朝のご寵愛を受け、終に彼女は身ごもりました。これを知った婦人政子は大変ねたみ、畠山重忠に彼女の首をはねよと命じました。

重忠は家臣の本多次郎に命じ丹後内侍を浜へ伴い殺そうとしましたが、彼女の身を哀れみ身代わりを立てその場をつくろい、乳兄弟で小野の住人川上酒匂の屋敷にかくまい内侍を助けました。

然しいつとはなくその事が政子の耳に入りその怒りは骨髄に徹する程厳しく、丹後内侍は俄かに白髪の姿になってしまいました。彼女は心を静め考えた末「俤のかわらで年の積れかし、たとえ命に限りあるとも」という古歌を短冊に書き、心身を清め十七日間一心に小町姫に祈った処、満願の日に元の黒髪に戻りました。彼女は霊験の尊さを感じ小野の林中に小町神社を建てました。

それ以後三十歳以下の男女で白髪の人が心厚く小町神社へ祈ると黒髪に変わり、遠方の人々も参詣に来る様になりました。その後彼女は泉州住吉で玉の様な男子を生みました。その子が後の薩摩の島津家の祖先だと人々は伝えています。』

③神奈川県横浜市戸塚区矢部町の丹後山神明社
頼朝の子を身ごもった丹後内侍が、政子から逃げ、この神社の境内で、狐火に守られながら子を産んだと言い、この神社のある山を丹後山と云う。

④大阪府大阪市住吉区住吉大社
丹後内侍が、政子の逆鱗に触れて鎌倉を追われ、西国へ下る途中、雨の降る夜、摂津の住吉大社の境内で、狐火に守られながら忠久を生んだという。境内には誕生石が、祀られている。

比企氏に関連する遺跡は他にもまだまだ残されている。それらは本文でもいくつか触れているが、真実の遺跡、伝承の遺跡などさまざまである。まさに「敗者の歴史は伝承に刻まれている。」である。

最後に、ここに記した史跡を巡る場合、是非観光ガイドさんが居れば、その案内で廻ってほしい。埼玉県東松山市周辺の史跡については「東松山市観光ガイドクラブ」が案内可能である。その際は東松山市観光協会へ申し込めば受け付けてくれる。ぜひ利用したらよいだろう。

あとがき

歴史とは、いつの時代も勝者の作った歴史であり、特に比企一族が活躍した鎌倉時代初期については、勝者側の北条氏が後の時代にまとめた「吾妻鏡」が主要な資料とされているのが通説である。

また、学校の教科書の中では、「比企の乱」を起こし滅亡した比企一族については一行も触れていない教科書の方が主流である。わたくしたち比企一族歴史研究会では、深く比企一族のことを知りたく「吾妻鏡」と対比しながら当時の公家の日記をはじめ出来るだけ多くの文献と照らし合わせ、さらに伝承の残る現地に足を運び比企氏に関連する史跡、場所等を調査・研究した。その記録を平成二十七年に歴史探訪記とし発刊したが、今回さらに現地調査を広げて再版することにした。

平治の乱で源氏が敗れ、頼朝が三十四歳で平家打倒の旗揚げをする迄の二〇年間、頼朝を助ける人は少なく、時は平家全盛時代のこと「平家にあらずんば人にあらず」と言われている時代であり、流人である頼朝が世に出る見込みなどほとんど考えられない中で、比企尼は報いられることのない奉仕を長きにわたり続けた。尼の誠実さによるものか、頼朝への深い母性愛によるものか、その様な比企尼の存在がなければ鎌倉幕府の成立は無かったと言っても過言ではないだろう。

未だ調査されていない場所などもあるが、それは今後の課題にしたいと思っている。

この本の発刊にさいして、企画から編集に携わりご尽力頂きました比企一族歴史研究会の佐浦希望氏、市川正典氏、また「きらめき市民大学」で比企一族の歴史研究への道筋を示してくださった、比企総合研究センター代表の高島敏明氏、わたしの地元大谷宗悟寺ご住職、比企氏の菩提寺川島金剛寺ご住職、ときがわ町の慈光寺ご住職、吉見の安楽寺ご住職、岩殿の正法寺ご住職、鎌倉妙本寺のご住職、頼朝が平家打倒の旗揚げを行った高源寺ご住職、北条政子と頼朝が愛を育んだ伊豆山神社の原口女史、また、伊豆修善寺頼家まつりでお世話になったボランテイアガイドの上杉直氏、「かんなみ仏の里美術館」館長の鈴木勝彦氏、大竹の比企氏屋敷跡へ案内して下さった飯塚貢氏等、九州地方調査でお世話になった郡山地区「ふるさとを学ぶ会」事務局長の河野誠郎氏、花尾神社宮司貴島吉宣氏、小椎尾神社宮司安元紀雄氏、福岡県文化財保護指導員佐藤好英氏など、本当に数多くの人達にはお世話になった、紙上を借りて厚く御礼を申し上げたい。

本書の執筆にあたり、まつやま書房の山本正史氏、山本智紀氏にはいろいろと手を煩わせた。記して謝意を表したい。

本書の発刊が歴史を愛するひとたちにとって良い契機となり、比企一族について再認識して頂ければ望外の幸せである。

比企一族歴史研究会会長　西村　裕
比企一族歴史研究会副会長　木村　誠

平成三十年五月吉日

参考文献

「坂東武士団と鎌倉」（中世武士選書）　野口　実著　戎光祥出版
「鎌倉源氏三代記」　永井　晋著　吉川好文館
「埼玉の女たち」（歴史の中の二五人）　韮塚　一三郎著　さきたま出版会
「鎌倉北条一族」　奥富　啓之著　新人物往来社
「乳母の力」（歴史を支えた女たち）　田端　泰子著　吉川弘文館
「鎌倉時代その光と影」　上横手雅敬著　吉川弘文館
「鎌倉幕府の転換点」（吾妻鏡を読み直す）　永井　晋著　日本放送出版協会
「吾妻鏡」（第一巻から第七巻）　五味　文彦・本郷和人著　吉川弘文館
「武蔵武士　そのロマンと栄光」　福島　正義著　さきたま出版会
「甦る比企一族」　清水　清編著　比企一族顕彰会刊
「東国武士団と鎌倉幕府」　高橋　一樹著　吉川弘文館
「頼朝の武士団」　細川　重男著　洋泉社
「北条氏と鎌倉幕府」　細川　重男著　講談社選書メチエ
「源氏将軍神話の誕生」　清水　眞澄著　日本放送出版ブックス
「武士の王・平　清盛」（改革者の夢と挫折）　伊東　潤　著　洋泉社
「愚管抄」全現代語訳　慈円・大隅　和雄訳　講談社学術文庫
「頼朝の天下草創」（日本の歴史シリーズ）　山本　幸司著　講談社学術文庫

「鎌倉・古寺を歩く」（宗教都市の風景）　松尾　剛次著　吉川弘文館
「北条重時」　森　幸夫著　吉川弘文館
「中世都市・鎌倉の風景」　松尾　剛次著　吉川弘文館
「鎌倉時代の交通」　新城　常三著　吉川弘文館
「正法寺」　小原　仁　著　勉誠出版
「玉葉を読む　九条兼実とその時代」　小峰　啓太郎著　さきたま出版会
「比企年鑑」昭和２４，２６年発行　代表大木友造　比企文化社
「比企　岩殿観音とその門前町」　埼玉県立博物館
「吾妻鏡の謎」　奥富　敬之著　吉川弘文館
「譯文吾妻鏡標注」　堀田　樟左右著　東洋堂
「金剛寺と比企氏」　清月山元光院金剛寺
「中世武蔵人物列伝」　埼玉県立歴史資料館編
「鎌倉武士物語」　今野信雄著　河出書房
「国史大辞典」　吉川弘文館
「比企遠宗の館跡」　齊藤喜久江・齊藤和枝著　まつやま書房
「仙覚年表」　ＮＰＯ法人仙覚万葉の会
「鎌倉街道１　歴史編」　栗原仲道著　有峰書店
「鎌倉街道上道歴史の道調査報告書第１集」　埼玉県教育委員会
「事典日本古代の道の駅」　木下良著　吉川弘文館
「街道の日本史２２　伊豆と黒潮の道」　仲田正之編　吉川弘文館
「武蔵古道ロマンの道」　芳賀善次郎著　さきたま出版会

「武蔵武士と戦乱の時代—中世の北武蔵」　田代脩著　さきたま出版会
「渡来人・高麗福信」　相曽元彦著　明石書店
「関所　その歴史と実際」　大島延次郎著　新人物往来社
「源義経」　五味文彦著　岩波新書
「宮尾本平家物語」　宮尾登美子著　朝日新聞社
「国史大系第１２巻　徳川実記」　国会図書館デジタルコレクション　経済雑誌社
「平治物語絵巻三条殿焼討巻（写し）　国会図書館デジタルコレクション　原本ボストン美術館蔵
「ワイド図鑑　身近な野草・雑草」　主婦の友社
「日本史年表・地図」　児玉幸多編　吉川弘文館
「義経と郷姫」　篠綾子著　角川学芸出版
「新編武蔵風土記稿」（比企郡・横見郡）　新編武蔵風土記稿刊行会　修道社
「新編武蔵風土記—大日本地誌大系」　蘆田伊人著　雄山閣
「新編纂図本朝尊卑分脈系譜雑類要集」　吉川弘文館
「姓氏家系大事典（１９３６年）」　太田亮《あきら》著　角川書店
「埼玉叢書第４巻」　稲村坦元編　国会図書館
「古代氏族系譜集成上巻」　宝賀寿男編著　古代氏族研究会
「埼玉県史通史」　埼玉県
「福井県史」　福井県
「函南町誌上巻」　函南町町誌編集委員会　函南町
「伊豆の頼朝」　田方地域文化財保護審議委員連絡協議会　函南町
「東松山市史」資料編２　東松山市

「吉見町史」上巻　吉見町
「小川町史」中世　上巻・通史編　小川町
「秦野市史」通史1（波多野氏の出自と展開）　秦野市
「東松山市の歴史」上巻　東松山市
「東松山市の地名と歴史」　岡田　潔著　まつやま書房
「東松山史話」　埼玉県東松山文化財保護委員会　図書刊行会
「慈光寺」（慈光寺と鎌倉武士）　金井塚　良一著
「教養の日本史・鎌倉武士の世界」　安部　猛著　東京堂出版
「実朝・仙覚」（鎌倉歌壇の研究）　志村　士郎著　新典社
「島津忠久出生の秘密並びに丹後内侍と畠山重忠」　清水　尋著
「新編常勝寺史」常勝寺発行　土屋　昭弘著　ぎょうせい
「実朝と波多野」　秦野郷土文化会　夢工房
「文覚上人の軌跡」　相原　清次著　渓流社
「愚管抄」　丸山　二郎校注　岩波文庫
「古今著聞集・愚管抄」　新訂増補国史大系本　吉川弘文館
「愚管抄とその前後」　尾崎　勇著　和泉書院
「愚管抄を読む　中世日本の歴史観」　大隅　和雄著　講談社学術文庫
「愚管抄の探求　その成立と思想」　石田　一良著　ペリカン社
「愚管抄の創成と方法」　尾崎　勇著　汲古書院
「明月記」　尾上　陽介著　ゆまに書房
「明月記の史料学」　五味　文彦著　青史出版

「訓注明月記」全八巻索引二巻　稲村　栄一著　松江今井書店
「明月記」全三巻セット　図書刊行会
「訓注明月記」全六巻セット　今川　文雄訳　河出書房新社
「島津歴代略記」　島津修久編　島津顕彰会
「島津国史」　国会図書館デジタルコレクション
「郡山史談　第7号」　郡山町ふるさとを学ぶ会
「郡山郷土史」　郡山町教育委員会　郡山町
「鹿児島市史」　鹿児島市
「市来町郷土史」　国会図書館デジタルコレクション　市来町
「浮羽町史」　浮羽町
「三国名所図会」
「さつま日光　花尾神社」　郡山政雄著　郡山政雄
「インターネット　加藤歴散塾」
「インターネット　WEBゆがわら」　社団法人湯河原温泉観光協会
「インターネット　妙本寺」　日蓮宗 本山 比企谷　妙本寺

附 比企氏年表

年号		月日	社会情勢	月日	比企氏の動向
久安三年	一一四七年	五月九日	頼朝、源義朝の三男として生まれる。		比企遠宗と妻、頼朝の乳母となる。
平治元年	一一五九年		平治の乱起きる。源氏は敗れ、義朝は死に、頼朝は平家に捕えられる		丹後内侍、島津忠久を生む。（案その一）
平治二年	一一六〇年	二月九日	頼朝伊豆へ流される。		比企一族は頼朝の伊豆配流に伴い、比企の地へ移り、頼朝支援を始める。
仁安元年	一一六六年				丹後内侍、島津忠久を生む。（案その2）
治承二年	一一七八年		この頃、頼朝、北条政子と結婚する。		
治承四年	一一八〇年	四月二十七日	以仁王による平家打倒の令旨が頼朝に届く。		
治承四年	一一八〇年	八月十七日	頼朝旗揚げ、伊豆の山木館を襲う。		
治承四年	一一八〇年	十月六日	頼朝、安房を経由して鎌倉へ入る。		
治承五年	一一八一年	二月四日	平清盛、病のため没する。		
養和元年	一一八一年			二月二十七日	比企四朗能員源義弘の伴党の首を腰越に送り、さらし首の処置をする。
養和二年	一一八二年			三月九日	政子の腹帯を着ける儀式が有り、丹後内侍が食事の給仕をする。
養和二年	一一八二年			七月十二日	政子が出産のために比企氏の館に移る。
寿永元年	一一八二年	八月十二日	頼家生まれる。	八月十二日	政子が男子を出産し、河越太郎重頼の妻が呼ばれて、御乳付けの儀式を行う。

寿永元年	一一八二年			十月十七日	政子が若君と共に幕府御所に戻る。比企四朗能員が乳母父として贈り物を進上する。
寿永二年	一一八三年	六月二十五日	平家都を落ちる。		
寿永二年	一一八三年	七月二十八日	木曽義仲、都へ入る。		
寿永三年	一一八四年	一月二十一日	木曽義仲、近江粟津で死す。		
寿永三年	一一八四年	二月七日	義経、一ノ谷の合戦で平家を破る。		
寿永三年	一一八四年			五月一日	木曽義高の残党たちを征伐するように、比企能員以下の御家人が命令される。
元暦元年	一一八四年	四月二十六日	木曽義高、鎌倉から逃げるが入間河原で討たれる。	七月二十五日	保科太郎と小河原雲藤三郎を御家人にするように比企籐内朝宗が命じられる。
元暦元年	一一八四年			八月八日	源範頼が平家追討のため西海に赴いた。比企朝宗や比企能員が共をする。
元暦元年	一一八四年			九月十四日	河越太郎重頼の娘、郷姫が義経に嫁ぐため河越を出発する。
元暦二年	一一八五年	二月十九日	屋島の合戦行われる。		
元暦二年	一一八五年	三月二十四日	平家壇ノ浦に滅ぶ。		
元暦二年	一一八五年	六月五日	義経、頼朝に腰越状を送る。		
元暦二年	一一八五年			六月七日	平家の平宗盛が鎌倉へ引きつれられてきた。比企四朗能員が頼朝の言葉を宗盛に伝える。
元暦二年	一一八五年			十月二十三日	義経の義兄であるため河越重房は南御堂の供養の護衛から外される。
文治元年	一一八五年			十月二十四日	南御堂の供養が行われ、比企能員や藤九郎盛長が参加する。

文治元年	一一八五年			十一月十二日	義経の件で、河越太郎重頼と下河邊四朗政義の領地が取り上げられる。
文治元年	一一八五年	十一月二十九日	全国に守護・地頭を置くことが許可される。		
文治二年	一一八六年			六月十日	丹後内侍が病気になり、頼朝は政子に内証で見舞いに行く。
文治二年	一一八六年			六月十四日	丹後内侍の病気が治った。頼朝は願をかけられていたが、この話を聞き安心する。
文治二年	一一八六年			六月十六日	頼朝と政子が比企邸を訪問する。ここが涼しく、瓜園の瓜が食べごろになったと聞いたからであり、一日中遊ぶ。
文治二年	一一八六年			八月四日	比企朝宗が頼朝の使者として上皇に熊野詣の物資を進上するため上洛する。
文治二年	一一八六年			九月二十九日	比企朝宗五〇〇騎を従えて義経探索のため南都に赴く。
文治二年	一一八六年				朝宗、南都に討ち入り、聖弘徳業の僧坊の周辺を探索したが、見つからず帰京する。
文治二年	一一八六年			十二月十五日	比企朝宗他御家人は、郎従達を南都へ行かせ聖弘徳業の住まいの坊を見張らせる。
文治二年	一一八六年				この処置に対して、早く、よそへ行くように一条能保が鎌倉に云ってよこす。
文治三年	一一八七年			九月九日	重陽の節句であり、比企家の白菊が咲いた。頼朝と政子は比企邸を訪問し宴を張る。
文治四年	一一八八年			一月二十二日	比企籐内朝宗の妻（越後の局）男の子を生む。
文治四年	一一八八年			七月十日	万寿君（頼家）が初めて鎧を着用した。乳母兄比企能員が、介添えをして頼家を助ける。

文治五年	一一八九年			四月三十日	藤原泰衡が義経を襲った。義経は持仏堂に入り二二歳の郷姫と四歳の娘を殺したうえで自害する。義経は三一歳であった。
文治五年	一一八九年				
文治五年	一一八九年	六月二十九日	頼朝が、日頃から崇敬されている愛染明王像を武蔵慈光山に送り、別当厳耀に、これを本尊として奥州征伐勝利の祈祷を命じる。		
文治五年	一一八九年			七月十七日	比企能員は、奥州征伐にあたり宇佐美平次実政と共に、下道をへて越後から念珠関に出て合戦するように命じらる。
文治五年	一一八九年			八月十三日	比企能員らは出羽の国に攻め込み泰衡の家来を討つ。
文治五年	一一八九年			九月四日	比企能員らは出羽の国を抑えて、頼朝軍に合流する。
文治五年	一一八九年			九月九日	頼朝は、藤原氏が建立した寺院を安堵させるために比企朝宗を磐井郡に使わせる。
文治五年	一一八九年	十月二十日	頼朝は、奥州征伐の祈願が叶い、愛染明王に祈るために、お米を慈光山に送る。		
文治六年	一一九〇年			一月三日	御行始が有り、頼朝は比企能員の屋敷に入る
文治六年	一一九〇年			一月八日	奥州で反逆が起こる。東山道からの攻めを比企能員が受け持つ。
建久元年	一一九〇年			十一月十一日	頼朝は初めて上洛し、岩清水八幡宮へ参詣する。比企能員も供に加わる。
建久元年	一一九〇年			十二月十一日	比企能員、頼朝の推挙により右衛門尉に任じられる。

建久二年	一一九一年			三月四日	南風が強く、小町大路の辺で失火が有り。そのため多くの家屋が全焼し、比企能員・朝宗の屋敷も火災にあう。頼朝は甘縄の藤九郎盛長の屋敷に避難する。
建久三年	一一九二年	五月八日	後白河法皇の四十九日の法要が行われ、慈光寺からも僧一〇人が参列する		
建久三年	一一九二年	七月十二日	頼朝征夷大将軍になる。		
建久三年	一一九二年	八月九日	実朝が生まれる。		
建久三年	一一九二年			八月二十日	頼朝が実朝の御産所に行った。そこで草鹿が行われ、比企能員の息子時員が射手を務めた。
建久三年	一一九二年			九月二十五日	比企朝宗の娘姫の前が北条義時に嫁ぐ。
建久四年	一一九三年			三月十三日	比企朝宗、後白河法皇の一周忌の法要で、僧侶たちの面倒を見る。
建久四年	一一九三年	五月十六日	富士の牧狩りで、頼家が鹿を射止める。		
建久四年	一一九三年	五月二十八日	曽我兄弟、富士で伊東祐経を討つ。		
建久四年	一一九三年	八月十七日	源範頼伊豆へ送られ、殺害される。		
建久五年	一一九四年			十二月十日	領家最勝光院、越前国志比庄を比企藤内朝宗に盗られたと訴える。
建久五年	一一九四年				比企朝宗は横取りしていないと弁明する。
建久六年	一一九五年			二月十二日	頼朝が上洛するにあたり、東海地方に源行家や義経の残党が居り、復讐する噂が有り、比企能員と千葉常秀が調査し、真実であれば捕縛するように命令される。二人が勇敢であったためである。

建久六年	一一九五年			七月九日	政子は妹の喪に服すために、比企能員の家に行く。
建久六年	一一九五年			十月二十六日	若君（頼家）が鶴岡八幡宮と三浦の栗浜大明神に参詣する。比企能員以下、五〇人が供奉する。
建久十年	一一九九年	一月十三日	源頼朝死す。		
建久十年	一一九九年	二月六日	源頼家が佐中将に転任され、頼朝の職を継ぐ。		
建久十年	一一九九年	三月二日	頼朝の四九日の法要が行われる。		
建久十年	一一九九年	四月十二日	頼家の訴訟判断をやめさせる。すべての訴訟を北条時政以下一三人の御家人で行うことになる。		
正治元年	一一九九年			十一月十八日	頼家比企能員の屋敷へ行き、蹴鞠を楽しむ。
正治元年	一一九九年	十二月十八日	梶原景時が鎌倉を追放される。		
正治二年	一二〇〇年	一月二十日	梶原景時駿河国清見関にて打ち取られる。		
建仁三年	一二〇三年	三月十日	将軍頼家急に病気になる。		
建仁三年	一二〇三年	三月十四日	頼家の病気が平癒する。		
建仁三年	一二〇三年	五月十九日	頼朝の弟阿野全成が謀反の疑いで監禁される。		
建仁三年	一二〇三年			五月二十日	比企時員、頼家の命で政子の所へ赴き全成の妻阿波の局を差し出すよう申し入れるが、政子は拒否する。
建仁三年	一二〇三年	五月二十五日	阿野全成、常陸国へ配流される。		
建仁三年	一二〇三年	六月二十三日	阿野全成、将軍の命令で下野国で討たれる。		

建仁三年	一二〇三年	七月二十日	将軍頼家急に病気になる。		
建仁三年	一二〇三年	八月二十七日	頼家の病は重くなる。全国の地頭職を弟の千幡と一幡の二人で分ける。		
建仁三年	一二〇三年	八月二十九日	頼家の病気さらに重くなる。		
建仁三年	一二〇三年			九月二日	北条時政、比企能員が謀反を企て北条を討つことを考えているとして、名越の自邸で、薬師如来の供養があると騙して比企能員を呼び出し、これを殺す。
建仁三年	一二〇三年				さらに北条義時が比企邸を襲い、比企氏の一族を滅ぼす。
建仁三年	一二〇三年			九月三日	比企氏の妻妾と二歳の男子は和田義盛に預けて安房に配流となる。
建仁三年	一二〇三年				僧源性、一幡君の遺骨を高野山へ運び供養する。
建仁三年	一二〇三年			九月四日	島津忠久、大隅、薩摩、日向の守護職を没収される。
建仁三年	一二〇三年	九月五日	頼家の病気が少し回復する。		
建仁三年	一二〇三年	九月七日	頼家出家する。		
建仁三年	一二〇三年	九月十日	千幡、将軍になる。		
建仁三年	一二〇三年	九月七日	頼家、伊豆修善寺に幽閉される。		若狭の局頼家と共に修善寺へ移る。
建仁三年	一二〇三年		北条時政、執権となる。		
建仁四年	一二〇四年	七月十八日	頼家、伊豆修善寺にて殺害される。		若狭の局、頼家の遺骨を抱いて修善寺を離れる。

増補新版

探訪 比企一族

鎌倉幕府設立の立役者
比企一族・真実探しの旅

2018年6月25日　初版第一刷発行
2022年2月20日　初版第二刷発行
著　者　西村　裕・木村　誠
発行者　山本　正史
印　刷　恵友印刷株式会社
発行所　まつやま書房
〒355－0017　埼玉県東松山市松葉町3－2－5
Tel.0493－22－4162　Fax.0493－22－4460
郵便振替　00190－3－70394
URL:http://www.matsuyama－syobou.com/

©Nishimura Yutaka / Kimura Makoto

ISBN 978-4-89623-113-7　C0021

著者・出版社に無断で、この本の内容を転載・コピー・写真絵画その他これに準ずるものに利用することは著作権法に違反します。乱丁・落丁本はお取り替えいたします。

定価はカバー・表紙に印刷してあります。